新潮文庫

完本
しなやかな日本列島のつくりかた
藻谷浩介対話集

藻谷浩介著

新潮社版

10900

文庫版まえがき

〝現智《げんち》の人〟に学ぶ

「必要なことは全部、本が教えてくれた」と語る人がいます。「必要なことは全部、仕事の中で学んだ」という人も多いことでしょう。だが私はそうではありませんでした。私の学びはいつも、「現場」の「現実」を目《ま》の当たりにしての「自問自答」から始まってきたのです。

思うのです。「現場」の「現実」を見ず、「自問自答」というプロセスをすっ飛ばして、結論だけを覚えるというのは、性質《たち》の悪い省力化ではないかと。省力化された作業の生む「知の破片」は、アバウトで現実離れした全体像しか結びません。間違った全体像を安易に信じ込むと、思考には必ずといっていいほど、現実と乖離《かいり》した空洞が生まれます。

とはいえ自問自答だけでは、学びのスタートは切れても、ゴールにはたどり着けません。そのままでは仮説の山を抱えて立ち往生するだけです。仮説を現実に通じる〝智識〟にまで昇華させていくのに不可欠なプロセスは別に存在します。それが、現地の人ならぬ〝現智の人〟との対話なのです。

〝現智の人〟とは、特定の分野の「現場」に身を置いて行動し、掘り下げと俯瞰《ふかん》を繰り返している人のことです。教科書に書いてある知識を覚えて振り回すだけの人間とは対極の道を進む、そうした〝現智の人〟に巡りあい、その語りに耳を傾け、あるときは疑問をぶつけ、あるときは協働する。そういう過程を経て、ようやく〝智識〟と呼ぶべきものが身に付いてくる。この対話集を編んでいく過程で、私は正にそのような体験をしました。

この対談集には、十三人もの〝現智の人〟が登場します。年代もバックグラウンドもさまざまですが、それぞれが特定の現場と分野とをもち、行動を通して得た深い知見を有する方々です。彼らに対して私が、各所で多年蓄積してきた仮説をぶつける中で、突然に、本来であれば複雑で摑《つか》みがたい現実というものが、複雑なままでありながら、しかしくっきりとした輪郭をもって立ち現れてくる瞬間があります。まさに〝智識〟が生成される瞬間です。じっくり読んでくださった方には、そのときに私が覚えた感動と同じものを、感じ取っていただけることと思います。

各回の後半に立ち現れてくる日本列島の、十三の方向から照らした具体的なかたちを、どうか串刺《くしざ》しして眺めてください。そうするとある種の「全体像」が「立体視」されて来るのです。このような全体像の提示こそ、省力化の末に出てきた「知の破片」にはない力、〝現智の人〟との対話から得られた具体的な〝智識〟だけがもつ力だと思います。

市場原理を絶対化せず、一人一人が微力を尽くす

この本を通じて「立体視」される「全体像」はいくつも存在しうるのですが、この機会に私の感じた見方の一つを紹介しましょう。〝現智の人〟はいずれも、「市場経済原理」と対峙《たいじ》しつつ、己の立ち位置を模索しているのです。

一八世紀末の英国に生きたアダム・スミスが、著書『国富論』で指摘したのが、市場経済原理です。「自己の利潤を追求する経済主体が、市場において自由競争をすることで、経済全体が成長し、雇用が創出され所得が分配される」と、彼は語りました。利己的な主体の各自勝手に利己的な行動が、神の見えざる手を通じて全体最適をもたらすというこの原理は、提示後二世紀以上年を経た今世紀になって、まるでかつてキ

リスト教が欧州を覆《おお》っていたように、世界中を覆っています。しかも時とともに話が単純化され、自由競争があたかも唯一《ゆいいつ》神のごとくに裁定を下して、経済成長の成果が自動的に公正かつ最適に分配されるという、一種の「信仰」だけが独り歩きするようになりました。「我々は各自手前勝手に自分の目先の利益だけを追求しておればいい、帳尻《ちょうじり》はいずれ市場が合わせてくれる」といわんばかりの人が、シルバーシートを譲らない若者から、一生かかっても使い切れないほどの年収をさらに増やそうとする超富裕層まで、要するに下から上まで充満するようになったのです。

化石燃料の相次ぐ発見と自然エネルギー利用技術の進展で、人類全員の生存に必要なだけのエネルギーは確保されているはずなのに、貧富の格差の拡大がやまない今の世界を、市場経済原理から生まれた「市場経済原理教」は肯定してしまいます。社畜化した「エリート」は下に落ちる恐怖だけに突き動かされ、働いて寝るだけの生活を送る貧困層には上に上がる希望がなく、そしてどちらも「閉塞感《へいそく》」ばかりを口にするのです。どこが間違っていたのでしょうか。

間違いは最初からありました。スミスは本当は、市場経済原理が働く前提として「公正な市場が形成されておらねばならず、そのためには市場の参加者に、他者に同感する能力と、自己の感情や行為を他人の目で見て規制する習慣が求められる」と指摘していたのです。しかしながら、「他者への同感」や「自己規制」といった原理は、二一世紀の世の中に通じる言葉でいえば何なのでしょう。それらをどこにどの程度再導入すれば、本当の全体最適が実現するのでしょうか。目先の損得と長期的な利害が矛盾する場合に、いかにすれば先のことを優先する判断ができるようになるのでしょう。

答えは現場にしかありません。一般論は存在せず、ケースバイケースの工夫があるのみだからです。そこから逃げていないのが、〝現智の人〟たちです。彼らは、市場経済原理を取り込みつつも取り込まれていません。絶対神のようにふるまう市場の裁定を軽やかにかわし、しなやかにいなし、あるいは適宜折り合いをつけ続ける彼らは、それぞれが「八百万《やおよろず》の神々」であるかのようです。大して力もなく、徹底した分別があるわけでもないのですが、それなりの良心のカケラを持ち、判断を他人だけに任せないという点で、各人がささやかながら八百万の神のはしくれたり得ています。この彼らの姿勢こそ、今の地球に生きる一人一人が、真に学び倣《なら》うべきものであると、私は思うのです。

未来は現場の実践の中から生まれ続けている

対談というのはさっと流し読みできるものです。だが、何か頭に引っかかったところのある対談については、ぜひ繰り返し目を通されることをお奨《すす》めします。

文庫化を機に筆者もこの対談を改めて読み直し、改めて気付き直し、改めて勇気を得ました。「列島ハリボテ化」の狂騒の陰に、無数のまともな〃現智の人〃が存在していると。次世代に残すにふさわしい「しなやかな日本列島」を形作る取り組みは続けられていると。

希望も絶望も、「脳化」した東京の中に引きこもる人間の妄想に過ぎません。地域の現場には、楽観も絶望もせずに前に進む人がいます。三歩進んで二歩下がり、それでもまた三歩進むしなやかな歩みを、彼らは止めていません。未来は、かりそめのリーダーや識者や一般人やネット人ではなく、現場に腰を据えた〃現智の人〃たちと、彼らに学ぶ一人一人の、八百万の神々のはしくれたることを目指す我々の手の中にこそあるのです。

藻谷　浩介

完本　しなやかな日本列島のつくりかた

藻谷浩介対話集

第一部　町の未来はどこにあるのか

第一章　「商店街」は起業家精神を取り戻せるか

――新雅史（社会学者）

新雅史（あらた・まさふみ）
1973年、福岡県生まれ。学習院大学非常勤講師。東京大学大学院人文社会系研究科博士課程（社会学）単位取得退学。著書に『商店街はなぜ滅びるのか』『「東洋の魔女」論』。

われわれには「自分の命を超えて何か引き継ぐべきもの」があるだろうか。死んだ後にもこの世に残したいものはあるだろうか。

それは国だ、社会だ、あるいは仕事の成果だという方。国や社会はあなたなしでも同じように成り立って行かないだろうか。あなたの仕事の成果は、そんなに長く残るものだろうか？

それは家族だ、子供だという方。あなたはうまいこと「近代家族」を形成できたかもしれない。だがあなたの子供もそうできるのだろうか？

この対談のお相手、新雅史氏は、実家の酒屋を継がず、独身のまま大学の非常勤講師をしている。その彼は「自分には残すものはないのではないか」とつぶやく。しかし最後の方で彼と私は、ある種の前向きな見通しを共有するに至り、そこに小さな希望の灯がともる。

この対談は、商店街という極小の世界を語るようで、実は日本社会の過去一〇〇年と、これからの一〇〇年の全体像《big picture》を語っている。視野を広く据えて、お楽しみいただきたい。

――藻谷浩介

商店街とはなにか

藻谷『商店街はなぜ滅びるのか』（光文社新書）、本当に面白く拝読しました。これは実は商店街そのものが主題ではなくて、大正期から今まで日本人と日本社会がいかに変容してきたかを、商店街を手がかりに、一気呵《か》成《せい》に語った本ですね。
　懸命に頑張っている商店主や「まちづくり」の専門家からは異論もありそうですが、むしろ気にしなくていい（笑）。この本が分析しているのは商店街の内側ではなくて外側、商店街がその上に立っている社会基盤の方なのですから。
　私も、「この筆者はまちづくりについては門外漢だろうけれども、専門家が見過ごしがちな本質を、歴史の中から摑《つか》んでいる。相当に学殖豊かなオヤジか？」と思いながら読んでいました。あとがきまで来て、「この人、大学の非常勤で私よりずっと若かったんだ！」と驚きました。
新　ありがとうございます。実は、この本を書くにあたってもともと依頼されたテーマは、商店街ではなく、コンビニエンスストアだったんです。うちの実家が酒屋からコンビニに転業していることもあってのテーマだったのですが、途中で、どうもこれは世間で既に知られている以上のことを書けそうにないなと気づいて、行き詰ってしまった。

ただ、調べものをする過程で、改めて気づかされたこともあったんです。日本のコンビニの床面積は三〇坪くらいで統一されているとか、僕の両親がコンビニを出店した頃は、夫婦での共同経営が前提だったとか。

では、その三〇坪というフォーマットがどこから来てるのかというと、これは商店街の店舗によくある床面積なんですね。特に酒屋のような、倉庫を持っている店が、ちょうどそれくらい。夫婦経営というのも商店街の基本形です。要するに、日本のコンビニは、零細の小売業の人たちの鞍替《くらが》えを前提として出てきた形態だった。逆に言えば、コンビニの普及は商店街によって準備されていたものだったんです。では、その商店街の成り立ちは……と興味が向き、調べだすと面白くなりまして。そこに行き着くまでにだいぶ遠回りはしました。

藻谷　そうして調べてみたら、商店街は決して昔からあったのではなく、二〇世紀になって人為的に発明されたものだった、ということが明らかになってきた。

新　ええ。商店街というと、古くからあるものというイメージで議論されやすいですし、実際に商店街の中の人も、補助金を取ってくるときに「何百年続いている」というような伝統を強調したりしますが、そうではないんですよね。
それに気づくきっかけのひとつに、二〇歳頃の経験があります。当時、「地球一周の船旅」の企画などをしているピースボートというＮＧＯで働いていて、東南アジアの国々をいくつか回ったんです。
東南アジアにも小売店が並んでいる一角はもちろんありますが、それは商店街と呼べるようなものではないんですよね。店構えや風景が明らかに違うということもありますが、大きく異なるのは、彼らが決して豊かな中間層ではないということです。日本の場合、商店街の自営業者たちは土地を自己所有する「旧中間層」と言われ、被雇用者である「新中間層」と同じ中間層として位置づけられています。でも、東南アジアの風景を見たとき、自営業層を「旧《ふる》い中間層」だと考えるのはおかしいと思いましたし、商店街という存在も決して伝統的ではないはずだ、それは絶対に新しく、しかも意図的につくられたものだと、直感的に思ったんです。
藻谷　私も昔、市場経済化を始める前のベトナムで、そんな風景を目にしました。地方都市の市場に行くと、商人は路面に板を敷いて物を置いているし、肉屋は持ってきた切株をまな板にして肉をさばいている。ハノイの商業地区でも、同じような店が、それこそ五軒おきくらいにあったりする。本の中で、戦前の東京の某地区では店の一六軒に一軒がお菓子屋だったという話が出てきますが、まさにその世界です。何の秩序も管理もない過当競争の中で、店が出来ては潰《つぶ》れている。あれは資産保有層が営む戦後日本の商店街とはまったく別のものですよね。

新　ええ。お店が並んでいるものを商店街だと考えると、平安京の時代からあるという話になってしまう。実際、定評ある百科事典を見てもそう書いてあったりします。ですが、単に商店が並んでいるものを商店街だと言い始めると、商業の成立にまで遡《さかのぼ》らなければいけなくなってしまうはずです。

藻谷　これまで商店街について論じてきた人の多くは、私も含め「この町は江戸時代から続いている」というように思い込んできた。だが実は、組織化された商店街よりも先に登場したのが、老舗《しにせ》が高度化した百貨店。市場経済原理万能で、手厚い中小事業者保護政策などない戦前、百貨店に対抗するためには、多業種を秩序正しく並べた「横の百貨店」たれ、となって近代商店街が「発明」されたと。

実際にはそのような順序だったのですが、先入観には反する。でも新さんの議論に説得力があるのは、そこにご自身の家族史が重なっているからでしょう。

新　たしかにこの本は、僕の父と祖父のライフヒストリーを社会構造の側から語っていったという面もあります。

うちの祖父は唐津（佐賀県唐津市）の造り酒屋で修業してから、独立して小倉（現在の福岡県北九州市小倉北区）に出てきて酒屋をやり始めたんですが、明治期までは、小倉を含めた北九州地域はとても新しい町なんです。祖父はそこで国のいろいろな政策に翻弄《ほんろう》されながらも酒屋をやって、長男にその店を継がせるんですが、うちの父親は次男だったので、酒販免許は持っていても店を継げず、小倉じゅうを探して、やっと空いていた被差別部落の地域に店を出したようです。

藻谷　本の中で、商店街の衰退を不可避にしたのは後継者不足であり、その原因は、商売の担《にな》い手が、家族以外の人間も取り込んだ近世商家的な「イエ」から、親子だけの「近代家族」に替わったことだと指摘されていました。新家《あらたけ》の祖父も、イエの論理の世界で修業して、それから「近代家族」を形成されたわけですね。お父様は最初から近代家族として創業する。そして子どもの新さんは、跡を継がない。

新　ええ、そうですね。小さな頃から感じていた、「うちはなんで地元でもないところで店をやっているんだろう」とか、「なんで酒屋なんだろう」という疑問が、この本を書くことでようやく解決しました。同時に、これは父に向けて書いた本になったような気もします。「あなたの人生ってこうだったんでしょう」という。それがたまたま、ほかの人たちにも共感してもらえたという感じです。

近代家族の崩壊

藻谷　ところが今の世の中はもう、近代家族の先に行ってしまっていますよね。私自身は妻や子どもとまさに近代家族を営んでいるんですが、周囲には結婚しない人、子どもを持たない人が増えています。

新　もう個々人がバラバラになっていますよね。僕の師匠である上野千鶴子は、『家父長制と資本制』という本で、資本主義は近代家族がなければ存立しないことを指摘しました。資本主義の論理で労働者を生産することは不可能です。女性たちは「愛情」という名のもとに、労働者の生産、すなわち出産育児を無償でおこなう。そして男性は、その女性を庇護《ひご》するわけです。こうした稼ぎ主の男性と専業主婦のセットを近代家族といいます。

上野千鶴子はフェミニズムの立場から近代家族批判をおこないましたが、その構造はガラガラと崩壊し始めているんです。それで、国家がそこへ入ってなんとかその下支えをしようとしているわけですが、全く立ち行かない状態です。仕方がないから今度は企業に対して「労働者が必要でしょ」と説得して、なんとか費用を負担させようとしていますが、労働者のことをコストとして考える企業側はそれを受け入れることができずに、にっちもさっちもいかなくなっています。

藻谷　俯瞰《ふかん》してみれば、長らく続いてきた「イエ」をぶち壊して個人を解放した近代家族も、実は過渡的なものだった。商店街をはじめ、近代家族が労働者を再生産することを前提にした戦後システムも、長くは続かないということですね。

今後しばらくは、上野さんが言っているみたいに、皆が「おひとりさま」の時代を自分だけで生き抜いていくんだろうけど、その多くのおひとりさまが亡《な》くなったあとの社会は、どうなるんでしょう。このまま滅びていくのか、はたまた、どこかの段階でもっと子どもが生まれるような社会制度に戻るのか。近代家族に支えられた商店街が跡継ぎ問題で崩壊していったのと同じように、我々の生きるこの日本の社会全体が、後継者がいないという問題を抱えていますよね。

新　ええ。土地の所有についても、近代家族の崩壊とともに不動産が死蔵化してしまっています。本来、跡継ぎがいないのならば、不動産などのストックはなるべく早く家族以外に引き継いでいけばよいはずです。しかし、商店街の店主は、跡継ぎがいなくても、不動産を固守しようとする。残されるのはシャッターが閉じたままのお店です。こうして商店街は内部から腐っていく。次にダメになるのは、同じく近代家族が土地を所有している郊外住宅地かもしれません。

藻谷　郊外団地は、まさに商店街とまったく同じ問題を抱えていますよね。この本を「ニュータウンはなぜ滅びるのか」という題にして、固有名詞をいくつか入れ替えるだけで、そのまま二〇年後に出版できるかもしれない（笑）。

新　まちづくりにおいてもこの問題を真剣に考えていかないといけません。近代家族の論理だけで地域整備をしていては、すぐに限界がくるはずです。

藻谷　そもそも、新さん自身が、近代家族を持っていないですもんね。

新　たしかに独身ですから（笑）。

さらに言えば僕には、自分の命を超えて何か引き継ぐべきものというのが、何もない気がするんです。それは多くの若い人たちも同じだと思うんですが、自分にとって一番重要なものは命しかなくて、死んだ後もこの世に残したいものがあるかというと、哀《かな》しいことに見当たらない。

近代家族が成り立っていた両親の世代ぐらいまでは、毎年必ず墓参りに行く習慣がありました。それはおそらく先祖のためということよりも、「墓というのは自分の命を超えて残るものだ」という、ある種の信頼だったように思います。

柳田國男が『明治大正史・世相篇』の中で、印象深いエピソードを紹介しています。九州・門司《もじ》で師走《しわす》の寒い雨のさなか、九五歳の老人が傘も持たずに一人とぼとぼと歩いていた。この老人を警察で保護したところ、背負っていた風呂敷《ふろしき》の中から四五枚の位牌《いはい》が見つかった。祖先を祀《まつ》らなければ死後の幸福を得ることができないから老人は位牌を肌身離さず持ち歩いていたわけですが、この老人は死後誰からも祀ってもらえないのです。

この挿話は、一世代前であれば哀しい物語として受容されたのでしょうが、僕はどこか遠い話のように読んでしまいました。僕には祖霊を祀るという感性すら喪《うしな》われているようなのです。

藻谷　話がさらに本質的な方に向いてきましたね(笑)。私はマセた子どもだったので、「自分がいなくなった後も残るもの、残せるものは何か」ということを小学生の頃から考えていました。父は戦争孤児で、先祖からの家業を失ったサラリーマン、私はその次男坊です。企業経営者や官僚、政治家にしても、在職中は偉そうだが、結局何も残せずに死ぬ。むなしいものだと、当時から思っていました。

そんな中、社会に出た頃に気付いたのが、奈良の室生寺《むろうじ》の五重塔を最初に建てた宮大工は、名前は残っていないけれども立派に存在証明を残したということです。建て一〇〇〇年以上たった現代に台風で壊れたその塔を、着ている服も食べているものもまるで当時とは違う現代人が、当時より伝えられた技術を使って、元の通りに修復しました。丹下健三の都庁や、黒川紀章のマンションが壊れたとして、後世の人はあのデザインどおりに直さないでしょう。平安時代の無名の大工の方が、彼らよりよほどすごいものを残したのです。

とはいえその頃の私はまだ、そんな話は一般人には無縁、普通の人生に残せるものなどないと思っていたのです。ところが全国各地でまちづくりに人生を賭《か》ける人たちと出会っていくうちに、「ああ、この人たちは自分の町が、室生寺の五重塔と同じように、自分の人生を超えて残り続けると直感しているからこそ、ここまで頑張れるのだな」と気付きました。

新　なるほど。それはすごくわかります。僕自身、まさにそう思っていますから。原稿を書きながら、墓を残すことを知らない世代として、墓に替わるものって何がある？　と自問自答したときに、それが商店街なんじゃないか、と思ったんです。

藻谷　よくぞ言ってくれた！　商店街が、我々にとっての室生寺の五重塔だと。

新　そうですね。本当にそう思うんです。商店街はたしかに世間で思われているよりもはるかに歴史の浅い近代の産物で、社会の変化と共に存亡の危機にある。でも、ある部分では絶対に残すべき価値のあるものを含んでいるし、今後の可能性を模索できるはずなんです。

藻谷　我が意を得たりです。嬉《うれ》しいですね。まちづくり関係者以外で、そう言い切る方には初めてお会いしました。

土地に執着する日本人

新　近代家族崩壊後の問題点として重要なのは、今後、資産のマネジメントをどういう形で行っていくかということでしょう。個人を超えた存在として、企業というのは一つの解ではありますが、あくまで利潤を追求するための組織です。これからは何か別の、地域の資産管理をしていくための仕組みを考えないといけないでしょうね。

そういう意味では、有限な存在である個人を超えるものとして「法人」という概念をつくり出したのは、近代の最も重要な発明のひとつだと僕は思っています。

藻谷　ところがほとんどの法人は、個人よりも寿命が短い。個人を超えたものとして法人を置くというのは、いわば抽象的な人格が人間を超えて存在するという、キリスト教的な概念ですよね。

　しかし日本においては、そういう抽象的な人格よりも、もっと地に根付いたもののほうが続くと思われている。「あそこの磐座《いわくら》には神がいる」という感覚を、現代人も古代人も同じように持つことがある。「縁結びの出雲《いずも》大社にお参りすると、いい人が見つかるかも」と聞けば、近場にも大国主命《おおくにぬしのみこと》が祭神の神社はあるのに、やっぱり本場の出雲まで行く。本「場」というのは示唆《しさ》的な言葉です。

　要するに日本人は、一神教を生み育てた砂漠の民に比べて、場所というものに対する感度が高い。だから、自分の住んでいる町、地域というものこそ、自分の生を超えて続いていくものだという考え方を、共有しやすいと思うんです。

　ところが今、その拠《よ》り所となるはずの町では、底地も店の建物も、法律上、完全な個人財産になってしまっている。これは実にまずいことです。

　たとえば先ほど挙げた室生寺は、法律上は真言宗室生寺の所有ですが、室生の里の人たちは明らかにそう思っていません。先祖代々守ってきた地元の寺だと思っているし、もちろん真言宗の側も、「当宗の寺だからどうしようと、誰に売ろうと勝手だ」とは絶対に考えない。本来、寺だの町だの、個人を超えて残すべき存在は、個人や法人の財産であると言い切ってはいけない、グレーゾーンなのです。

本当はそういう存在は法人、寺などでなければ株式会社の所有にし、地元の関係者が株主になる方がよいはずです。

新　でも、それはまだほとんど実現できていないですよね。

藻谷　実験的な試みはいくつかあります。たとえば、高松市の丸亀町《まるがめ》商店街再開発事業のA～C街区では、地権者たちが土地を自分たちの出資したまちづくり会社に貸し、会社が土地の上に建てたビルは区分所有ではなく持分所有にする、という方式を取って成功しています。

考えてみれば日本人は、道路や上下水道は共有財産として認識しています。これらは皆の税負担で維持して当たり前だと思っている。赤字の鉄道は廃止しろと言うのに、道路も維持管理費を考えれば大赤字なのに廃止しろとは言わない。

ところが、その道路で区画された個人の土地の話になると、まったく話が違う。他人の土地に税金を使うことはもってのほかだし、逆に自分の所有地はどうしようと自分の勝手、一切口は出させないというような意識でいるのは不思議です。

道路の修繕や整備、除雪までをすべて公《おおやけ》のお金で賄《まかな》うというシステムを、今の規模のまま、人口の減る時代にずっと維持できるとはとても思えません。片やそれによって区分けられた土地は、近代家族の解体に伴って相続人も減り、スカスカに空いていくばかりなのですから。
夕張市の高台住宅地に行くと、行政がお金をかけて維持している道路が空き地を囲んでいて、たまに家があるという景色が広がっている。夕張限定の問題ではなく、これがこれからの日本の姿なんです。道路は共有地、土地は個人所有のままで、私有地部分に人がいなくなる。

新　そうですね。被災地でもその問題は持ち上がっていて、法律に従うと、自衛隊は道路にある瓦礫《がれき》しか処理できないんだそうです。当たり前ですが、津波は道路も私有地も関係なく襲い、瓦礫が転がっているのに、法律上は、私有地に手をつけたらダメだということになっている。
東日本大震災のときにはさすがに、自衛隊が、行方不明の人たちの捜索をするという方便で、法律を拡大解釈したようですが、もともと法律に無理があるんじゃないでしょうか。

藻谷　津波被害が最もひどかった宮城県の旧雄勝町《おがつ》（石巻市）に、いっとき、「瓦礫はここに置いて頂ければ処理します」という看板がありました。ですが持ち主がよくわからない区画は、ぐちゃぐちゃのまま。「解体してほしい家は、札を掛けてください」というルールもありましたが、掛けない家については壊せない。地権者の意向確認ができなくとも一括処理するという決断を、震災という非常時ですらなかなかできなかったわけです。

新　同じ理由で、所有者がわからないから誰も使えない、ほかのことに転用したくても手をつけられない「腐った土地」が大量に現れています。しかもそれは少子化と高齢化に伴って、今後、ますます加速度的に増えるでしょう。

藻谷　被災地ではその問題が、時間を先取りしてはっきりと露呈しましたね。

被災地に見た商店街の可能性

新　震災は本当に悲しいできごとでしたが、一方で被災地で目にした現状は、この本を書き上げるにあたって非常に大きな示唆を与えてくれました。

実は、震災前までは本の出口がなかなか見つからなかったんです。商店街の今後について、あまり救いとなるような要素が見つからず言葉を濁していたので、原稿を読んだ人からは「で、結局何が言いたいの？」「それで、商店街をどうしたいの？」と言われ続けていた（笑）。

藻谷　本当は実態がどうなっているかを書くだけでも、十分意味があると思いますけどね。実際、社会学という学問が、流行のリフレ論のような空想非科学小説的モデルに陥ることなく、現実の世の中の変化を捉《とら》え、事実の奥底を語っているということに、感動しましたから。

新　ありがとうございます。ただ、自分としても、社会学の研究者という立場から、上から目線で「社会ってこうなってるんですよ」と科学的・標本的に書くのが、すごく嫌だったんです。たぶんどこかで、本を書くことで世の中に何かしら介入したい、難しいかもしれないけれど、どうせなら社会を少しでもよい方向に動かしたいという思いがあったんだと思います。商店街をこれからどうしていくべきなのか、やっぱり自分の中で何か結論のようなものがないとだめだろうなと。

ちょうどそれで悩んでいるときに、あの震災が起きたんです。実は当初、あまりのショックに精神的にまいってしまって、二カ月くらいずっと家の中に閉じこもっていたんです。でも、そのときに尊敬する社会学の先生から、今この時期に社会学者が発言しなくてどうするんだ、と言われてしまって。ちょうど知り合いが石巻でボランティア活動をしていたので、「おまえ、見にいって、ボランティアのことを書いてこい」と半ば強制的に行かされたんです。

藻谷　なるほど。でも、そういうきっかけでもないと、なかなか行きにくいですよね。

「何しに来た」と言われそうで。

新　そうなんです。僕は阪神・淡路大震災の時にボランティア側の人間だったので余計に、「大変なときに学者モドキの奴《やつ》が、話を聞かせてなんて言うのは失礼じゃないか」と思ったんです。

藻谷　私も、阪神大震災の二カ月後に、三宮の駅前に「頑張ってるから見に来るな！」と大きく書かれていたのを思い出して、東北の被災地巡りを震災後一カ月半ほど自粛していました。でも、行かねば何もわからない。そうだったでしょう。

新　はい。不安に駆られながら被災地に行きましたが、現状を見ないとわからなかっただろう発見がたくさんありました。一番驚いたのは、石巻の商店街地区には本当に大勢のボランティアがいたのに、多賀城市のショッピングモール地区には全くいなかったことです。

先に多賀城のほうに行ったんですが、駅前はタワーマンションになっていて、近くに国道のバイパスがあり、そこにイオンやヤマダ電機、マクドナルド等があるんです。ヤマダ電機だけはもう開いていたんですが、イオンはまだショッピングカートが歩道のところに投げ出されたままの状態で放置されていました。

藻谷　あそこのヤマダ電機は、二階が店舗で一階は駐車場という形態だったために、売り場が無事でしたよね。

新　ええ、そうです。さすが、すごいデータベースですね（笑）。ただ、開いている店舗があっても、トラックだけが走っている状態で、とにかく歩いている人が全くいなかったんです。

それが被災地の風景なのかなと思って、次に石巻に行ったら、被災した商店街にはボランティアの人がたくさん来ていた。しかも、東京から来た、自分の地元の商店街のことすらよく知らないような若者たちが、ボランティアをやることで商店街のことを知り、そこにいろいろな可能性を感じたと口々に言うんです。

藻谷　チェーン店は大手資本が自力で直せばいいでしょう、と放置されていたのに対し、商店街には関係のない人々の力も結集させる何かがあったと。深いものを感じさせる現場体験ですね。

同じイオンでも石巻店は避難所として開放されて、コミュニティの拠点になりましたが、多賀城のロードサイド地区ではそもそも周囲に余り住人もいない。

新　ええ。ボランティアだけでなく、津波のあとも商店街に住み続ける人たち、商売の再開を願っている人たちがたくさんいたんです。商店街は単なる商業集積地区ではなくて、人々の生活への意志があふれている場所だということを身をもって感じました。被災地に行くことで、新しい希望の形として商店街を提示できる、そう確信して拙著の方向性が定まったのです。

「町」を残す意義

新　本を出した後も、二週間に一回くらいのペースで、岩手県大槌《おおつち》町に行き続けています。地形的に津波の被害を受けやすく、震災でほぼ壊滅状態に陥ってしまった場所です。

藻谷　あそこは本当に凄惨《せいさん》でしたね。津波の後に漏電による火災で黒焦《くろこ》げになった市街地を見て、私の父親が見た空襲後の富山市もこうだったのだろうと思いました。まさかそんな光景を、現代に生きる私までもが見ることになるとは。

新　しかもあの地域は、震災から二年以上が経《た》った今でも、復興がほとんど進んでいないんです。東京の人は、その光景を見て「国や自治体が何もしていないせいだ」と勘違いしがちなんですが、実際はそうではなく、みんなが一生懸命やってあの状態。余計に問題は深刻です。

藻谷　それはつまり、先ほどの近代家族の話と同じで、個々人が持っている土地所有権などの権利が、相続でゴチャゴチャになって、まったく処理できない状態だからということですか。

新　ええ、そうです。ほかにも、そもそも行政が分筆登記など土地の管理をきちんとできていなかったという問題も重なっているようです。

藻谷　震災前の時点から、もともと地籍調査ができていなかったと。

新　おそらく半分以下ぐらいしかできていなかった。今の法体系のまま順序どおりにやると、もうあと三年くらいは、このままかもしれません。

藻谷　要するに、番地と現実の土地が一致しないという問題がある上に、その土地を誰が持っているかもわからない、と。

新　そうなんです。その結果、仮設住宅、仮設商店街が今でも続いているわけですが、仮設商店街は、僕から見るとほとんど商店街と呼べる状態ではありません。たとえば大槌の仮設商店街には八〇ほどのスペースが用意されていますが、生鮮三品（肉・魚・野菜）は鮮魚店の二店舗しかない。なのに美容・理容が一二店舗もあって、飲食は八店舗。生活に必要なものを売るという体をなしていないんです。

おそらく、大槌にもともとあった商店街も同じような状況だったはずです。これでは、町を復興できたとしても、商店街は生活と密接していないためにすぐにシャッター街化してしまうでしょう。

正直な話、今の状態では、町をどうつくり直せばいいのかがまったく見えてこないんです。「緑豊かな大槌」とか、耳あたりのよい町の再建コンセプト案はいろいろと出ているようですが、それ以前の問題に直面していると思います。

そしてそのことは実は、大槌町だけでなく、今の日本全体に言えることだと思うんです。そもそも本当に町が必要なのかというと、実は既に私たちは、ほぼ町が要らない生活スタイルになっているのではないでしょうか。必要なものはネットで注文すれば何でも自宅まで配送される時代です。究極的に言えば、町にないと困るのは、それこそ美容院と飲食店くらいかもしれません。

つまり、今私たちに突き付けられているのは、「まちづくりとか言っているけれど、そもそも町ってもう要らなくない？」という根源的な問いではないでしょうか。この問いに一人ひとりがどう答えるか、それが求められているように思います。

藻谷　それは「町」を「商店街」に置き換えても同じことですよね。

新さんはこの本の中で商店街のことを「専門性もない、恥知らずの圧力集団になった」と一刀両断されていました。各地に例外はあるのですけど、多くはその通りです。今の商店街を守らなければという論陣を張ったところで、商店街に対して「政治力を使って権益を維持し、町を私物化してきた集団」というイメージをもつ多くの人たちはついてこないでしょう。その実態は既にボロボロで、このままでは町としてあまりに悲しいからなんとかしませんかと言っても、住民、特に年長の男性が賛成しない。それが、全国で遭遇する悲しい現実です。

そのときに、専門性を持って奮闘している一部の商店主と手を組んで、「この町をなんとかしたい」と動きだすのは、大抵若い男女です。町が栄えていた頃を知らず、ノスタルジーも抱かない世代なのに、一体何をもって、そう思うのか。

もちろん、東京みたいにお洒落《しゃれ》で楽しい場所がうちの町にもあったらいいのに、とか、外からお客さんが来たときに連れていける賑《にぎ》やかな場所があったらいいのに、という発想もあるでしょう。

でも、より深い動機として、自分が後世に残すべきものがこのままでは何もない、せめて町を残すことに参加したい、という思いもあるんじゃないかと思うんです。ただ大型店と住宅がまばらに建っているだけの、どこにでもある郊外の風景を、これがうちの地元だと残していくのは、あまりにも寂しい。そう気付く若者が増えているんじゃないでしょうか。

離島とか田舎なら、田畑や自然を残していけばいいんでしょうが、多くの都市住民、郊外住民には、そういうわかりやすい「残すべきもの」がない。だから、残すだけの価値のある町を作りたい、と思う。もうちょっと受動的に言うと、信金バンクのCMのように、「この町とともに年を取りたい」みたいな感覚。

ただ困ったことに、地方政治のイニシアチブを取っている六〇代以上の男性の多くには、驚くほどそういう感覚が欠けているんです。「自分」の「今」が大事で、未来や子孫に向けた思いなんてない。

新　それで思い出したんですが、以前、建築家から聞いて、とても印象に残っている話があるんです。ヨーロッパの教会には、よくステンドグラスがありますよね。あのステンドグラスの模様は、単なる意匠ではなくて、その地域の記憶を保存するという意図があるんだそうです。その図柄を見ると、その地域でどういうことがあったか、思い出せるようになっている。近代人であれば文字で書き残して記録しますが、昔は識字率も低かったので、皆が集まる建築物に、その土地の記憶が描き込まれていたんですね。

この話で思ったのは、昔も今も、町って記憶の集積体なんだ、ということです。現代に生きる私たちも、町の風景を見て初デートのことを思い出したりとか、ちょっとした斜面や段差を見て、小さいときにここで躓《つまず》いて骨折したなってことを思い出したりするはずです。

そして今、町とはそういうものだということを一番よく知っているのは、実は地元の駅前で夜な夜な踊っているダンサーだったり、あるいはスケートボードをやっている兄ちゃんだったりするんです。要するに、地べたで活動している人たち。

横浜線のような郊外のJRの路線って、大抵二階に駅舎があって、一階はショッピングセンターになっている。そのガラスが非常に大きく作られているので、そこでダンスをやってる人たちがすごく多いんです。しかも彼らは、JRの駅長さんと仲良しで、駅近辺の掃除もしていたりする。サラリーマンはそういう奴らを一段下に見ていたりするわけですが、彼らは酔っ払いが捨てた吸い殻とかを掃除して、ダンスをやっているんです。

彼らにはすごく強い地域愛があって、たとえば相模原《さがみはら》にいるチームは、自分たちのことを「レペゼン相模原」って言ったりする。レペゼンというのはレプリゼンテーション、つまり自分たちは相模原を代表しているんだと。それは国内のことに留まりません。たとえば彼らはニューヨークに行っても同じことを言うわけです。神奈川に相模原という場所があって、俺はそこのレペゼンでやってるんだ、と言って、ニューヨークで踊ったりする。

そういう若者たちを、郊外の団地に住んでいるサラリーマンがバカにするという、不可思議なことが起きているんです（笑）。本当は彼らのような若者をもうちょっと地域づくりに参画させていけばよいわけですが、こうした若者の存在をまちづくりにかかわる人たちが知らなかったりする。

藻谷　イケイケの兄ちゃんたちの、妙に熱い地元愛ってありますよね。資産保有層の保守ではなく、カネもないけど地域を受け継いで残していこうという保守的なマインドを持っている。彼らを「ヤンキー」と呼ぶ精神科医の斎藤環《たまき》さんの目線にも共感できるんですが、一方で、そうしたヤンキーの力を商店街の各種イベントに取り込んでいる長崎県佐世保市のような例もある。青森市のねぶたのハネトもそうですね。

ショッピングモールが地元

藻谷　近代家族が崩壊しても人間にはやはり何か拠って立つものが必要で、だけど今時、多くの人は、家族や会社が続いていくことを期待できない。国では余りに大きすぎて実感が乏しい。そこで、地域だと思うんです。外部の人間を排除する閉鎖的なものではなくて、今、被災地で外来のボランティアと地元に残った人たちとの間で始まっているような、比較的オープンな地域主義。顔の見える範囲で何かを築いていこうとする人は、どんどん増えるんじゃないでしょうか。

もちろん途中でやめて出ていく人も多いでしょうが、それまでにその人がやったことは、何かしらその土地に残る。中には水が合って、ずっといる人も出てくるかもしれない。今後の日本では、出入り自由を前提に、今いる地域を良くするぞと行動することがスタンダードになるのではと、密《ひそ》かに期待しているんです。

自分が死んだ後にも残る、自分の町の歴史の一ページに少しでも手を貸したという実感は、他では得がたいものだと思うんです。だって、身近にありながら自分を超えていく存在って、企業も家族も先行き怪しい今、他にないんですよ。

新　わかります。僕もその期待はありますし、実際そういった現象が各地で起きつつあるように思います。

ただ、そこでちょっと問題になるのは、藻谷さんの世代は、恐らく商店街とその地域性が結構リンクしていると思うんですけど、僕より下の、二〇代以下の郊外に住む若い人たちにとっては、ショッピングモールこそが地元だという意識になっていることです。

藻谷　なるほど、そうですよね。

新　実は、その人たちが地域にこもってしまっているという問題もあるんです。というのも、地域愛のある人ほど、非正規雇用で働いている。友人の社会学者である阿部真大《まさひろ》君によると、今、地域にこもっている若者たちが目指す職業は、綺麗《きれい》に二分されているそうです。

一つは、数はかなり少ないんですが、警察官や消防官。特に都市規模が小さくなればなるほど、警察・消防しか働き口がなくなります。公務員試験業界では、関東・中部地域以外では、旧国家公務員Ⅱ種の難易度がⅠ種試験とほぼ同じくらいだと言われています。ただ、旧国Ⅱの勤務先はどうしても大阪や札幌といったブロック都市になりがちです。自分が生まれ育った地域で働こうとすると自治体職員とならざるをえないわけですが、かといって、市役所の事務職の募集も少ないので、警察・消防を目指すしかないんですね。

もう一つ、警察・消防ではないところで地元に残るといったら、ショッピングモールとなりがちです。不安定な立場で賃金も安いけれど、多くの職を提供しているのは事実です。ショッピングモールは、子どもたちにとってすごく居心地のいい空間をつくり上げました。あそこだったら大声を出しても、走り回っても、よほどでない限り文句は言われないでしょう。

藻谷　ですがそのショッピングモールが、商店街と同じように、後世に残していくべき地域の拠点、皆の記憶の集積場所になりうるのか、ということですね。

新　そうです。

藻谷　新さんの本は、昔、村上春樹が商店街でジャズ喫茶をやっていた話から始まっていますが、彼と同じことを、昔出会ったある店主が言っていたのです。「商店街ってのは、弱小な一個人が事業者として、大組織や大手資本に対抗しながら、なんとかやっていける、地域でただ一つの空間なんだ」と。その通りです。町を失《な》くした地域の人は、ショッピングモールで単なる消費者になるか使用人になる以外に道がないんですよね。

つまり、ショッピングモールは消費する場としては愛すべき空間であっても、そこに使用人以上の者としてかかわり、自分が生きた証《あかし》として後世に残して行く場には、残念ながらなりえないでしょう。

もちろん可能性としては、たとえばショッピングモールの一部を闇市《やみいち》のようにして、大資本以外の人が店を出せる空間に発展させるということもなくはない。沖縄には地場資本がそういうのを作った例もありますが、普通の場合、自分が経営側に回りたい人は、商店街の残っている町に引っ越してしまうでしょうね。

アントレプレナーシップを生かす

新　「町、あるいは都市とは何か」。その定義は数多くありますが、僕が最近読んで「なるほど」と思ったのは、「アントレプレナーシップが発揮できる空間である」という定義です。アントレプレナーシップは、「冒険心」とか「起業家精神」と訳されますが、要するに自分で事業を起こす精神性みたいなものですね。

私たちはなぜ、商店街に感じる「町らしさ」を、ショッピングモールには感じないのか。たくさんのテナントが入るショッピングモールだって、生鮮三品の専門店を並べて商店街らしくすることはできるでしょうが、私たちはそれを「町らしい」とは思わないはずです。それはなぜか。

おそらくそこに欠けているのが、アントレプレナーシップなのではないかと思います。つまり、自分で事業を起こしたいという人がいて、その思いを生かすことができる空間がある。こうした空間や舞台を、私たちは無意識に町や都市と言っているんじゃないか。そして、アントレプレナーシップを発揮して店舗を出した人たちのことを零細事業者と言っていたんじゃないかと思うんです。

しかし今、それをやろうとする人は少ない。実際、自営業の割合は減り続けていま す。そして、現存する零細自営業者たちは、事業意欲を失ったまま、退場するわけで もなく町にしがみついている。新しく出店するのは、大手小売店の息がかかったチェ ーンばかり。都市的なもの、町的なものがなくなってきていると思うんです。

藻谷 起業家精神を持つ若者は今もいます。ですが、それが商売で花開くには、根・葉・茎が揃《そろ》う場が必要なのです。

根は住居、葉は職場です。居住者しかいないのが団地、職場しかないのが工業団地やオフィスビル街ですが、これらは町ではない。なぜなら、前者は住む人しか、後者は来る人しかいないからです。住居と職場が混在してこそ町と呼べる。加えて茎＝公共的な施設も必要です。中でも一番人を集めるのは病院や学校ですね。根・葉・茎が揃って初めて、住む人と来る人が一緒に歩く場となり、零細店にも売り上げという栄養が行き届く。

理屈ではないんですが、これがこれまであらゆる町を観察して得た結論です。

新 なるほど。

藻谷 この反対をやっている地域、つまり、郊外農地を開発し、住居と職場と公共施設と大型店をそれぞれ無料駐車場付きで分離させ、移動は全部車で、としてしまった地域には、起業家が生息できる空間が存在しなくなってしまった。

　面白いことにそうした土地からは、文化的なものがなくなっていくんです。モールに並んだ物資を消費して満足している人だけになった地域からは、ユニークな雑貨屋とか、こじゃれたカフェ、尖《とが》ったイベントも消えていく。残念です。

　ちなみに、アントレプレナーが存在できるかどうかは、人口規模とは関係がない。東京都小笠原村の父島は、人口二〇〇〇人少々ですが、人の行き交う商店街があり、若い創業者がたくさんいます。

　逆に私が多年にわたり民間有志のまちづくりを手伝ってきた静岡県のある市では、商圏規模は大きいのに商店街から百貨店が続々撤退。しかもいまどき市長自らが郊外農地をつぶして巨大モールを誘致しようとしている。起業家精神を受け入れる商店街という場を捨て、若者が後世に自分の町を残す可能性を絶とうとしているのに、市民はそれでいいのでしょうか。

新　「アントレプレナーシップを持て」というと、これまですごくハードルが高く思われてきたし、あるいは「若者に起業家精神を持たせなければ」というような、押し付けがましい言葉として、今の若い人たちは理解してると思うんです。
　でも、そうではなく、藻谷さんが先ほど言われたような、今、徐々に増えている地域にかかわろうとしている若い人たちに対して、一緒に地域の中でアントレプレナーシップをつくっていこうよというふうに提示することは可能だろうし、それを生かせる空間を保持していくのが、上の世代の責任のような気がしています。

藻谷　年長世代が守る商店街に、若いロールモデルがいるとさらにいいですね。カフェを開いたお姉さん、古着屋の兄ちゃんが、後の世代の目標になります。

新　そうですね。あまり理屈っぽく言うより、実例を見せていくことが、これからすごく必要なことだろうと思います。それが先ほどの、ショッピングモールの非正規雇用という問題に対して、唯一《ゆいいつ》対抗できるものになるかもしれない。

藻谷　起業家精神とまで言わずとも、人間には大なり小なり独立心はあるわけで、まちなかで一歩、踏み出してみるということですよね。それは人間の本質であって、そうじゃないと社会は発展しない。

新　そうですね。本では商店街存続のための規制と給付のバランスの話になってしまって、アントレプレナーシップの論点についてほとんど書けなかったので、今日、お話しできてよかったです。

藻谷　いや、規制と給付の話も、本質を突いていますよ。新さんはじめ、現実を見据えて議論を展開する気鋭の研究者がどんどん出てきている社会学のこれからに、大いに期待したいと思います。

新　ありがとうございます。まずは、自分の近代家族の形成に向けてがんばります（笑）。

第二章　「赤字鉄道」はなぜ廃止してはいけないか

――宇都宮浄人（経済学者）

宇都宮浄人（うつのみや・きよひと）
1960年、兵庫県生まれ。関西大学経済学部教授。京都大学経済学部卒。日本銀行入行、調査統計局物価統計課長等を経て、現職。著書に『路面電車ルネッサンス』『鉄道復権』など。

幼児期には電車好きでも、大人になれば関心は消える。赤字の鉄道なんて要らないというのが、日本人の常識だ。

だが待って欲しい。日本の常識の多くは、いいものも悪いものもひっくるめて、世界の非常識なのだから。それどころか、日本人が「世界の常識」と疑わないものが日本限定であって、実は「世界の非常識」という場合も多いのだ。特にまちづくりの分野では。

この対談で宇都宮浄人氏が語る「鉄道復権」は、趣味人の戯言《ざれごと》ではなく、そもそもは日本発の、そして今では欧米先進諸国において明確な潮流だ。なぜその流れが日本に還流して来ないのか。道路には毎年十数兆円の税金を投入しながら（つまり大赤字）、鉄道は路盤整備含めて黒字であるべきだとする、「日本限定の常識」ゆえだ。

ＪＲ北海道の問題も根源は、鉄道と道路への、税金投入のイコール・フッティングの未実現にある。祖先の残した貴重な鉄道資産を、もう一キロも損なわずに子孫に伝える智恵《ちえ》は、われわれに備わっているだろうか？

――藻谷浩介

データに基づいて議論する

藻谷　『鉄道復権』（新潮選書）、拝読しました。実は私、長年の「鉄道ジャーナル」愛読者でして、かれこれ三〇年以上購読しているんです。

宇都宮　そうでしたか。案外、鉄道には距離を置いていらっしゃるのかと思っていたのですが、それは嬉《うれ》しいです。

藻谷　鉄道は好きなんですが、いわゆる「鉄ちゃん」とは少し違って、モノとしての車両などではなく、社会の中で鉄道がどう機能するのかという、システムとしての鉄道に興味があるんです。なかなか言語化しにくい部分だと思うのですが、この本では、まさにそこをきっちりと分析して書かれていますよね。

宇都宮　ありがとうございます。鉄道が持つ潜在的な可能性を示すことで、これからの社会に対して鉄道は何ができるのかを考えたいと思って書きました。

藻谷　しかも、著者の主義主張は抑えて、とても客観的に、これは間違いないということだけが書かれている。一つ二つの事例ではなく、たくさんのデータを踏まえた上で、蓋然《がいぜん》性が高いことだけを書かれているのがよくわかりました。

宇都宮 藻谷さんも全国を回られていますが、私も一応統計を専門にしている人間として、なるべく多くの都市を回って、集められる数字を集めることは心がけています。たとえば路面電車の話にしても、紙幅の都合から事例にとる都市は限られていますが、そのバックに世界の三五〇以上の都市のデータを持っています。そういうところがわかっていただけるのはありがたいです。

衰退する鉄道網

宇都宮 安全で時間通りに走る日本の鉄道は、世界の鉄道業界を牽引《けんいん》する存在であり続けてきました。世界中が急速に車社会化し、鉄道斜陽論が出てきてからも、日本は先進国で唯一《ゆいいつ》、鉄道路線の拡張を進め、車両や運行システムの技術革新を続けてきました。一九五八年には世界初の高速鉄道としてビジネス特急「こだま」が運行を開始し、六四年には、東京オリンピックの開催にあわせて東海道新幹線が開通して、夢の超特急「ひかり」が登場します。

藻谷　その日本が発明した高速鉄道が、一五年ぐらい経《た》ってからヨーロッパに逆上陸して、だんだんと普遍的なシステムとして拡大していき、いつの間にかアジア、東アジアへと一気に拡大したわけですね。そう考えると今の中国で走っている高速鉄道は象徴的で、日本起源のいろんなシステムが各国で別々に進化したものを、全部寄せ集めて走っている(笑)。

鉄道復権へと世界が大きく舵《かじ》を切り始める中、その最初ののろしを上げたのが実は日本だということを、日本人はもっと理解すべきだと思います。

宇都宮　しかし、日本の鉄道全盛期は、三〇年前ぐらいで止まってしまいました。三〇年前といえば、いわゆる国鉄の経営問題が表面化し、八三年に北海道の白糠《しらぬか》線が廃止になるなど、いろんなことが始まった頃です。そのあとは、勢いが下り坂になってしまった。

最近でも、この流れは止まるどころか、二〇〇〇年の鉄道事業法の改正以降、地方鉄道の廃止の流れが加速しています。

藻谷　ここ四、五年でも、都市型鉄道を廃止するという事例が相次ぎましたね。なぜここまで保ったものを廃止してしまうのか、理解に苦しむ例ばかりです。

宇都宮　岐阜の路面電車（名鉄岐阜市内線・美濃町《みのまち》線等）が廃止になったときには、海外の雑誌で「今時なんて珍しいことをする国なんだ」と書かれたほどでした。今、海外では、車中心の社会を見直し、鉄道を復興しようという動きが出てきているからです。初期投資を抑えるために、路面電車を進化させたLRT（Light Rail Transitライトレール交通）を新規に作る都市がどんどん増えています。

藻谷　新規敷設《ふせつ》に比べ、既存の路線へのテコ入れは破格にお安いですよね。

宇都宮　さすがに人口四〇万人規模の都市の路面電車を廃止するのはもったいないと、フランスのコネックス（当時。その後ヴェオリア・トランスポートに改称）という会社が、運営母体として名乗りを上げて来たこともあったんです。でも、岐阜市は一銭のカネも出さないということがわかり、「それではとてもビジネスとして成り立たない」と撤退していった。

フランスでは「上下分離」、つまり線路の建設や維持などのインフラ管理と、鉄道の運行業務との経営の分離が当たり前なので、インフラも含めて全部面倒を見るなんて冗談じゃない、ということでしょう。

藻谷　岐阜の路面電車の廃止は、マイナスしか生まなかったと思います。

岐阜周辺は以前から渋滞が非常に深刻でした。岐阜市内から関市まで行く美濃町線を廃止した後、並行して通っている片側一車線の道路の渋滞は、当然さらに深刻化する。それで美濃町線の軌道跡を買収して道路を拡幅したんです。その工事にいくらかかったのか、正確な数字はわかりませんが、二五キロもの線路を潰《つぶ》して拡幅しようとすれば、普通数十億円単位でお金がかかります。それだけのお金を使えば、美濃町線の運行継続は今後数十年は可能だったはずなんです。

宇都宮　電車なき後、同じ区間をバスで移動しようとすると、渋滞の中で進むわけですよね。それではスピードが落ちるし、時間も正確ではない。そんな公共交通は使えないとなれば、ますます自家用車に移る人が増えて、さらなる渋滞の要因になります。

藻谷　しかも市内線廃止のあとの岐阜市街地の賑《にぎ》わいは、駅前の新岐阜百貨店がなくなり、パルコも撤退して、もう目に見えてガタガタと落ちていったんです。

実は当時、市内線存続のために動いていた人に呼ばれて、手弁当で廃止派の説得活動をしたんですが、廃止派の急先鋒《きゅうせんぽう》がなんと商店街の幹部だったんです。彼の主張では、路面電車がなくなれば、車が増えて客も増えると言う。自分たちの街の置かれた状況がまったくわかっていないことに、本当に驚きました。

宇都宮　車のほうが客が来るという思い込みは、実は海外も同じでした。フランスのストラスブールに路面電車を導入するときも、商店街は「車じゃなくて今更電車を入れるのか？」と反対したそうです。結果的には、市長の強いリーダーシップと、一生懸命な説得活動で導入に漕《こ》ぎ着けた。

藻谷　お店の売上は、郊外でも中心地でも、車を降りて歩く人が増えないと絶対に増えません。歩く人が増えれば必ず売上が増えるとも言えないけれど、歩く人がいない限り、増える可能性がないのです。アメリカのショッピングセンター協会の会長も、「足から車輪が生えたアメリカ人が唯一歩くのがショッピングセンターだ。そのために、アメリカ人でも車から降りたくなるよう、徹底的に工夫し抜いている」と言っています。

　ストラスブールの場合は、公共交通を導入し、そのほうが車より便利だという状況にすれば、駅までの間、街を歩く人が増えて、商店街の売上も増えるだろうという計算があり、事実そうなりました。極めて経済的な考え方です。

美濃町線を廃止した後に、商店街のお客さんは三割くらい減りました。

宇都宮　それで、商店街の幹部はどうしたんですか。

藻谷　彼に限らないのですが、ものをよく考えていない人は、事実が思い込みと違っても、特に反省はないようですね。

宇都宮　自分の街が衰退してしまったのに、どうでもいいんですかね。

藻谷　自分の街どころか、自分の商売もどうでもいいのかも。駐車場などの固定資産で食べているので、個人的な利害から電車を敵視していたのかもしれませんね。
　そのころ市当局は、JR駅周辺の高層ビルの再開発に、一〇〇億円単位のお金をかけていました。そのわずか数十分の一の費用で維持できる路線を廃止しておきながら。目指していることと、そのためにやっていることが一致しないんです。

宇都宮　財政難と利用客減少のせいで廃止されたはずなのに、それが更なる支出を生み、客足も減らしてしまっている。似たような皮肉な例は他にもたくさんありますね。

「赤字鉄道」は本当に赤字なのか

藻谷　〇六年に廃止された「北海道ちほく高原鉄道」は、帯広の東の池田駅から北見に伸びていた第三セクターで、一日の客が百何十人の超閑散線でした。年間約四億五〇〇〇万円の赤字を出していました。
　しかし、存続運動をしている人の話を聞いてみると、実はリーズナブルな活《い》かし方があったのです。というのも、北見、網走から札幌に行く最短距離の鉄道路線なので、軌道強化工事をして高速化すれば、石北本線回りで行くよりも圧倒的に便利。実際に釧路から帯広・滝川経由で札幌を結ぶ根室本線は、自治体などが資金を出して軌道改良工事を行い、利用者が増えました。そもそも冬の北海道での車の運転は危険ですから、鉄道の意義は大きいのです。実際に冬のJR北海道の特急の指定席は満席になることが多い。だから、軌道を高速仕様に改良して再利用しましょうよ、その方が地域活性化にもなりますよ、という運動だったのです。

ところが、行政も経済界も耳を貸しませんでした。代わりに、廃止した線路に並行して、数百億円かかる高速道路建設が本格化したのです。料金収入が見込めず無料開放される区間なので、地元自治体の負担はその分重く、しかもすでに通っている国道に比べ所要時間が短くならないので、完成しても使われない。まさに工事のための工事です。おまけに高速道路は鉄道に比べて、路面補修や除雪、照明などにずっと多額のランニングコストがかかります。それだけでも年間四億五〇〇〇万円は軽く超えるでしょう。

金勘定の常識から言えばちほく高原鉄道の高速化が当然ですが、それでは地元に工事費が落ちないというわけですね。

宇都宮　道路や駐車場に何十億、下手したら一〇〇億円以上かけるということには誰も何も言わなくて、鉄道会社は一億、いや、一銭でも収支がマイナスであれば「赤字だ」と文句を言われる。

本にも書きましたが、日本はたまたま二〇世紀に鉄道で成功してしまったために、「鉄道事業は儲《もう》かるものである＝儲けないかぎりはムダである」という意識が生まれてしまったのだと思います。しかし鉄道は本来、「黒字」「赤字」で判断するものではない。そんなことをしているのは日本だけですよ。

藻谷　なるほど。たまたま超優等生がいたために、普通の成績の人まで全員、劣等生というレッテルを貼《は》られてしまった。

宇都宮　そうです。だから、国内では劣等生でも、海外へ行ったら普通どころか、ひょっとしたら優等生と言われるかもしれません。

藻谷　実際ちほく高原鉄道は、アメリカに行ったらかなりの優等生でしょう。

宇都宮　不思議なのは、海外に鉄道を輸出するとなると、日本人は皆、諸手《もろて》を挙げて賛成しますよね。カリフォルニア州なんて大した人口密度ではないのに、あそこの高速鉄道の受注に日本が勝つか負けるかで、皆必死です。大々的に報道されるし、お金もかける。

一方で、盛岡から八戸、青森、函館と大きな都市をいくつも通る北海道新幹線の計画には、多くの人が無関心か、「無駄だろう」と言う。

乗客が少ないところでも、とにかく外国に日の丸が立てば嬉しい、そのために国は支援すべきだと言いながら、一方で国内投資はけしからん、というのは、お金の使い方としてなにか間違っているような気がします。

藻谷　札幌—東京間は、ジュネーヴ—パリ間よりも沿線人口は多いですから、北海道新幹線は造って当然です。間違いなく償却前黒字になりますよ。

宇都宮　私もそう思います。「イコール・フッティング」という考え方があります。競争の土台を揃《そろ》えるという意味ですが、交通サービスについて言えば、鉄道が線路のコストをも負担している以上、自動車も、道路インフラのコストをなんらかの形で負担して、なるべく競争条件を揃えるべきという、極めて合理的な考え方です。あるいはその逆で、道路と同じ様に鉄道インフラのコストも公共が出すとなれば、営業的には黒字、という路線はたくさんあるはずなんです。

藻谷　インフラで一番の赤字を出しているのは、実は都市部の郊外にひかれた街路と上下水道です。全く人口が増えていない街の郊外に、今でもどんどん街路を作ったり、上下水道を引いたりしている。一つの町でそのために三桁《けた》億を使っていたりしますが、最初から採算を弾《はじ》いていない事業なので、赤字だからやめろという声も出ません。これらは新規投資以上に、運営、維持補修、管理にお金がかかるのです。特に下水道は年間一〇〇億円単位の費用がかかり、そのうち利用料金で回収できている分は、比較的なところでも、一割に満たない。その上システムの運営に膨大な電気を使っています。多くの場所では安く設置し運用できる合併浄化槽の方がよほど合理的です。整備新幹線を攻撃している人は、全国で生じているこの膨大なムダをどう考えるのか。テレビが騒がないと気付かないのでしょうね。

宇都宮　日本では、鉄道は黒字にしなければいけないという思い込みのせいで、運賃が高めに設定されているという問題もあります。それに比べて海外はかなり割安です。運営費の半分を賄《まかな》えればいいと考えているからです。

大阪と堺を結ぶ路面電車、阪堺《はんかい》電車では、これまで堺市・大阪市内は二〇〇円、大阪―堺間は二九〇円だったところを、堺市がお金を出して、全線均一の二〇〇円にしました。そうしたら、乗客数がかなり増えたそうです。

藻谷　バスでも鉄道でもどうせ維持するのに同じ人件費がかかるのであれば、お客さんがたくさん乗ったほうが社会的効用は高いという考え方ですね。

宇都宮　それで、従来であれば車を使っていた人も、「そんなに安いんだったら電車に乗って行こうか」となるわけで、要はやりようなんです。しかも、それで沿線の商店が潤《うるお》う、自家用車の渋滞が減るのであれば、都市の経営としては安い投資ではないですか。

鉄道の優位性

藻谷　以前、どういう道路に一番お金がかかっているのか調べてみたことがあります。それで気がついたのですが、道路にかかる費用は、路面の面積に比例するんです。過《か》疎地《そち》の一車線の林道などが無駄遣いと思われがちですが、実際には都市近郊の四車線で街路樹がついて、歩道までついてる道路のほうが、はるかにお金がかかる。たとえば道路はアスファルトが摩耗するから一年中舗装し直す必要がありますが、通っている人間当たりの面積が広いのでムダにお金がかかる。路面の清掃作業や除雪、街路樹の剪定《せんてい》などの維持費も馬鹿《ばか》にならない。

対して鉄道の優れているところは、通っている人間当たりの使用面積が狭いことです。街灯も不要だし、レールは磨耗に強いので頻繁に替えなくてもいい。

宇都宮　LRTよりバスのほうがいい、という話が出るとき、バスの運行で道路舗装が傷つくことは考えられていません。

藻谷　タイヤも摩耗しますしね。鉄輪は磨耗に強いし燃費もいい。車輪の接地圧力が高いので、少々の積雪があっても高速で定時運行できます。

鉄道は産業革命の初期にできたシステムです。当時は資源や労力面での制約も大きかったでしょうから、できるだけ手をかけず、使用面積を少なくして作れるシステムを考え出したのだと思います。

その後、技術が進歩し、機械で広い面積を壊せるようになってから道路を作るようになるわけですが、やっぱり資源がない頃にやっていたことって、すごく効率的で省エネなんです。

だから過疎化が進む地域ほど、世間の先入観とは逆に、広い道路をたくさん維持するのはやめて、なるべく鉄道を使ったほうがトータルでお金がかからない。

何より日本の鉄道は、すべての電車が時間どおりに来ることがインフラとして素晴らしい。

宇都宮　中国なんか、予定より早く出ますからね（笑）。一〇分前にもう改札を閉めちゃう。

藻谷　昨日、萩で講演をした後、夜に会合がありました。そこから宿まで六キロあって、皆タクシーで帰ったのですが、私は少し夜風にあたりたくて、歩いて帰っていました。さすがに途中で少しきつくなって、携帯で検索すると、なんと近くの駅にもなく山陰本線の最終列車が来ることがわかったんです。駅まで行って、本当にこの真っ暗でひと気のない無人駅に電車が来るのだろうかと不安になっていたら、時間どおりに単行（一両編成）がパタッと来ました。五人しか乗っていなかったけど、そんな深夜でも山陰本線をインフラとして、運行してくれているわけです。しかも一四〇円。タクシーに乗ったら、三〇〇〇円はかかる距離だと思います。

この素晴らしいシステムを、鉄道会社の多くは採算も度外視して、最低限のところで一生懸命維持してくれている。

宇都宮　鉄道の価値は、まさにそこですよね。そこに存在しているということ自体が、人々に「利用したいときにいつでも利用できる」という選択肢を提供することになる。先日、ある鉄道に対する自治体の支援が議論になったとき、税金で鉄道を支援するのは、「受益者負担」に反するといった意見が出ました。けれども、鉄道の恩恵を受けているのは、今乗っている人だけではない。沿線や地域が、鉄道の存在そのものの受益者なんです。

藻谷　病院と同じで、行かないかもしれないけど、いざというときにはあるという安心感がありますね。

宇都宮　たとえば家を買うにしても、今は使わなくても、将来子どもが中学生になったら電車で通うかもしれないと思って、鉄道沿線に買う人が出てくる。

藻谷　今後高齢化していく社会にとっても、本当にありがたいものなはずです。駅のある場所から離れている地域では高齢者も車で動くしかありませんが、後期高齢者の交通事故は年々増えています。八〇歳前後で、さすがにもう車に乗りたくなくなると、家の中に引きこもるので、歩く習慣を失って体力が落ちたり、肥満になったりしてしまう。

宇都宮　それでゆくゆくは、介護費や医療費がかさんでいく。鉄道という公共交通には、その費用を減らして余りあるだけの価値があると思います。

たとえば富山ライトレールは、廃線が検討されていた従来の路線を引き継いで生まれた路線ですが、開業後に乗った人の二割は新規の利用者で、しかも、平日の六〇代、七〇代の利用者が増えています。従来であれば、普段は出かけず、週末に子どもや孫の車で移動していた人たちが、ライトレールだと移動できるようになったわけです。このLRTはホームから乗車まで、段差がまったくない作りになっています。

藻谷　その原型は、実は東京都電です。都電で唯一残された荒川線が、おそらく日本で最初に全部のホームの端をスロープにしました。乳母車でも車椅子《くるまいす》でも、そのまま乗せられるようにしてあって、お客さんも多い。

しかし、経営的には実は儲かっていません。黒字だったり赤字だったりしますが、基本的に収支相償《そうしょう》です。

それでも、あの最後の線を廃止しろという議論にはなりません。公費の持ち出しゼロで運行され、多くの雇用も生み、その人件費を全部払って、わずかな赤字。それに対して、生み出している社会的便益がはるかに大きいからです。沿線の人が、五分おきに来る都電に乗って、のんびりと、学習院のほうの病院に行ったり、荒川あたりへ行けるというのは、ものすごく便利なシステムです。

宇都宮　ただ都電は今かなり混んでいるので、もう少し長い車両を走らせたほうがいい。あの混雑のために、「もう都電はやめようか」と考えているご老人もいるのではないでしょうか。今は、車庫なんかに投資していないのでしょうが、きちんと投資をして、長い車両と、それが入る車庫を確保する。そうすれば、もっと利用者が増えると思います。

ネガティブ・チェックの横行

宇都宮　鉄道やＬＲＴは駄目だと思い込んでいる人に、その優位性や利便性について語ってもなかなか受け入れてもらえなくて、苦労することが多々あります。いくら説明しても、とにかく様々な、できない理由や、問題が発生する理由を並べ立てられたりする。

藻谷　私は「お受験エリートの思考構造」と呼んでいるんですが、お受験のための勉強は、教わったとおりに丸暗記するだけでしょう。現実に照らして考え直すようなことはせず、習ったこと、暗記したことを素直に信じ込める人が有利です。彼らが生身の現実を前にすると思考停止する。

宇都宮　日本全体が大企業病化している気がします。みんなが中間管理職的で、新たな提案に対して、ネガティブ・チェックだけが得意な人たちが増えている。

藻谷　どうしてなんでしょうね。二〇年くらい前、私が会社に入った頃には、そんな風潮はあまりなかったような気がします。しかし、二一世紀に入る頃には、かなり息苦しくなってきました。

宇都宮　バブルのときに浮かれて野放図になり過ぎた反省があるのかもしれません。

藻谷　だけど、今のような非成長社会で、皆でネガティブ・チェックをし合うというのは、自殺行為ですよね。いわば、山荘に立て籠《こ》もりどんどん食料が足りなくなっているときに、新たな活路を開こうとせずに、ひたすら「お前、食料を余計に取ったな」「お前こそ余計に取った！」とやっている連合赤軍のようです。四〇年前に連合赤軍といわれる特殊な集団の人たちが山奥の閉塞《へいそく》したアジトで見せた病理を、今、日本の社会全体が見せつつある。皆で「お前のせいだ」と言い合っている。社会が連合赤軍化しているんです。

宇都宮　何かをバッシングすることで快哉《かいさい》を叫ぶ……というより、本当に叫びたいのかどうかもわからないまま、週刊誌や雑誌の見出しも、そのほうが売れるという幻想で出来上がっています。いわゆる「ケインズの美人投票」と同じですね。周りの多くの人が美人だと思うであろう人に、票が集まるという。

藻谷　皆がそう思い込んでいることが、あたかも揺るぎがたい「事実」であるかのように認識されてしまっています。

連合赤軍のように思い込みが激しい人たちは、「日本全体が閉塞している」と主張するんです。いや、閉塞していないのではと言うと、まるで非国民のように叩《たた》かれる。「日本はもうダメだ」と言わないと、愛国心を吹聴《ふいちょう》する人たちに弾圧されるという、謎《なぞ》の現象が起きています。

具体的な事実を積み上げていくと、日本はそれほど状況が悪いわけではありません。しかし、マスコミにしろ、そこに登場する自称「識者」にしろ、そうした事実を見ずに、何かの思い込み、観念に囚《とら》われているところがある。養老孟司さんの言う「脳化」のなれの果てですね。

私は、この国には大きなストックと可能性がある、問題はその気になればすぐ直せると考えています。『鉄道復権』も、根幹は壊れていないのだから、まだまだこれからだという、すごく前向きなトーンで終わっていますね。でも、講演とかで前向きなことを言うと、「無理して言っているんでしょう」と言われませんか。

宇都宮　講演でも文章でも、とにかく「将来の課題」を三つくらい挙げないと、しまらないようですね（笑）。

藻谷　それでいて、相手にはその課題を解決する気はまったくない（笑）。

宇都宮　そう（笑）。一部のクレーマーや、「モンスター」と呼ばれる人たちがいて、それに対して組織がどうしても過敏に反応するという現象もありますね。

藻谷　モンスター系の人というのは、大きく分けて二種類いると思うんです。一つは他人に対して権力行使がしたいタイプ。それも、「これやろうぜ！」という前向きな権力行使ではなくて、「これはやるな」というネガティブな形でしか権力欲を満たせないという、残念なケース。

もう一つは、問題を作り出しそれを人のせいにして安心するタイプ。「これはあなたのせいよ」と言うことで、自分は救われた気がする。病状が進むと、世の中これがダメ、あなたが犯人と指摘して、自分が得をした気分になる。失敗した人がたくさんいると、嬉しくなるんです。

宇都宮　自分の存在価値をそこに求めているような人はいますね。

藻谷　長年日本人の幸福度調査をやっている先生に聞いたのですが、震災後、被災地以外に住む日本人の幸福度は増したそうです。「あんなひどい目に遭った人たちに比べたら、自分は幸せだ」ということでしょう。非常に日本人らしい考え方です。でもそれは、一歩押し進めると、自分が幸福であり続けるために、不幸な人を常に求めるということになる。不幸な人がいることによってしか、自分の幸福が再確認できない。

ハリケーン・アンドリューがアメリカに甚大《じんだい》な被害をもたらした後、見ず知らずの貧乏人がひどい目に遭っているのを見て、ほとんどのアメリカ人は幸福度が下がったそうです。たぶん、シンパシーを感じるとかではなく、単純に、多くの人が不幸になっているのは嫌だという考え方なのでしょう。

日本のポジティブ・シナリオ

藻谷　先ほど社会の高齢化という話を出しましたが、三〇年後には、甘めに見積もっても一五歳～六四歳の現役世代は約三割減、対して高齢者は、六五歳以上であれば一〇年間で三割増、七五歳以上は二〇年間で六割増となります。

宇都宮　地域再開発が行われるとき、必ず添えられるイメージ図にいつも違和感があります。緑の綺麗《きれい》な公園に、子供や若者、家族連れが憩《いこ》うような未来像。美しいですが、将来の年齢層のバランスが逆転してしまっていますよね。緑の公園も、イメージとしてはいいけれど、手すりもない広い場所を老人が歩くのは大変ですよ。しかも高齢者がいなくなる夜は閑散とする。ひと気のない、治安が悪いところになってしまいます。

藻谷　まさに今、アメリカの多くの街の都心はそうなっています。昔、まだ治安がよかった頃に広い公園をたくさん作ったら、後の車社会化と都心の高齢化で人が寄り付かなくなり、治安が悪くなって使えなくなってしまった。

宇都宮　イメージ図だけでなく、都市計画で、まだまだこうした間違いを犯しているものはたくさんあるでしょう。

藻谷 必ず起きる人口の高齢化を計算に入れていないんですね。講演先でも、首都圏こそ足元で一番高齢者が増えている地域だというと、未《いま》だに驚かれる方がいて、そのことに驚いてしまいます。

変化を踏まえた上でのポジティブ・シナリオとして私が考えているのは、コンパクトシティ化です。人口の減少にあわせて都市開発地域を縮小し、中途半端《はんぱ》な郊外開発地は、田園や林野に戻す。そうすれば、無駄な道路や上下水道の開発も減らせて、日本の美しい田園景観も残すことが出来ます。一方で、旧来からの中心市街地には都市機能を集中させて、それぞれが個性をもった都市景観の復活をはかるべきです。

宇都宮 車社会で郊外に拡散してしまった都市機能をコンパクトに集めるためには、LRTのような交通が重要な役割を果たすかもしれません。

先ほどの富山市の例では、このまま街が広がり続けると、二〇〇五年から二〇二五年の二〇年間に行政経費が約一二%上がることがわかっていました。それなら、今ライトレールに投資して、公共交通を軸に、その周りに人が集まるようにしたほうがよっぽどいいということになったわけです。

藻谷 富山市当局が市内の介護労働者の勤務状況を調べたら、勤務時間の九割が車の運転時間だったそうです。高齢者に郊外にバラバラに住まれたら、本当の介護に割ける時間も減ってしまう。

ただ、バスがあって便利だから、その沿線に住みましょうと言っても、なかなか人は寄ってこない。でも、ライトレールのおしゃれな電車が音もせずに走っていて、市が気合いを入れて運営すると言っていれば、その安心感なりシンボリックな効果から、沿線に人口が集まってくる。それが結果的に、郊外に分散して人が住むコストを減らすことになっています。隣町の町役場の職員にも、「僕はこの趣旨に賛同して、富山の街の真ん中にマンションを買いました」と言う若者がいました。そういう効果があるんです。

宇都宮　沿線ではない、郊外に住んでいる人までが、ライトレールに賛成という面白いアンケート結果も出ていますね。

藻谷　これまでは、「俺の土地がどんどん廃《すた》れていくのは許せない！」というような、土地本位の考え方が強くありました。しかし今、土地に執着するのは高齢層だけで、それを譲り受けるであろう若い世代は、もはや自分の所有地に留まろうとは思っていません。それどころか、ライフステージに応じて便利なところに移り住めばいいと考えている。だから今後、世代交代が進めば、もっと住む場所のモビリティが高い時代が来るはずです。そうすれば、コンパクトシティ化が一気に促進されるでしょう。

宇都宮　最近、高齢者でも郊外の家を手放して、都心のマンションに住むような動きが出てきていますよね。

そういう方々が都心で快適に住めるようにして、しっかり移動手段も作れば、ポジティブな街づくりは可能だと思います。

藻谷　人口増加の戦後半世紀と変わらず、都心にオフィスと商用ビルだけを作ろうとするようなやり方をしていたら、絶対にうまくいきません。これからの街に必要なのは、電車と病院、そして福祉サービスです。元気な高齢者が通う病院は、集客資源としても最重要です。東急は、それを見越して、大岡山駅の駅ビルを病院にしました。でも、二子玉川にもつくろうとしたら、厚生労働省に止められたそうです。病院をこれ以上増やすのは国の予算上無理だということだったそうですが、今後の首都圏での後期高齢者の激増をどうするつもりなのか。

いずれにせよ日本も、イコール・フッティングの考え方を導入し、基幹的な交通ラインとして鉄道もバスも両方選べて、かつ自転車もある程度安全に走れるようにしていくという、オランダのような住み分けに向かうのが理想です。

宇都宮　向かい得ると思います。しかも、それはたいしてお金のかかる話ではありません。

藻谷　郊外開発地の街路建設を止《や》め維持費を削減すれば、鉄道網の維持費用は十分出るでしょう。日本の生き残りのためにはそれをやらないといけないんです。アメリカではやらなかったから、ほとんどの街が死の街になりました。

宇都宮　ただ、ＬＲＴを導入したオレゴン州のポートランドは、結構いい街になったのではないでしょうか。

藻谷　たしかに、ポートランドは、アメリカでは数少ない成功例です。定点観測していますが、ＬＲＴの経済的メリットの大きさをひしひしと感じます。例えば中心の地価が維持できているので自治体の固定資産税収が守れているし、町のグレードが上がることで、ナイキのような当地発祥の世界企業も逃げていかない。むしろ誇りをもって存続している。

　実際、妻とポートランドの街に行くと、明らかに反応が違います。昔、シアトルに住んでいたことがあるんですが、ポートランドのほうがはるかに小さいのに、妻は後者のほうがずっと街として魅力的で歩きたくなると言う。面白いものです。理屈でなく直感的に、そういう街づくりのメリットを感じるのでしょう。

宇都宮　それが結局、都市の競争力になるわけですよね。

無個性化という危機

藻谷　今、日本の街の無個性化は、深刻なレベルまできています。郊外は北海道から沖縄まで同じ。中心には三〇年前はまだ過去の遺産が残っていましたが、今では他所《よそ》から来た人を連れていく地元らしい場所がどこにもない街が増えている。直接的なデメリットは観光客が減る程度で小さな額かもしれませんが、大局的にみて、シンボリックなもの、人々が凝集する旗がないというのは、危機的な状況です。どの街でも同じものを食べて、均一的な文化に浸っている日本になれば、世界の中における地位が確実に低下するのですから。

宇都宮　私は一応経済学の人間なので、人々の自由な選好は大事にしたいんです。地方に住んでいる人が、郊外型のショッピングセンターでマクドナルドからブランドショップまで享受《きょうじゅ》していいと思うし、それはこの三〇年間実現してきたと思います。ただ、日本の場合、その結果として失われているものがたくさんあります。

本当は、郊外型のショッピングセンターが提供する東京と同じような暮しと、個性豊かな街中の風景というのは、両立できるはずなんです。

藻谷　そう、オール・オア・ナッシングの考え方はもうやめるべきです。郊外の街路だって赤字だという話をしてきたけれど、別に車を使うなというわけじゃない。自動車と鉄道をうまく両立させる仕組みを作ればいい。たとえば駅でのカー・シェアリングなど、共存できる仕組みはいくらでも考えられますよね。

宇都宮　今から三〇年ほど前、一九八二年にフランスで国内交通基本法ができました。これは「交通権」という概念が入った法律で、フランスでの鉄道復権の礎《いしずえ》となったものです。それから三〇年後の二〇一二年、日本でも交通基本法という画期的な法律が国会に提出されています。

藻谷　国土交通省になってから一〇年以上経って、ようやく交通を一元的に考えようという動きも出てきましたね。

宇都宮　この基本法ができれば、コンパクトシティのような新しい街づくりにあった交通網ができやすくなっていくのではないかという希望はあります。
　高齢化による社会構造の変化が避けられないこれからの日本にとって、鉄道の復権とコンパクトシティ化は、ともに大きな鍵《かぎ》になると思います。

第三章　「ユーカリが丘」の奇跡

——嶋田哲夫（不動産会社社長）

嶋田哲夫（しまだ・てつお）
1935年、福井県生まれ。山万《やままん》株式会社代表取締役社長。福井商業高校卒。繊維商社・山万の東京支店長時代に宅地開発事業に進出。71年からユーカリが丘開発を手がける。

いわゆる「岩盤規制」が、日本の改革を阻《はば》む主犯なのだろうか。確かに馬鹿《ばか》げた規制は、余り報道されない分野においてむしろ、未《いま》だ無数に存在している。だが私は知っている。規制がないのにどの企業も手をつけようとしない分野が広大にあることを。この民間側の不作為こそ、日本が前に進めない最大の原因だ。

嶋田哲夫氏が人生を捧《ささ》げてきた、千葉県佐倉市ユーカリが丘の開発。断じて一時的な利を追わず、住人の加齢と共に進化するそのビジネスモデルは、氏の経営する非上場会社とその株主にささやかだが安定した利益を、そしてそこに住まう人々には最大限の安心と喜びをもたらしてきた。なぜ同じことを手がける企業が出てこないのか。ビジョンの不足？　顧客志向の欠落？　リーダーの不在？　いや根源は、大手上場企業が「配当最大化」という不毛な目標しか持てていないことだ。

ユーカリが丘の奇跡。そう聞けば嶋田社長はこう語るだろう。「いや、奇跡も何も、お客様の視点で発想すれば当たり前のことでは……」。

――藻谷浩介

繊維問屋から不動産へ

藻谷　私は、ユーカリが丘線開通翌年の一九八三年と、数年前と、新交通システムVONAに乗りに来たことが二度あります。根っからの鉄道ファンでして（笑）。不動産会社が自力で鉄道を走らせたわけですから、開業当時の鉄道雑誌には「山万はどこまで本気なのか？」みたいな記事が載りました。その中で嶋田社長は「いや、これは長期的な街づくりの一環です。客寄せパンダではありません」と答えていらっしゃいましたね。その通りだったことを、数年前に、四半世紀経《た》っても新品のようにメンテナンスされている車両と設備を見て確信しました。

嶋田　あのときは、運輸省の役人からも「不動産会社が電車を走らせたいとは何事だ！」と怒られました。何とかこちらの熱意を理解してもらって、最後は許可を出してもらいましたが。

藻谷　しかも、山万はもともとは繊維問屋だったと聞いて、大変驚きました。なぜ繊維から不動産開発に？

嶋田　いや、いきなり取引先の縫製業者が倒産してしまって、担保に取っていた横須賀の二万八〇〇〇坪の山が転がり込んできたんです。それを何とかお金に換えないと、こっちまで潰《つぶ》れてしまうという状況になりまして……。

とりあえず、山の上に登ってみたら、相模《さがみ》湾と東京湾の両方が見渡せるとても景色のいいところだった。で、帰りに駅の近くを歩いていたら、京浜急行が二〇区画ぐらいの宅地分譲をやっているのを見て……それで、うちも宅地分譲をやれば、何とかなるんじゃないかと。

藻谷　二〇区画を見て、ちょっと三〇〇〇区画ぐらいやってやろうかと(笑)。

嶋田　いやいや、はじめから三〇〇〇区画やろうと考えていたわけじゃない。そもそも山を切り崩して宅地にする工事費すらなかった。当時のメインバンクに相談したら、「うちは手形割引専門で、不動産融資なんてやったことがない」と。

藻谷　えっ、それはいつのお話ですか？

嶋田　一九六五年ぐらい。住宅ローンもない時代です。

藻谷　うーん、銀行が不動産融資をしていない時代ですか。そのままだったらバブルも起きなかったでしょうね。

嶋田　で、信託銀行の方なら不動産部があるから何とかなるかもしれないと紹介してもらったんですが、「今、融資枠がいっぱいだから、五〇〇〇万は何とかしてやるので、残りの一億五〇〇〇万はうちが保証を付けるから他から調達して」と言われました。

藻谷　今では考えられない話ですね。

嶋田　そんなこんなで苦労しながら、何とか五万六〇〇〇坪を開発し、「湘南《しょうなん》ハイランド」として売り出したら、半分は即完出来ました。もう感激しましたね。これでやっと先の見通しが立ったと思いました。

藻谷　横須賀の分譲が成功裡《せいこうり》に終わった時点で、普通の繊維問屋に戻ろうとは思わなかったんですか？

嶋田　いや、横須賀で不動産に乗り出してすぐ、繊維はやめて不動産に転業しようと思いました。

不動産業の素晴らしい点は、不動産は現金と引換えだから、すぐにお金が入ってくること。繊維は手形商売だから、品物を納めても手形をもらえるのが翌月で、それが実際に現金になるのは九〇日後とか一二〇日後。競争が厳しく倒産も多いので、手形回収のリスクが高い。尚且《なおか》つ、繊維はワンシーズンで流行が終わってしまうし、また流行に当たるかどうかの確率も半々です。これに比べて不動産は、自分達の商品や仕事を形として永久に残せることが何よりも魅力的でした。同じリスクを取るなら、やはり不動産に賭《か》けてみようと思いました。

でも、ほとんどの社員は「不動産に鞍替《くらが》えなんてとんでもない」という反応で、結局付いてきたのは二、三人だけ。仕方がないので、残りの社員には退職金プラスアルファを出して、それを資本金に自分たちで新会社を作ってやってくれと。結局、私が完全に繊維業界から手を引いたのが、一九七二年のことです。

藻谷　その翌年に第一次石油ショックが起こり、繊維業界は大打撃を受けるわけですから、大変なご慧眼《けいがん》ですね。

ユーカリが丘の用地買収

嶋田　湘南ハイランドの第一期がうまくいった後も、周辺の宅地開発を進めました。ちょうどその頃、プロパンガスが瞬《また》く間に普及して、周囲の不要になった薪山《たきぎやま》をわりと楽に買収できたんです。第三期まで売ったところで、もう周辺に開発できる土地がなくなりました。

藻谷　それで、今度は千葉県佐倉市でユーカリが丘の開発に乗り出したわけですね。どうして縁もゆかりもない場所で？

嶋田　千葉県の水がめである印旛沼《いんばぬま》に近いから、この周辺は乱開発から守られるだろうと。四日市や水俣《みなまた》で公害問題が騒がれていた時代だったので、環境にやさしい街づくりをやりたいと考えていたんです。

藻谷　今でこそ「環境にやさしい街づくり」は耳慣れたフレーズになりましたが、四〇年前にそこまで考えておられたとは。なにぶん当時は、町の繁栄のシンボルは工場の吐く煙、という時代です。「日本列島改造論」の旗の下で荒れ狂った狂乱地価の下、目先の土地投機が全盛でした。

しかも、日銭商売が魅力で不動産業を始めたとおっしゃっていますが、普通のデベロッパーのように、分譲してキャッシュを手にしたら「はい、さようなら」ではなく、当時から腰をすえた街づくりを目指しておられた。なぜですか？

嶋田　やっぱり横須賀で宅地分譲をやってみて、「作りました」「売りました」だけでは理想の街づくりはできないんじゃないかと。もともと繊維問屋ですから、縫製業者や小売業者などのお得意様とはとことん付き合うのが当たり前でしたし……そのあたりの感覚は、普通の不動産業者とは違っていたかも知れません。

藻谷　でもここは薪山ではなく農地と平地林だったわけですよね。しかも地権者の数は四桁《けた》！　そう簡単に土地を買収できるはずがありません。すぐ近くでは成田闘争が盛り上がっていた時期ですし。

嶋田　ボロクソに罵《ののし》られました（笑）。計画書を持って地主さんのところに行くと、「売りたいとも言ってねえのに、勝手に絵を描いて、開発するから売ってくれとは何事だ！」って。もうほとんどの家が門前払い。

　それでも少しは土地をお金に換えたい人もいて、何とか二〇万坪ぐらいまでは下請け業者も使って買えました。でも、そこから先はどうしても地権者の方々が売ってくれない。もうこれは自分で歩いて、頭を下げてお願いするしかないと、残った五〇〇軒の農家を、三年かけて一軒一軒説得して回りました。

藻谷　素直に納得しない地権者が五〇〇人もいて、しかもみんな農家。それを聞いた時点で、もう普通は諦《あきら》めますよね。

嶋田　でも、私自身、福井の山奥の百姓の次男坊だったから、農家の人々には親近感があった。そして、この先、農業で食べていくのがいかに難しいことかも、身に染《し》みてわかっていた。

　だから「もう昔とは違う。これからは農業だけでは食っていけないよ」と一生懸命説得したんです。農業はほどほどにして、あとは土地を開発して賃貸物件を持つなりしていかないとジリ貧になる、うちが手伝うから一緒にやろうよと。

藻谷　しかも「環境にやさしい街づくり」なんて、臨海部と違って工場もない場所の農家から見ると、二つぐらい先を行った話をいきなりしていたわけですね。

嶋田　大ボラ吹きだなんだとボロクソに言われました。役所にも「山万なんて聞いたこともないし、適当なこと言って、三井不動産かどっかにサッと売って逃げちゃうんじゃないか」とか言われてね。

藻谷　ああ、いかにも役所が言いそうなことですね。

嶋田　まあ「山万なんて聞いたことねえぞ」っていうのは、繊維時代に大阪から東京へ進出する際にさんざん言われましたんで、あんまりへこたれなかったですね。結局、四年ちょっとかかって用地を買収できました。

藻谷　そんなに短期間で！　いや、その間、民間企業として持ちこたえることを考えると、大変に長い時間なんですが。にこやかに淡々とお話しになっていますけれども、人間業ではないです。「至誠天に通ず」ということなのでしょうか。

「土地投機」ではなく「街づくり」

嶋田　一九七六年に開発申請を出しまして、七七年に許可が降りて工事を始めて、七九年に第一回の販売に漕《こ》ぎ着けました。

藻谷　まさに第二次石油ショックが起きた年ですね。製鉄所の町だった千葉市ではかなり景気が落ち込んだ時期ですが、それならば、と埋立地を宅地に転用する動きが本格化しました。稲毛・検見川《けみがわ》・幕張の「海浜ニュータウン」が発展しはじめた頃です。

嶋田　ちょうどその時期だと思います。

藻谷　あちらはまさに、県がデベロッパーに、デベロッパーが入居者に土地を売って、「あとは皆さんご自由に」っていうやり方ですよね。一方、山万さんは、まさに徒手空拳《くうけん》というか……ちなみに開発費用はご自分のキャッシュで？　それとも銀行借り入れ？

嶋田　銀行から借りました。その少し前に銀行から、一緒に不動産開発をやらないかと声をかけて貰《もら》ったのですが、時代としては銀行が不動産融資に積極的になり始めた頃でしたね。

藻谷　なるほど。ちょうど各銀行が一斉に不動産開発会社を作っていた時期ですね。三菱地所住宅販売とか三井不動産販売とか。けれども、次第にみんな、価値のない土地を摑《つか》んで損を出し始めた……。

嶋田　ええ。やれ北海道だ、沖縄だと、変な土地をたくさん買っていました。

藻谷　ああ、原野商法みたいなのに引っ掛かったわけですね。

嶋田　その当時、無計画に購入した土地は、結局ほとんどダメになったんじゃないでしょうか。

藻谷　それを横目でご覧になりながら、山万は土地投機とは正反対の、一点集中の「街づくり」を続けたわけですね。

でも、そもそも当時は、住宅公団が典型ですが、造成して売って次に行くのが「街づくり」だったですよね。先例もなければ、ノウハウもスタッフも乏しい中で、ご自分の理想だけを信じて、この地に根を張って行ったわけですか。

嶋田　いえいえ。ゼネコンとか、設計会社とか、外の方の知恵をお借りして、何とかまとめていっただけです。

藻谷　でも、ユーカリが丘の基本構想は、すべて嶋田社長がご自身で考えられたんでしょう。まずドーナツ型に鉄軌道を敷いて、その外側を順番に開発して行こうなんて、普通は思いつかないですよ。そもそも新交通システム自体、民間では日本初だったんですから。

嶋田　そうですね。いろんなところが見学には来られましたが、結局うちと同じ様式の新交通は、どこもやらなかった。

藻谷　しかも、ドーナツの穴にあたる中心部分を農地・緑地として丸ごと保全したというのは、度を越したご慧眼です。

嶋田　いや、じつはあそこに旧村がありましてね。もう純粋な農家ばっかり。それで、まあ、あそこは農業をやるしかないだろうと。でも、やるならその先もずっと食っていけるようにしなきゃならないので、うちが全部費用を出して、農地の整備と改良をやったんです。

藻谷　えっ、山万が圃場《ほじょう》整備をやったんですか。それは本当に画期的なことです。普通、団地の中に残っている田んぼというのは、地権者の反対で開発し損ねた土地であって、いずれ耕作放棄されて乱開発状態になる運命ですから。ところが、ユーカリが丘の中心には田んぼと緑地がきれいな里山として残され、まさに理想的なビオトープになっている。

都市機能がないと街ではない

藻谷　真ん中に緑地を保全しつつ、外側の丘陵地を開発して行かれたわけですが、住宅公団などがやっていた当時のニュータウンの設計思想に沿うのであれば、ひたすら住宅を並べ、合間に学校と公園と近隣商業街区を点在させるのがせいぜいだったでしょう。ところが、ユーカリが丘にはショッピングセンターやスポーツクラブはもちろん、映画館、ホテル、カルチャーセンター、温浴施設、病院まで、あらゆる都市機能が揃《そろ》っています。これは当初からの構想だったんですか？

嶋田　私は福井の田舎育ちなもんですから、街というものに憧《あこが》れがあったんですよ。
　うちの辺りは浄土真宗が盛んなところで、子どもの頃、よく父親に連れられて街中にある本願寺の別院へお参りに行きました。街に出ると、お店でご飯を食べて、本を一冊買ってもらってというのが、もう何よりの楽しみだったんですよね。で、街ってすごいなと……。

藻谷　それで、家だけではなく、ワンセット揃った街をつくるぞと。

嶋田　はい。それに、都市機能がないと、若い人たちが戻ってこなくなって、いつか絶対に寂れてしまうだろうと。だから、最初の開発コンセプトも「自然と都市機能が調和した二一世紀の新環境都市」としました。

藻谷　そうでしたね。まさにコロンブスの卵というやつで、二一世紀の現代人が聞けば、みんなが「当たり前だろう」って言うと思うんですが、七〇年代にニュータウンをつくっていた人たちは、誰もそんなことまで考えていなかった。家さえ並べておけばいいだろうと。

嶋田　いや、ただの憧れなんですよ。映画館があって、ホテルがあって、大きい本屋さんがあって……そういうのに憧れていましたから。街として何が必要か、みんなでブレインストーミングもやりました。あれもいる、これもいる、って全部書き出していったんです。

藻谷　ただ実際にそれを一つ一つ作っていくのは、並大抵の苦労ではなかったはずです。たとえば映画館については、最初はワーナー・マイカルから「こんなところに映画館を作るなんてありえない」と断られたんですよね。

嶋田　はい。まだ県内のどこにもシネコンなんてなかった時代でしたし……。「一五〇〇人の観客が、一日に何回転すると思うんだ」「そんな人口、どこにいるんだ」「船橋へ〈上る〉人はいても、船橋から〈下る〉人はいない」って。

藻谷　まあ世間の常識ではそうですね。

嶋田　仕方がないので、本社の役員会まで行って、「集客にはうちが全面的に協力するから」って口説いてきました。

藻谷　それが見事に当たったわけですね。その後、シネコンは全国にたくさんできましたが、ブームが去るとバタバタと潰れ、結局ワーナー社自体も日本でのシネコン運営から手を引く羽目に陥りました。だけど、ユーカリが丘のシネコンはちゃんと残っています。

嶋田　やはり通り一遍のやり方ではダメなのです。シネコン単体で考えるのではなく、他の施設も合わせて総合的に繁栄するように一生懸命やりました。

藻谷　もう一つ私が感動したのは、駅ビルにコミュニティホテルがあることです。そもそもコミュニティホテルという概念自体、日本には定着していないでしょう。

嶋田　ベッドタウンの駅ビルにホテルを作ると言ったら、「どこから客が来るんだ」「誰が泊まるんだ」と、ボロクソに言われました。

藻谷　またボロクソに（笑）。

嶋田　はい。結局、大手のホテルチェーンはどこも出て来てくれなかったから、自分でやりました。

藻谷 よそだと「社長の妄想」と言われて終わりかもしれませんが、山万は本当に作って、しかも黒字で稼働《かどう》させている。

コミュニティホテルは、ニーズがあるのに実例が少ない。何かの用事で親戚《しんせき》や友人が来たときに、お互いに気を遣わずに済むように近くのホテルに泊まるというのは、現代人の気風に合っているのです。祝い事などの宴会需要も意外に多い。首都圏の新興住宅地では、ユーカリが丘の他には、新百合ヶ丘のホテルモリノと、あと新浦安にいくつかあるぐらいでしょうが、たとえば、つくばエクスプレスの各駅前になぜないのかって思いますよ。

ただ、山万には、それまでホテルをやった人なんていなかったわけですよね？ どうやって運営したんですか？

嶋田 経験者を紹介してもらったり、いろんなところから人材を集めて。もちろん、こっちも参加して一緒にやりました。

藻谷 要するに、普通のホテル業界のノウハウと、山万の地元に根ざしたやり方をミックスさせたわけですね。ホテル業界の常識だけでは、絶対うまくいかなかったでしょうね。

文化がないと街ではない

藻谷　さらに驚いたのは、駅前の商業施設の一画にNHK文化センターが入っていることです。これ、県庁所在地以外にあるのは初めて見ました。

嶋田　そうなんです。NHK文化センターの社長さんのところへお願いに行ったら、そのことでお叱《しか》りを受けました（笑）。「NHK文化センターがあるのは、県庁所在地か政令指定都市。これ以外には、どこも出てない。佐倉市っていうのは、千葉県で何番目の街なんだ！」と。

藻谷　なるほど。でも、街には必要なものだと、諦めなかったわけですね。

嶋田　はい。何度も通っているうちに、「そこまで言うなら、一度見に行ってやろう」と言っていただいて。結局、「まあ将来は、こういうところでもやることがあるかも分からんから、いっぺん実験代わりに出て行ってやろう」と。

藻谷　で、やってみたら大成功だったわけですね。

嶋田　近くにカルチャーセンターがなかったので、周辺のいろんなところから生徒さんが集まった。さっきの「上り・下り」で言えば、「下り」のお客さんも来てくれたわけです。ホテルにもかなりのプラス効果が生まれました。

藻谷　聞くところによると、住宅地のど真ん中にカルチャーセンターがあるおかげで、地域コミュニティの強化にも役立っているとか。つまり、あれだけたくさんのカルチャー教室が開講されると、当然、生徒さんたちも発表の場が欲しくなり、結果的に地区のイベントが増えたというお話を聞きましたが。

嶋田　はい。やっぱり街には文化も必要なんです。

藻谷　そういえば、ユーカリが丘線には、開通時から「女子大」という駅がありますよね。あれも最初から大学を街に呼ぶつもりだったんですか？

嶋田　やっぱり街に大学があったらいいなと。憧れですね。で、たまたまある女子大さんがあの辺りに土地を持っていらしたので、ぜひキャンパスを作って欲しいと思って、駅を作りました。本当なら今頃は出来ていてもおかしくなかったのですが……。

藻谷　役所の許認可の問題ですか？

嶋田　いや、あれは私が悪かったんです。詳しくは申し上げられませんが、私はこれからは大学も男女共学でいくべきじゃないかと考えて、ユーカリが丘キャンパスは共学でやるという方向で学校側と話を進めていたんです。そうしたら、理事会でＯＧの方々の賛同が得られずに……いや、失敗しました。

藻谷　いや、私もそのお考えは間違っていないように思いますが……。それで大学は諦めてしまわれたのですか？

嶋田　いいえ。現在、ユーカリが丘駅前に別の大学を誘致しようと考えています。でも、こちらもなかなか大変で……。

藻谷　ただ、大学を駅前に呼ぼうというお考えは素晴らしいですね。他のところだと、わざわざ駅から遠く離れた山の上に大学を作ったりする。で、周りに何もないから、学生はゲームしかせず、街でお金を使うことも働くこともない。本来、大学というのは街の中にあるべきです。

それに普通のデベロッパーだと、駅前は一等地だと言って似たような商業施設をいくつも押し込み、結局は共倒れさせてしまうことが多いのですが、大学を呼ぶために駅前の一等地を更地で確保してあるというのはたいへんな見識です。

老人と子どもが共に住める街

藻谷　これまで見てきた通り、ユーカリが丘は都市機能や文化施設が大変充実しているわけですが、むしろ最近は先進的な福祉計画で注目されていますね。

高度成長期以降のニュータウン開発では、住民たちがいずれ加齢して医療福祉の需要が増えるということが想定されていませんでした。店舗や中小の医院は導入されていましたが、中核的な病院や高齢者福祉の整備は後手に回ったのです。

嶋田　ええ。そうですね。

藻谷　二〇〇〇年から二〇一〇年の一〇年間に、首都圏一都三県では二二〇万人も人口が増えたのですが、年齢別に見れば六五歳以上が二四四万人増。六四歳以下は当時からもう減っていたのです。高度成長期に流れ込んだ若者が続々退職年代になっているからですが、そう講演するとどこでも「目から鱗《うろこ》」と言われます。人間は年を取るものだという現実に目を背けた開発業者が、停電したら降りてこられないような超高層マンションや、段差だらけの街区を作り続けている。

一方、嶋田社長は、私なんかよりも二〇年以上も早く、高齢化社会が到来することを見抜いていたわけですね。

嶋田　いや、見抜くも何も、人が年を取るのは当たり前じゃないかと……。

藻谷　その当たり前を忘れるのが、周りに流されてばかりのわれわれ日本人です。でも嶋田社長は、世間がバブルで狂っている九〇年あたりから、着々と福祉の街づくりを進め始めた。しかも、ただ高齢者施設を作るのではなく、学童保育施設と一体化させるなど、総合的な視野で。役所の縦割りの発想とは別次元の実践ですね。

嶋田　それも、やっぱり田舎育ちだからでしょう。田舎では、年寄りから赤ん坊まで一つの家にいるのが当たり前だから。私は年寄りも赤ん坊も混在しているのが自然な街だと思います。

藻谷　田舎育ちの人が街をつくると、逆に、そういう田舎くさいのは嫌だ、若いやつだけ入れた若い街にするんだ、というふうになってしまうケースの方が圧倒的に多いですよ。ですがそうではなくて、田舎の良さを都会の中につくるぞとお考えになったんですね。

嶋田　ええ。ずっと同じ家に住むことは無理かも知れないけど、高齢者向け施設に入居しても、子どもは親のことが気にかかるはずだから、日曜日にちょっと連れてきて一緒に食事をするとか、気にかかったら会社帰りに自転車でちょっと様子を見に行けるような街をつくるのが筋だろうと思っていました。

藻谷　でも、実際は宅地から遠く離れた山奥や川沿いの低地なんかに特養（特別養護老人ホーム）を作るケースが多いですね。要するに地価が一番安いところに「姥捨山《うばすてやま》」をつくる。

嶋田　それじゃあ、どっちも幸せになれんだろうと私は思います。

藻谷　ユーカリが丘の福祉ゾーンを拝見しましたが、敷地内でいちばんの高台、つまりアメリカであれば一番の高級住宅地にするはずの場所をあてていますね。

嶋田　だって、私が育った頃の田舎は年寄りをすごく大事にしてましたから。年寄りはそれだけで偉かったんです。

私は子どもの頃、祖父と一緒に住んでいました。戦中戦後のモノのない時代でしたが、お菓子でもなんでも、よそからもらった美味《おい》しいものがあると、まずはおじいちゃんのところへいく。で、おじいちゃんのお下がりを子どもが食べるという順番でした。

藻谷　古き良き時代は去り、もはやそうではないのが今の世です。昨日も、厚生労働省の委員会で、杉並区が特養を南伊豆町につくるという話について議論したんです。ある学識経験者の方が、「そもそも家族から遠く切り離したところに年寄りを送り込むという発想自体いかがなものか。しかも、予定地は太平洋に面していて、ハザードマップで南海トラフ地震の際には津波が来ることが分かっている場所なのに」と怒っていました。今でもそういう話が絶えないのに、山万さんでは三〇年以上も前から「孫が会いに来られる街づくり」を考えてきた。

嶋田　同居はできなくても、近居ができる街をつくりたいと思ってきました。

藻谷　それって実はすごく大変なことです。まず特養が必要ですが、特養に入れるのはごく一部であって、老健（介護老人保健施設）やグループホームやデイケアセンターも作らなきゃいけない。さらに、それらを支えるいろんなコミュニティ活動も増やさなくては……って、もう際限なく手がかかる話です。

嶋田　そうなんです。

藻谷　さらに、「老健のそばに菜園やクラインガルテン（市民農園）があればいいよね」なんて話が出て、実際に作られている。ユーカリが丘はそんな理想を現実に叶《かな》えてきたわけですね。

嶋田　やはり街にはすべて必要ですから、一つ一つ順番に時間をかけて……。学童保育をグループホームと同じ建物の中につくった時は、許可をもらうだけで三年かかりました。「幼老統合施設なんて前例がない」「事故が起きたらどうするんだ」と言われて。

藻谷　今でこそ「富山型」と言われるような、保育園と高齢者施設を一緒にする動きがポツポツ出始めましたが、当時はまだ前例がなかったんですね。

嶋田　でも、昔から田舎ではどの家でも、ボケたおじいさんやおばあさんが、孫の面倒を見ていますよね。それで事故が起きているか、という話です。むしろ、ボケてくればくるほど、子どもの声を聞くことが大事なんだと説得しました。

藻谷　で、結局、佐倉市にもなんとか「うん」と言わせたわけですか。

こういうのは不思議なことに、国は「どんどんやれ」と言い、県も「まあやっても よかろう」って言うんですけど、肝心の、市の担当がなかなか「うん」とは言わないんですよね。

嶋田　そうなんです。こういう仕事をしていると、国とも県とも市とも付き合いが出来ますが、国がもっとも理解力があります。その次が県。市は一番難しい。

藻谷　市は現場に近いので、何かあったときに責任を取りたくないという意識が先立つのでしょう。でも、うっかり国や県から圧力をかけてもらったりすると、へそを曲げてさらに大変になる（笑）。

嶋田　しかも佐倉市の旧市街の人たちからすると、旧志津村にあるユーカリが丘はいまだに「合併してやった農村」なわけです。

藻谷　うーん、「士農工商」ですか（笑）。佐倉藩は大老・堀田正俊の血筋が治めてきた、県内随一の大藩でしたからね。

嶋田　いまだに城下町よりも農村だったところが栄えることに対して、ものすごく抵抗がある。

藻谷　なるほど。いっそ旧志津村が佐倉市から分離独立した方が、ユーカリが丘からの税収をすべて自分たちで使えて、もっと豊かになれそうですね。
　で、話を学童保育に戻しますが、これは自ら社会福祉法人を立ち上げて、運営されているんですよね。さっき実際に拝見して来たのですが、会った子どもが皆口々に「こんにちは」と元気な挨拶《あいさつ》をしてくれるのに驚きました。あんな風に挨拶されれば、同じ建物の中のグループホームのお年寄りたちも嬉《うれ》しいでしょうね。
嶋田　挨拶は街づくりの基本ですから、しっかりと教えます。
藻谷　子どもは子ども、段ボールなどを部屋中に散らかして、楽しそうに遊んでいましたが、まったく埃《ほこり》が落ちていないのにも驚きました。私はアレルギー持ちなので、空気が汚かったり埃っぽかったりするとすぐ分かるんですが、これは施設によってはっきり差が出ます。職員の方が、毎日どれだけ一生懸命お掃除をされているか、よく分かりました。
　しかも、ここの福祉法人は離職率がとても低いそうですね。これまで辞めた人が大変少ないとか。ブラック企業と言われている会社がやっている福祉チェーンだと、離職率が年四〇%を超えるといいます。どうやれば、そんなにうまく運営できるのですか？　しかも、黒字が出ているというじゃないですか。

嶋田　いやぁ、苦労してます。結局、介護の問題は、どうやって良質な介護士と看護師を確保していくのかに尽きるのです。これからは自分たちも人材育成の現場に入っていかなきゃいけないのではないかと、本気で考えています。

なぜバブルに踊らされなかったのか

藻谷　これまで嶋田社長のお話を伺って、本当に「先見の明」というか、常に先のことを考えていらっしゃると感心しきりなのですが、そこでどうしてもお伺いしておきたいのが、なぜ山万はバブルに踊らされずに済んだのかということです。
あの頃、それこそ法外な値段で土地が売れた時期があったじゃないですか。周りから「なんで今のうちにもっと売らないのか」と言われませんでしたか？
嶋田　そりゃあ、言われました。社員からも文句が出ていた。でも、「いや、うちは一年に二〇〇戸までしか売らないんだ」と言い続けました。
藻谷　やはり、ポリシーに基づいて？
嶋田　ポリシーなんて立派なものじゃないですけど、街の永続性ということはいつも考えていました。一時にバーンと売ってしまうと、街の世代間バランスが崩れてしまうし。

藻谷　それはまったくそのとおりで、今となっては全員が分かることですが、当時は、「いま儲《もう》けずにいつ儲けるんだ」という風潮が蔓延《まんえん》していたように思います。

嶋田　でもそういうことをすると、一軒一軒を大事に売っていくのがバカ臭くなり、どうしても商売が粗くなります。

藻谷　事実、ほとんどの不動産業者はバカ臭くなって、みんなおかしくなりました。

嶋田　ええ。だから社員にそういうことをやらせると、長い目で見ていいことはないだろうと思いまして。

藻谷　お客さんの方にも、投機目的の人がたくさんいたんじゃないですか？　それこそ、マンションを購入して、所有権移転登記も済まさずに、次の日にもう転売するなんてことが随分ありました。

嶋田　そういうお客は、できるだけ排除するように努めました。販売する際に、本当に居住する意志があるか、自治会に入る意志があるかなど、いちいち確認して念書を取ったほどです。

藻谷　なるほど。あるいは、御社ぐらい成功していれば、よそから「山万さん、こんな土地がありますけど、こっちでもやりませんか？」というお誘いもいっぱい来たと思うんですけど。

嶋田　当時は一〇〇人ぐらいしか社員がおりませんでしたし、そんな能力はありませんので、全部お断りしました。

藻谷　でも、なかなか理解されなかったでしょう？　つまりデベロッパーというのは、あちこち開発して売り抜けていくもんだと思われていた。山万のように、いったん買ったが最後、スッポンのようにずっと同じ土地にしがみつくなんて、「気は確かか？」と言われませんでしたか？

嶋田　だから、私はいつも「うちは泥亀《どろがめ》ですから」って。「そんな速く歩けないので、泥の中を這《は》い回っているんです」と笑って誤魔化してました。

藻谷　証券会社も「株を公開しろ」と寄ってきたでしょう。「社長、株を公開したら億万長者ですよ。もう会社は他人に渡してさよならしたらいかがです？」とか。

嶋田　まあ、いろいろお話はありましたけど、「うちは、そういうつもりはありません」と言うだけで。はい。

藻谷　うーん。バブルは本当に地雷がいっぱい埋まっている地雷原のようなものでしたが、山万はその地雷をひとつも踏まずに、着々と福祉の街づくりをやっていたわけですね。当時の常識からいったら、全然儲からない（笑）。

嶋田　はい。われわれは金儲けが下手なんです（笑）。

「フロー」から「ストック」へ

藻谷　とはいえ、今後、第二、第三のユーカリが丘を作ろうというお考えはないんですか？

嶋田　ですから、うちにはとてもそんな余裕はないんです。これから先、最も大事なことは、この街の勢いを衰えさせずに維持することです。その時その時に合わせて手入れをしていかないと、絶対に街は劣化してしまいますから。

この先の日本の状況を考えれば、今から一〇年のうちに、フロービジネスからストックビジネスへ、どんどん切り替えなくてはいけないと思っています。

藻谷　不動産会社も鉄道会社も、誰しもが必要性をわかっていながら、誰もできていないのが、既存の街に根ざしたストックビジネスです。住宅公団の後身であるURですら、やるべきなのにやらない。売り逃げに慣れきって、後は市任せ、自治会任せ、管理組合任せ。でもその市も自治会も管理組合も機能していない。

特に民鉄系の会社こそ、山万と同じことをやればいいんです。鉄道は植物みたいなもので、その土地から動けない。であればこそ、沿線で世代が住み継がれていくように、住宅ストックがきちんと更新されていくように、手をかけなければいけないはずです。ところが、そういうことは面倒なだけで儲からないと、目先の収支で判断してしまう。あげくに自社の沿線ではないところで、新規の住宅開発をしたりしてしまうんです。

嶋田　結局、この街に磨きをかけることが、われわれが生き残る道なんです。おそらく、これから周辺の街はどんどん荒れて来ざるをえないでしょう。

藻谷　ええ、急速に高齢化しますしね。

嶋田　すると、やっぱり人は逃げて行く。大事なことは、その人たちが「ここに移りたい」と思えるような街をどう維持していくかなんです。

藻谷　ただ、新規分譲で移してくるというやり方には当然限界があるから、これからはリロケーションサービス（地区内での住み替えや、空き室・空き家の賃貸を支援するサービス）も充実させなければなりません。でも、手間がかかる割に儲からないから、みんなやろうとしない。

嶋田　その通りです。日本はもうとっくにリロケーションをやらなきゃいけない時代になっています。

藻谷　そこで山万は、最後は地区内に福祉施設もありますよ、ということも含めて、住民のニーズに応じた転居を支援している。特に分譲の超高層マンションなんて、空き室が増えれば二〇年後に必要な大規模改修の費用は出なくなるわけで、リロケーションシステムなしでは立ち腐れが必至ですから。でも山万のように、デベロッパーが責任を持ってリロケーションサービスをやっている例は珍しい。

嶋田　ええ。それが出来るのは、やはりお客様のプロファイルがしっかり分かっているからです。

藻谷　そこで伺いたいのが、社長の肝いりでエリアマネジメントグループという部署を立ち上げたという話なんですが。何をする部署なんですか？

嶋田　ああ、社員からも最初に「社長、エリアマネジメントって何をすればいいんですか？」って訊《き》かれました。「いや、とりあえず何でもいいから、地域を回って話を聞いて来い」って（笑）。

藻谷　で、いきなり山万の社員が家に訪ねてきて、「何か困っていることはありませんか？」と御用聞きに回ったわけですね。これ、何年ぐらい前の話ですか？

嶋田　いや、ずっと前からやりたいと思っていたんですが、なかなか余裕がなくて、二〇〇九年にやっと作りました。

藻谷　でも、最初は「何しに来はったん？」「いや、単にその後がちょっと気になりましたので」「なんだ、また山万は俺たちから何か儲ける気か」ってなりませんでしたか？

嶋田　でも、それをやり続けなければ住民のニーズもわからないし、信頼関係も築けません。毎日のように回っているから、空き家になった物件が出たとか、あの家はお子さんが出て行って老人が独居状態になっているとか、情報が入ってくるわけです。

藻谷　なるほど、住民が何か困ったときには山万がひっそり横にいて手助けをしてくれるという状況を作っているんですね。信頼関係が築けているから、それが次のビジネスにも繫《つな》がっていくと。

そう言えば、東日本大震災の時も、エリアマネジャーが大活躍だったとか。

嶋田　震災直後には、まずすべての独居老人のお宅を訪問して、安否を確認しました。ついでに倒れた家具を戻したり。一週間後には食品スーパーから水と米がなくなったので、水はコカ・コーラから調達して、米は山形の農協から一〇トン買って、全住民に無料で配りました。

藻谷　うーむ、いざという時、どういう街に住んでいるかで、リスク管理面でかなり大きな格差がつくものですね。

嶋田　ともかく、そうやってコツコツと街のブランドをつくっていけば、お客さんは減らないんじゃないかと。

藻谷　ブランドづくりには景観も重要ですね。駅の南の戸建地区では、各戸に石庭があって庭木がきれいに刈り込まれていますが、これは景観協定か何かで？

嶋田　あれは、一軒につき年間二〜三万円徴収させていただいて、消毒から剪定《せんてい》まで全部うちでやっています。

藻谷　そこで、「うちの庭木をどうしようが、うちの勝手だ。金は払わん」という人はいないんですか？

嶋田　やはり最初は大変でした。六回も住民説明会を開き、「せめて道路に面した部分はセミパブリックの意識を持って、一緒に維持管理をしていきましょう」と説得して、やっと了解してもらいました。

藻谷　個人で植栽業者に頼んだらとても二万円じゃ収まらないし、何よりここまで街の景観が良ければ、何かの理由で手放すとか貸すとかするときにも大きなバリューアップになりますよね。

それから、人工温泉浴場付きの高層マンションがあるのにも驚きました。

嶋田　私どもはビジネスホテルの法華《ほっけ》クラブもやっているからわかるのですが、じつは大浴場を作った方が全体のエネルギーコストが安い。各部屋ごとにバスタブにお湯を張り、シャワーを浴びると、どうしてもムダが多くなる。若い世帯などは、大浴場があれば水道代や光熱費の節約もできるから嬉しい。

それに、住民同士がお風呂《ふろ》で会えば、自然に会話が生まれますし、若いお母さんなんかは、「髪を洗っている間、赤ちゃんをよそのおばあちゃんが見ててくれて助かった」なんて。

藻谷 衛生管理が難しいので、普通はやりたくてもできないわけですが、ここでは御社の温浴施設部門が、管理組合から運営を受託しているそうですね。

上場企業にはできないこと

藻谷 最近、街づくりや福祉などで、公《おおやけ》のために頑張っている若い人が増えているのですが、多くは周囲の理解を得られずに苦戦しています。先駆者として、何かアドバイスいただけませんか？

嶋田 いやいや、私なんかがアドバイスだなんて。ただ、一つ言えるとすれば、うちみたいなやり方は上場企業では絶対にできないでしょう。上場してしまうと、もう

「売上を伸ばせ」「利益を上げろ」という話になりますから。
うちは「二割配当は確保するから、経営は任せてくれ」なんて生意気なことを言って、株主への説明も書類を送るだけ。増収増益なんて考えたこともありません。年がら年中同じがいちばん。そんなやり方が許されるのは、上場せずに、うちのやり方を理解してくれる株主とだけ一緒にやっているからです。
もちろん、事業を継続していくためには、株式会社も福祉法人も多少は利益を上げなきゃいけないですから、そこは頑張ってやっていますが。

藻谷　私がかかわっている各地の事例でも、地元で権力を持っている古い世代が、根拠もなく「俺の目の黒いうちは、今までと違うことは絶対にやらせん」と妨害してくるケースがままありますが？

嶋田　そういうことは、やっぱりあります。特に、過去に偉かった人ほど難しいですね。「ひとこと言わせろ」と言ったら、もう「俺の言ったことを採用しろ」ということだから。でも、そういう気持ちは私の中にだってあるし、何かバッと解決できる画期的な方法があるはずもない。
結局は辛抱しかない。何がなんでも軌道に乗せるんだという強い気持ちをもって、辛抱強く説明し、辛抱強くやり抜く以外にありません。私のような百姓ができることは、それしかありません。

藻谷　嶋田社長は、終始にこやかに控えめに語られますが、野球で言えばイチローみたいなもので、二度と同じ方が出て来られるとは思えません。でも、イチローを見習って青木が出てきたわけだから、やっぱり見習わなきゃいかんです。街づくり大学とか何か、実践的な教育をやってもらえないでしょうか？

嶋田　いやいや、そんなおこがましいことは。それは藻谷さんがやってください（笑）。

第四章　「観光地」は脱・B級志向で強くなる

——山田桂一郎（地域経営プランナー）

山田桂一郎（やまだ・けいいちろう）
1965年、三重県生まれ。JTIC.SWISS代表。内閣府、国土交通省、農林水産省認定の「観光カリスマ」。和歌山大学客員教授、北海道大学客員准教授等も務める。

「強いリーダーシップの下、円安でものづくりを再生する」ことこそ日本の活路だと信じる方々。皆さんは、各種調査で「国際競争力一位」とされるスイスと、日本を比較したことがあるだろうか。

ユーロ加盟の独仏《ふつ》伊に囲まれてスイスフランは独歩高、物価も人件費も世界一だ。しかるに時計や製薬などのものづくりが健在で、金融でも稼ぎ、何より観光で経済を支えている。日本に対しても大幅な貿易黒字、金融黒字、旅行黒字だ。そのスイスを率いるリーダーは誰だろう。そもそもトップは首相か？　大統領か？

今の豊かなスイスを築き上げてきたのは、基本哲学《ディシプリン》を共有する無名の住民たちだ。その草の根の力は、地域に根ざした総合産業である観光において、最も威力を発揮する。そのあり方を現地で骨の髄まで叩《たた》き込んだ山田桂一郎氏は、日本の地域活性化の現場でも日々奮闘を重ねる。

行動すればするほど、ぬるま湯を出られない人のカベにぶち当たる。だが彼は、まだ日本をあきらめてはいない。

——藻谷浩介

スイス育ちの観光カリスマ

藻谷　二〇二〇年の東京五輪開催が決まりました。効果が東京だけでなく全国に波及するか、スポーツや土建関係に限らずいろいろな産業が潤《うるお》うか、それは今後七年間に日本の「観光」分野がどれだけ高度化できるかにかかっています。

山田さんは、スイス最南端・マッターホルンの麓《ふもと》の国際山岳リゾートであるツェルマットで、もう二五年以上、カリスマ的な観光事業者として活躍されています。観光局のマーケティングやVIPのガイド、スキーインストラクターを務める傍ら、日本人観光客向けに宿やメニューをマッチングさせる会社も経営されていますね。さらには、世界同時不況でも観光収入の減らないスイスという国、ツェルマットという地域がいかにして成り立っているのか、その根源を現地で学んで来られました。

山田　はい。人口約五七〇〇人の町に、年間約二〇〇万泊という宿泊客が訪れます。単純に考えても、常に人口とほぼ同数の観光客が泊まっている計算です。しかも顧客満足度は極めて高く、宿泊客の七割以上がリピーターというホテルも珍しくありません。

藻谷　お住まいなのはスイスですが、観光を核とした地域経営の哲学と手法を日本にも植えつけて欲しいと、今では全国各地に招かれ、観光振興や地域再生に尽力されています。二〇〇五年には内閣府・国交省・農水省が選定する「観光カリスマ百選」に、海外在住者として唯一《ゆいいつ》選出されました。私とも、都内で開かれた観光振興のセミナーでお会いしたのが最初でしたよね。

山田　ええ。スイスから日本の各地に足を運ぶようになったのは一五、六年前からですが、藻谷さんにお会いしたのはちょうど一〇年ほど前でしょうか。

藻谷　そのときに、仕事のスタイルが似ている上に同学年だとわかり、意気投合して以来のお付き合いです。でも、お互い余りに各地を飛び回っているので、ゆっくりお話しするのは久しぶりですね。

山田　私も、少なくともひと月に一度は日本に来て各地をめぐっているので、時々思わぬところですれ違いますよね。品川駅の新幹線の改札とか（笑）。

藻谷　早朝の羽田空港でも、ばったり。

山田　飛行機でも、座ったら通路を挟んで反対側に藻谷さんがいたことも……。

藻谷　そうそう、富山便でしたね。

山田　一番ビックリしたのは、山手線に乗ったら、目の前にいた（笑）。

藻谷　あれは奇跡的でした。

山田　それだけご縁があるんでしょう。

藻谷　山田さんの経歴は一風変わっていて、一言ではとても紹介できないんですが、出身地三重県の、ヨットの元国体選手だったんですよね。プロのヨットレーサーを目指してオーストラリアに渡るもなかなか結果が出ず、そのあと世界放浪の旅に出て、一年以上世界各地を回った挙句、なぜか海のないスイスの小さな村に居着いた。

山田　だいぶ話を端折《はしょ》ってますが、その通りです（笑）。当時、ヒッチハイクで世界中を旅していて、ツェルマットには「せっかくだしマッターホルンを見ておこう」という軽い気持ちで立ち寄ったんです。

しかし実際に訪れると、強烈に印象に残りました。美しいアルプスの景色もそうですが、何より住民たち誰もが自分たちの住む場所を愛し、生き生きと暮らしている姿に、お金とモノだけではない本質的な豊かさを感じたんです。観光で成り立っている地域でありながら観光客に媚《こ》びて自分たちのライフスタイルを崩すようなことはせず、かといってリゾート地にありがちな「観光客からお金を搾《しぼ》り取ってやろう」という空気もまるで感じられない。環境保全のためガソリン車の乗り入れは禁止されていて、町の中は馬車と、可愛らしい電気自動車が走り回っていました。

そのときの鮮烈な印象が忘れられず、旅の途中からツェルマットでの働き口を探して回りました。幸いにもある人が旅行業の仕事と共に当時のツェルマット観光局長を紹介してくれて、観光局のカウンター業務を手伝うことになったんです。まさかその後、永住権まで取ることになるとは思ってもいませんでしたが。

藻谷 今では観光局の業務に加えて、個人で雇われるガイドとしても、主に富裕層のお客さんと山へ登ったり、スキーを一緒にしたりされていますよね。向こうでは「山田と一緒に山へ行くと、同じ格好になって下りてくる」と言われてますよね。道中、山田氏が持っているいろんな地元製の製品がいかに素晴らしいかを聞いているうちに、皆、つい同じものを買ってしまうという（笑）。

山田 いえいえ（笑）。

藻谷 そうやってお客様に満足のいく時間を過ごしてもらって、その分きっちりお金も払ってもらい、地域経済を豊かにするというやり方を、体当たりで学んでこられた。それが、日本の観光振興にも携わることになったというのは？

山田 ツェルマットには世界中から視察に来る方が多いのですが、日本からも自治体や市民団体等の方が視察に来られて、そこでツェルマットの観光ノウハウを説明しているうちに、「日本に来たら、ちょっとうちの町にも寄って、現場を見ていってよ」と声を掛けていただく機会が増えたのがきっかけです。

「入込数《いりこみ》」を気にする不思議

藻谷　ただ、向こうでプロの観光業を経験されてから日本の地方へ行くと、戸惑うことも多かったのではないですか。

山田　そうですね。たとえば多くの地域で聞く、「うちにも新幹線や高速のインターが来れば、地域が潤うのに」みたいな話は、なぜ皆が口を揃《そろ》えてそう言うのか、まったく理解できなかったです。「早くアクセスできたほうがお客さんは増えるに決まっている」「人がたくさん来たほうが儲《もう》かるに決まっている」というけれど、納得できる根拠は聞いたことがありません。

藻谷　一方、山田さんは、ツェルマットというたいへん交通が不便な僻地《へきち》に、世界中から引きも切らず人がやってくるという現実を見ているわけですもんね。

山田　ええ。ツェルマットへは周辺の各国際空港から最短でも約四時間はかかります。

藻谷　さらに、途中までは車で行けるけど、ツェルマットはガソリン車禁止だから、一つ手前の駅で電車に乗り換えなきゃいけない。遠くて行くのにお金もかかるから、そもそもお金や時間にけちけちするような人は来ない。一度行けば長く滞在する。日本だって沖縄の離島では同じことが起きています。ほかにもそういうことってありましたか。

山田　どこの地域でも、とにかく「入込数（宿泊・日帰りを区別しない単純な来訪者数）」を重要視するのが、とても不思議でした。ヨーロッパの観光統計はすべて延べ宿泊数が基本なのですが、私がツェルマットを紹介するときに「年間二〇〇万泊です」と言うと、「で、トータルで何人来てるの？」と必ず聞かれる。でも、その数を数えることにどれほどの意味があるのでしょう？

藻谷　泊まらない人が何人通り過ぎたって、その人たちはほとんどお金を落としていかないんだから、数えたってしょうがないじゃないか、と。

山田　おっしゃるとおりです。観光バスでどっと乗り付けてすぐ立ち去る団体客がいくら増えたところで、本当の意味で地域は潤いません。

藻谷　逆に、一人の人が一泊するのと四泊するのとでは、波及効果が全く違いますよね。つまり「何人来た」ではなく、「何泊した」で数える方が、実態に即していると。

でも、日本ではどこもそれをやっていないですね。
山田　観光庁ですら、「訪日外国人旅行者一〇〇〇万人」という目標数字を掲げています。もちろん、結果的に一〇〇〇万人以上の外国人が来れば良いとは思いますが、最初に入込数ありきだと、それを達成するために、たとえば近くて人口の多い中国から安いツアー客を大量に呼びこもう、そのために値段を下げよう、というような話になりかねない。しかし、そうやってディスカウントを繰り返せば、当然サービスの質は低下し、満足度も下がります。その結果、稼働《かどう》率を上げれば上げるほど利益が薄くなり、リピーターも減っていくという負のスパイラルに陥ってしまう。
日本の観光地がダメになった原因の一つは、まさにこのような「一見《いちげん》さん」を効率よく回すことだけを考え、リピーターを増やす努力を長く怠ってきたことにあると思います。観光地として一番重要なのは、実は顧客満足度とリピート率。満足度を上げ、リピート率を上げれば、お客様一人あたりの消費額も自然と上がりますから。
藻谷　日本でリピート率向上を最優先に考えている観光地というと、ディズニーランドくらいしか思いつきません。
山田　個々の宿や飲食店で努力しているところはたくさんありますが、地域全体としてリピート率を上げる取り組みをしているところはほとんどありません。そこには全く目が向いていないんです。

まず地域が豊かになる

藻谷　山田さんがすごいのは、ある地域に呼ばれると、そこで人を集めて実行部隊をつくり、地域住民を巻き込んだ長期的な運動を作り出してしまうことです。いわゆるシンクタンクのような、お金をくれる人に助言して、コンサルティングして、レポートを書いて「はい、さようなら」というやり方とはまったく違う。

たとえば北海道の弟子屈《てしかが》町では、「てしかがえこまち推進協議会」という協議会をつくって、住民が多様なアイディアを持ち寄り、それを実際の民間事業に落とし込むところまで持っていっています。数年前には協議会活動がきっかけとなり、住民出資で旅行会社も立ち上げ、初年度から黒字も計上したそうですね。

山田　ええ、おかげさまで。地域の人を巻き込む組織をつくるのは、その地域で暮らす人たちが地域経営に関わりながらライフスタイルを豊かにしようとしなければ、観光地としての再生もありえないと思っているからです。

ツェルマットのように住民が幸せそうに生活している場所は、訪れた人が「自分も住んでみたい」と感じ、何度も足を運びたくなる。いわば、テーマパークのような一時的な「非日常」性ではなく、地域に根付いたライフスタイルの「異日常」性が、最大の売りポイントです。

そういう魅力ある地域にするためには、幅広い層の住民が主体的に参加しながら、まず地元が抱える問題点を明らかにし、長期的な視野に立った地域全体のマネジメントを話し合う場が必要です。

藻谷　でも、地域のために自ら動いてくれる人たちを探すのは、至難の業ではないですか。ましてや初めて訪れた地域では、僕や山田さんのように外からきた人間に対して、さしたる理由もなく「うちのやり方はお前らにはわからん」と抵抗する人は多い。そんな中、動ける人をどうやって増やしていくんですか。

山田　役所の方に「人を集めてください」と言っても、大抵、地元の役職者しか集まりません。そういう人たちは概して発想が現状維持的なので、いい議論にならない。それよりも、講演の後に興味をもって話しかけてきてくれたおじさん・おばさんや、町の歴史に詳しい人、町でそば打ちの名人や鮎《あゆ》獲《と》りの達人などと呼ばれている人に、積極的に声をかけるようにしています。

そのときに、「観光振興をしましょう」と言ってしまうと、大多数の人は「自分には関係ない」と思ってしまうので、それはちょっと置いておいて、まず地域全体が本当に豊かになるにはどうしたらいいか、という議論から始めます。

だから、観光業の方よりも、むしろ農林漁業従事者や、その地域で個人事業をやっているような方が参加してくださるほうがありがたいし、それ以上に、実は専業主婦の方や子どもたちに入ってもらうことの方が大事です。そういう人たちが動かないと、地域全体の問題・課題として認識されないですから。

藻谷　それはすばらしいですね。日本では、「何のためにやるのか」という問いかけがないまま、とりあえず新幹線を誘致しよう、とりあえず道路を敷こう、イベントで人を増やそうという話になってしまう例が多い。スイスでは、観光振興よりも、まず地域が豊かになり、住民が幸せになることを考えるんですね。

山田　そうですね。ツェルマットでは、「将来世代も含めて、自分たちのコミュニティが幸せに生きていくために動く」という目的意識が浸透しています。

条件不利国家・スイスの健闘

藻谷　スイスは、実はとても条件の悪い国ですよね。山ばかりで耕地に乏しく、雪崩《なだれ》や水害の常襲する寒冷地帯。グローバル資本主義の勝ち組で、他国からは負け惜しみもこめて二枚舌とか拝金主義とか言われがちですが、よほどしたたかでないと生き残れない場所かもしれない。

山田　周りをドイツ、フランス、イタリア、オーストリアといったヨーロッパの列強に囲まれているスイスは、永世中立国と言えど徴兵制もありますし、自分たちの国は自分たちの手で守らなければという意識が非常に高い。ついこの間まで大真面目《おおまじめ》に核シェルターの設置も義務づけられていましたから。

藻谷　しかも、四囲のユーロ圏から一歩スイスに入った瞬間、スイスフラン高で、物価はほぼ二倍でしょう。出入り自由なのに物価が二倍も違うというのは、絶望的に大変な状況のはずです。

対して日本は、海に囲まれていて購買力が流出せず、侵略もされず、豊かな土壌にも恵まれています。スイスを見てから日本の地域社会に来ると、必死にならなくてもぬくぬくと暮らしてきた、すごく幸せな社会に映りませんか。

山田　そうですね。だからこそ、あれだけ不利な条件の揃ったスイスで達成できることが、なぜ日本でできないのかというのは、私が一番歯痒《はがゆ》く思っているところです。

藻谷　金持ちで才能にも恵まれたボンボンが、ボンクラやってるのを見て腹が立つ、というような感覚ですね。

山田 まさにそれです。もったいないと思うし、この先どうするんだと心配にもなる。ただ、日本にも各地域の将来を案じて真剣に動こうとしている方がいるのも確かなんです。問題は、そういう人たちが発言するチャンスや活躍できる場所がほとんどないこと。

藻谷 残念なことに、そういう人に限って「長」が付いていない、ただの一住民なんですよね。

山田 逆に、何を提案しても反対しかしないような人が「長」として強い発言権を持っていて、「俺は町のことを考えて言っているんだ」と言いながら、まるで動こうとしない人が多いですね。

藻谷 山田さんが立ち上げている協議会や住民会議などの住民の主体的な組織という場は、そういった、普段発言する場が与えられていない人の力を活用する意味でも重要ですね。

山田 実はどの地域の協議会も、スイスの「ブルガーゲマインデ」という組織を日本流にアレンジしたものなんです。ブルガーゲマインデはスイスのほぼすべての市町村にありますが、行政とは違う独自の住民組織で、強いて訳せば「住民地域経営共同体」くらいのニュアンスでしょうか。

藻谷　「民間事業者の共同体」という意味でもありますよね。つまり、事業をやったりしてある程度お金を持っている人たちを中心に、地域のためにいろんな事業――たとえば登山鉄道など、日本では第三セクターがやっていたような、半分は営利・半分は皆のためみたいな事業――を、自治体と協議しながらやっていく組織、という理解でいいんでしょうか。

山田　ええ。要するに住民自らが町としての「公益」を追求する自治経営組織です。ただ、別にお金持ちじゃなくても、その町で生まれ育った住民なら誰でも入れます。日本でブルガーゲマインデの話をすると、「それは官ですか、民ですか」とよく言われるんですが、そのどちらでもなく、〃パブリック（公）〃なのです。日本では同様の公の組織があまりないので、なかなか理解されにくいのですが。

藻谷　田舎に今も残る「寄り合い」に近いのかもしれませんが、スイスではそれがきわめて近代的な組織として、自治体とは別の形で、しっかり機能している。

山田　ツェルマットの場合、ヴァレー州の州都シオンにある教会の司教が持っていた土地の権利を住民たちが買い取るのにお金を出し合ったのが、ブルガーゲマインデのスタートです。だから、森も牧草地も山も全部、ブルガーゲマインデのものです。四

○○年以上の歴史がありますが、町の運営方針を決めるにあたって今でも大きな決定権を持っている。観光リゾート地としてのツェルマットを動かしているのは、このブルガーゲマインデと言っても過言ではありません。

弟子屈町の協議会も、ブルガーゲマインデに倣《なら》い、町民ならば誰でも参加可能です。協議会の目的はただ一つ、「誰もが自慢し、誰もが誇れる町」を目指すことです。三〇年先を見越して、長・中・短期の目標を持った行動計画を立て、それに沿ってやっています。協議会のもとでは様々な部会が活動していて、そこから新しい企画もどんどん生み出されている。明確なビジョンが目的化されると、その目的と今の現実とのギャップを埋めるために何をしなくてはならないのかという部分が、ちゃんと戦略として見えてきます。例えば「食・文化部会」なら「将来的に農業を支えることも一つの目標に、これまで無かった地元ならではの新しいご当地グルメを企画し、だからこそ、徹底して地元で採れる食材を使おう」と、当たり前のことなのですが地域全体が動き出します。この新しいネットワークによる今までと違った動きは、地域の多様な人たちが多く関わることで、多様な視点と考え方がさらに生かされます。

藻谷　ただ、お金につながる事業だと、目先の損得で動く人が出てきがちです。さらには損得度外視の、好き嫌いの感情だけで物事を決める人も多いですよね。

山田　そういう危険性は常にあります。その抑止力としても、なるべく子どもたちを巻き込み、主体的に活動してもらうようにしています。子どもが頑張っていると、大人は「みっともない真似《まね》はできない」という気になる。しかも、町の将来を考えることは、すなわちその子たちの将来を考えることです。さらに、その子どもたちが大人になったら、今まで以上に地域を担《にな》っていってくれるだろうという安心感もあり、長いスパンで地域を変えていけるという確信も生まれます。

藻谷　日本の地域振興は、これまで次世代のことは考えない、「俺たちの明日の儲けをどうするか」みたいな話が多かった。最近になって、ようやくそういう次世代に繋《つな》がる議論が出てきましたね。

国全体のブランドづくり

藻谷　ツェルマットのもうひとつの大きな特徴は、延べ泊数はあまり増えていないのに、観光収入が上がり続けていることですよね。

山田　ホテルもシーズン中はどこもほとんどフル稼働で、キャパシティいっぱいなんです。ここ何十年もホテルのベッド数はほとんど増えていません。

藻谷　量的拡大をしない、自然保護地域を削ってまでホテルを増やそうとはしない、ということですね。

山田　高層建築も規制されています。

藻谷　日本だと、キャパが頭打ちになった時点で、必ず「規制緩和しないと、成長できない！」と言い出しますよね。でもツェルマットでは厳格な開発規制があるのに、売上も税収も増え続けている。

山田　単純に、客単価が上がっているからです。ユーロ危機の時にも、売上がガクンと減るとか、税収不足に陥ることはありませんでした。キャパシティが小さいからこそ製造業で言う「バックオーダー」をたくさん抱えているので、あるお客さんが来れなくなっても、「今まで来たくても空きがなかった」というお客さんが入ってきてくれるんです。

藻谷　逆に、景気が良くなったから売上がグンと上がるということもないですよね。スイスフランは高いし、同じアルプスでもユーロ圏のリゾートの方が安いから、低価格志向の客は入ってこない。

山田　たしかに、より安く楽しみたいお客様は、周辺各国のスキーリゾートに流れていると思います。ただ、それによってスイス国内のスキー場、特にツェルマットやダボス、サンモリッツなどの上質で高級なリゾート地が客を奪われているということはありません。

藻谷　やっぱり国全体のブランドづくりに成功していますよね。「ダボス会議は経費がかかるから、他の国でやろうぜ」とはならない（笑）。みんな高いお金を払ってでも、喜んで行くわけです。

二〇一二年度、スイスは日本から三〇〇〇億円以上も貿易黒字を稼いでいます。三〇〇〇億円というとピンと来ないかもしれませんが、例えば資源国・ロシアに対する日本の貿易赤字は約七〇〇〇億円です。人口約一億四〇〇〇万人のロシアから大量のガスと石油を買って七〇〇〇億円なのに、人口約七九五万人のスイスからは時計その他を買うだけで三〇〇〇億円。これは実はすごい額です。

山田　時計だけでなく、実は医薬品も日本は大量に輸入しています。

藻谷　なるほど。今後高齢化に伴って、その額はますます増えるかもしれませんね。それにしても、人口約七四〇万人の愛知県一県とほとんど変わらない規模の国から、三〇〇〇億円も物販で儲けられて、さらに金利の配当で二〇〇〇億、特許料でも三億ぐらい取られているのに、日本人はそのことを全然意識していませんよね。昨年日本が黒字を稼ぎ出す側だった中国や韓国に対しては、なぜかものすごい脅威を感じているのに、スイスにお金を持っていかれているとは誰も思っていない。

山田 ほとんどの人は知らないでしょう。

藻谷 明治維新の頃は日本よりずっと貧乏だったスイスが、それから百数十年後には、日本相手にすごい額の黒字を稼いでいる。そこには国家戦略の差を感じざるをえません。

国の舵取り《かじと》りという話になると日本人はすぐリーダーの問題にしたがりますが、じゃあスイスの歴代大統領はそんなに傑出した人物だったのか。スイスの大統領が誰か、そもそも首相なのか大統領なのかなんて、日本人は知りませんよ。

山田 それはスイス国民でさえ知らない人もいるくらいですよ。直接民主制の国なので、リーダーがどうというより、国民全員が何を選択してどう合意形成をしていくかという議論が多い。

藻谷 まさにボトムアップですね。

山田 国の仕組みも、ある意味ボトムアップで、まず市町村ありきです。極端に言えば、自分の町以外の他の町は全部〝外国〟のような感覚です。

藻谷 スイス国民という以前に、まずどこの町村の人か、というところにアイデンティティがあると。

山田　文部科学省のような省もないので、教育制度は州・町単位で違います。学校の先生は州の職員ですが、ほとんどの学校では、地元で働いている様々な職種の人たちが地域学みたいなことを教えている。歴史の授業も地理の授業も、全部「わが町の現状」から遡《さかのぼ》る形です。あとは、義務教育課程から教養の授業がしっかりとある。

藻谷　教養主義なんですね。

山田　公用語が四つもあり、外国人が人口の五分の一もいるのに、直接民主制が機能しているのはなぜかとよく言われるんですが、しっかりと知性と教養を持ち、きちんとした判断ができる人たちが多いだけの話かなと思います。

藻谷　いわゆる「民度が高い」国だと。個人個人の意識と実践があれば、突出したリーダーなんて必要ありませんよね。

山田　地域振興をやろうとする際に持ち上がる問題って、大抵、住民のエゴや利害が絡《から》んでいます。個人の損得や好き嫌いを越え、町の将来のために合意形成していくとなると、住民一人ひとりの教養度が高くなければできない。スイスでブルガーゲマインデがうまく機能しているのには、こういう背景もあると思います。

最初に富裕層を相手にする

藻谷　今、日本ではチープな地域振興が持て囃《はや》されています。B級グルメ、単発イベント、そしてゆるキャラ。

山田　ダメな地域って、その三つを必ずやっていますよね。その地域の既存の資源をしっかり活用して育てましょう、という話にならずに、新しい何かに飛びつきたがる。私は、町は育てるもの、「町づくり」ではなく「町育て」であるべきだと主張しているんですが。

藻谷　そもそも、ゆるキャラの名付け親であるみうらじゅん氏は、一生懸命だけどどこかズレているという「ユルさ」を喜んでいると思うんです。彼は「カスハガ」と言って、「こんなもの誰が買うんだ」というようなズレた絵柄の絵葉書も集めていますけれど、ゆるキャラも同じで、最初から失敗を見込まれた、残念な存在だから愛らしいのです。「ゆるキャラの○○ちゃんが一生懸命頑張っても、なんか地域はイマイチ元気になんないけど、まあしょうがないかあ〜」って頭掻《か》くような感じのキャラ設定。それを慈《いつく》しむ「遊び心」で始まったものなのに、「本気」で地域まるごとゆるキャラ頼み、というところが出てきてしまった。

ゆるキャラやB級グルメは首長以下大賛成なのに、もっと実の上がることには邪魔が入るという地域もあります。

山田　まさしく教養のなさがなせるわざという気がします。しかも、責任感が無く、あまり真剣な感じもしませんね。

藻谷　B級グルメも人が集まるだけで、まったく収益を生みませんよね。むしろ地域の優良な資源をB級品のイメージとともに叩き売るという悲惨な状況です。

山田　地元でとれるいい素材を使いながら、予算を抑えて振舞おうとするから、原価割れしてしまうんですよね。手の込んだ調理もできないので、せっかくの素材もまずくなる。当然のことながら、生産者は「何やってんだ、せっかくいい素材なのに」と怒る。地元の人同士の人間関係も悪くなり、農漁業者と商業・観光事業者の間に溝ができていく。それでいて地元の人は誰も儲からない。

藻谷　非常に残念ですよね。地域に貢献したいなら、もっと地域にお金が落ちて、循環することをやりなさいと言いたい。

山田　そもそも、A級品がないところにB級品は存在できないのに、いきなりBだけ作るから話がおかしくなるんです。宿泊も食事も、まずはその地域で一番と言えるものを提供できるようにするべきです。チープなものを作るのはその後でいい。実際、スイスでは、まず地元のフラッグシップになり得る地域に合った最上級ホテル、例えば五つ星ホテルをつくり、次に他のカテゴリーのホテル、四つ星、三つ星……と広げていくことで、ラグジュアリー層からカジュアル層までを取り込むことに成功してきました。最初に富裕層を相手にすることでサービスの質も上がり、観光リゾート地としての全体的なレベルも向上するのです。

私は北海道松前の旅館で、「本マグロまるごと一本解体プラン」というマグロ三昧《ざんまい》のメニューをプロデュースしました。九月末から一二月のマグロが獲れる期間限定で、松前産の美味《おい》しいマグロ一本を、お客さんの前で解体して好きなように食べ尽くしてもらうというものです。

藻谷　旅館自体は一泊二食つきで七〇〇〇円ぐらいから泊まれますが、マグロは……。

山田　お一人様、二一万円からです。

藻谷　いやあ、すごいですよね。でも、クロマグロの貴重さを考えたら、それくらい取ってしかるべきだと思います。

山田　クロマグロといえば、海のダイヤモンドと言われて世界では絶滅危惧種《きぐしゅ》になりそうなぐらい貴重なものです。しかも、日本食は、世界中でブームを超えて定着しています。富裕層の人たちにクロマグロを出すなら、ちゃんと原価計算した上でそれくらい取らないと、お客様のほうもありがたみがなくなります。

このプランは、やはり最初は外国の方が買ってくれました。マスコミも、海外のメディアが先に飛びついて、そのうち日本でも商社が接待で使い始めた。函館空港は自家用ジェットを駐機できるので今後は富裕層がもっと伸びそうです。

藻谷　もともとそういう世界の人が客層なんですよね。でも、日本各地でそういう話をすると、「俺はそんな値段だったら食わんぞ」という反応が必ず出てきませんか。「いや、あなたと違って、富裕層は食べるんです」と言ってもわからない。自分とは違う世界を想像する力のない人が、高く売れるネタを二束三文の値で売って喜んでいる。

山田　そういう例は多々ありますね。私は、地域ごとにまずは「ここがうちの最上位」というのを決めていくべきだと言っているんですが、意外と皆さん、自己評価がとても低いんです。しかも、高級ではなく、全《すべ》てにおいて上質なものが必要なことも根本的に理解できていない。

藻谷　二〇一二年の九月、秋田県湯沢市の「福小町」という日本酒が、ロンドンで毎年開催される世界最大規模の「国際ワインコンテスト（ＩＷＣ）」の「ＳＡＫＥ部門」

で世界一位になったんです。そのお酒は七二〇ミリリットルで一本五〇〇〇円なんですが、ある講演の際に「五〇〇〇円は高いか、安いか」と問うと、「高い」という人が七割くらいでした。

でも、果たして本当に高いでしょうか。ヨーロッパの高級ワインを開けようと思ったら、ロマネコンティなど、一本五〇〇万円はくだらないワインがざらにあります。それに比べて、世界一位の日本酒が一本五〇〇〇円。ここに一〇〇〇倍の価値の差があるということをおかしい、国辱だと思わないのでしょうか。

だって、お金持ちが最上級のマグロを手に入れて、さあ、何を合わせようかというときに、ワインよりも日本酒が合うかなと思ったとすると、そのとき、一本五〇〇万円のロマネコンティと福小町の価値はほぼ同じはずなんです。どちらも世界最高品質なんだから。それを五〇〇〇円で売って、なぜ高いという話になるんでしょう。もっと高くして、世界の金持ちに売り、その分で従業員のボーナスを上げたり、米を作る農家にもっとお金を払うというふうにすればいいのです。それがわからずに、とにかく安い値段で提供するのが商売だと思い込んでいる。人口が増えた時代に量で稼いだ記憶が、客が減る時代にもどうしても抜けない。これが昨今の「デフレ」の真因なんです。

山田　漁師さんや農家さんも、自分たちが獲ったマグロや育てた米を、いい料理やお酒にして、それなりの値段で出して、しかも外国の方に美味しいと喜んでもらえたら、嬉《うれ》しいと思うんです。

特に観光業の場合は、お客様の反応がわかりやすいから、目に見えて成果が出たりいい反応があると、それが生産者にとって原動力になる。どんなにやる気のない人でも、例えば外から来た人の「ここの町ってステキじゃない」という一言で、変わることもあります。小さくてもいいからそういう成功体験を重ねて、最終的には住民の方全員に自分たちの地域に誇りを持ってもらい、地域のこれからをきちんと考えていただく。それがいちばん重要なポイントだと思っています。「うちの町なんか、どうなってもいいや」「子どもや孫はみんな東京に行けばいいよ」という人が増えたら、どんなにいいところがある地域でも、その地域の未来はすべて崩壊しますから。

「地消地産」と三つの「だけ」

山田　地域の食材を使うというと、「地産地消」という言葉がありますが、私は「地消地産」を提唱しています。

地産地消というと、余りものや傷がついていたり、形が悪かったりして売れないものを地元で何とか使おうというニュアンスで使われることが多いですが、それではいい商品ができるはずがありません。むしろ、地元産の良いものを、地元の旅館やホテル、飲食店が直接、一円でも高く買うことが重要で、それをさらに手間暇かけて調理し、より付加価値を高くして売るということを考えるべきです。

しかも、それを都会の百貨店に置いてもらうんじゃなくて、地元にわざわざ来て、食べてもらう、買ってもらう。地域に来て消費するだけの価値があるものをちゃんと産み育てましょう、という意味での「地消地産」です。

藻谷　それが一次産業を支える地域内循環を生み出し、内需も活性化されると。

山田　はい。一方、お客様の側から見て求められるのは三つの「だけ」、「今だけ」「ここだけ」「あなただけ」と提示されたものだけです。これが揃っていないと、その地までわざわざ赴く必然性がなくなってしまう。さきほどの本マグロまるごと一本プランも、都会に住む富裕層から見ればまさしく「今だけ」「ここだけ」「あなただけ」の特別な料理です。

また、鳥羽の「海月《かいげつ》」という老舗《しにせ》旅館では、地元産のアワビを擂《す》って、ハンペンにして出しています。鳥羽のアワビは質がいいけれど、その分高いので、若者の旅行者はなかなか手が出ない。一方、手を出せそうな熟年層は歯が悪い方が多く、「硬い」というイメージがあるアワビはなかなか選んでもらえない。都会では刺身などで硬いイメージのあるアワビですが、実は新鮮なアワビほど、特にさっと焼いた方が柔らかくてジューシーで美味しいです。

そこでアワビのハンペンならば、誰にでも柔らかいことがわかるので、高齢者でも「じゃあ、アワビを食べてみようかな」という気になります。

地域性がある旬の食材を手間暇かけてハンペンにするというアイディアは、まさに「今だけ」「ここだけ」で、さらにお客様にとっては、「私だけのためのもの」という満足感も得られるのです。

地域をダメにする要因

藻谷　各地で私が突き当たる、持続的な地域振興の障害として立ちはだかる人たち。彼らには、ミーハーな人たちと、内心で地域の滅びを志向する人たちという、二つのグループがあると思うんです。

まずミーハーな人たちは、B級グルメなどのイベントを実施して、人が集まって、とにかく目立てればOK、とりあえず延命できればOKと考えている。そういう人をお客にして食いつないでいる業界人やコンサルタントもいます。最近は地方での芸術祭も人気ですね。

山田　芸術祭だけでなく、ほとんどの単発イベントは地域をダメにします。外から賑《にぎ》わっているように見えたとしても、本当にその地域がよくなっているとは限らない。主催者側はあくまでもイベントの開催そのものが目的であって、地域がそのあとどうなるかということをまったくフォローしてくれないからです。

もちろん芸術祭やお祭りなどのイベントをやっている間は、地域も盛り上がるし、みんな一生懸命頑張る。例えば地元のおじいちゃんが、芸術作品のために大量の竹を切ってくれたりします。でも、終わった後どうするのか。撤去される作品もあれば、残る作品もありますが、残ったら残ったで、自分たちで維持管理しなきゃいけないし、どこからお金を出して、誰がそれをやるのかという話になる。しかも、終わった瞬間にお客さんが激減してしまうので持続的な効果はほとんどもたらさない。結局、まじめにやっている人ほど疲弊します。

藻谷　もう一つのパターンとして、内心で地域を滅ぼしたがっているとしか思えない人たちもいます。ある地域に非常にきれいな棚田があるんですが、年々休耕田が増えてきました。私有地だから、所有者が「わしゃもう今年はやらん」となると、それっきり。おいしい米も穫《と》れるので、周りがなんとか新しい人を連れてきて耕させようとすると、「わしゃ人には貸さん。荒地になる方がましだ！」と言い出す老人が出てくる。それを上流でやられると、用水路のメンテナンスができなくなり下流の田んぼも一緒になって荒れていくし、景観も壊れていくんだけど、「そんなことは知らん」。

山田　自分のことしか考えていない。

藻谷　ある意味で新自由主義、究極の個人主義と言えるかもしれないですね。でも昔からそうだったら、あそこまできれいな棚田が今の代まで続いているはずがないんです。おそらく今の高齢者の世代に急に、そういう人たちが多くなっちゃったんですね。これはよくある戦後教育批判ではなくて、戦前の軍国教育を建前として受けた人が、戦後の高度成長期に、本音を剝《む》き出しに自己利益に走る習慣を身に付けたように見えるのです。

山田　私もそう思います。スイスは建国が七〇〇年ちょっとですから、日本のほうが歴史はずっと長いんですが、両国を行き来していると、戦後のこの七〇年ほどでやってきたことの差が今出ているのかな、という気がしてならないんです。

藻谷　弁護するなら、都会にチャンスがあった高度成長期に何らかの理由で地元に残った人たちは、「自分は割を食った」というコンプレックスを抱いていて、「都会のやつに指図はさせん」みたいな思いがあるんじゃないでしょうか。他方で高度成長期の時点でもう、「この集落に発展はない」と深く諦《あきら》めてしまっていて、可能性を見つけて戦おうとする若い人を皆で邪魔するという精神構造になってしまっているんじゃないか。

しかし、世代交代と共に流れは必ず変わると私は思っているんです。それまで地道にやり続けるしかないですよね。

山田　ええ、私もそう思います。それに、日本が観光という分野でできることは、ただの外貨獲得や内需活性化以外にも新しいビジネス創造や雇用拡大など、これからまだまだたくさんあるはずなんです。

それにもともと、日本人はとても丁寧でホスピタリティに溢《あふ》れているという点で、世界でも非常に高く評価されています。また、日本を訪れるＶＩＰの中には、日本の礼節に触れると心が引き締まるとおっしゃる方が多くいる。五輪も決まりましたが、せっかく開催するのならば絶好の機会として捉《とら》え、今後の「観光立国」のために本当にしなければいけないことは何か、今こそ徹底的に見直すべき時だと思います。

藻谷　山田さんが体得されてきた「観光先進国」スイスの仕組みからも、今後ますます本質を学ばなくてはならないでしょう。忙しくなる一方だと思いますが、私も含め、山田さんの力を必要としている人・地域は多いので、無理しすぎて倒れないようにしてくださいね！

山田　はい。その言葉は、そのまま藻谷さんに返したいと思います！（笑）

第五章　「空き家」活用で日本中が甦《よみがえ》る

――清水義次（都市・建築再生プロデューサー）

清水義次（しみず・よしつぐ）
1949年、山梨県生まれ。株式会社アフタヌーンソサエティ代表取締役。東京大学工学部都市工学科卒。現在、公民連携事業機構代表理事、アーツ千代田3331代表も兼任。

採算性を追求する事業マインドと、公益を追求するパブリックマインドと、美を追求する感性。これらが別々に存在していたのが日本の二〇世紀後半であるとすれば、共にあるのが二一世紀だろう。

生産者と、流通業者と、消費者。生産地と、流通市場と、消費地。彼らが分立していたのが日本の二〇世紀後半であるとすれば、消費者が生産者となり、消費地が生産地となって融合していくのが二一世紀だろう。

コンテンツがあって立地条件が良ければ事業が成り立ったのが日本の二〇世紀後半であるとすれば、コンテンツも立地条件もそれを活《い》かす経営人材次第というのが二一世紀だろう。

生業にいそしむ自営業者と、雇用を与えられるサラリーマン。生業が年々破壊される中「雇用される権利」が強調されたのが日本の二〇世紀後半であるとすれば、雇用が破壊される中で「営業生活権」が再発見されるのが二一世紀だろう。

これは二一世紀に関する発見に満ちた、希望に胸躍る対談である。

——藻谷浩介

中学校をアートセンターに

藻谷　私が最初に清水さんにお会いしたのは、もう一〇年以上も前になります。最近、ようやく「空き家問題」に注目が集まり始めましたが、清水さんはすでにその当時から、空き家・空きビルを活用したまちづくりを、現場で手掛けておられました。今ではそのノウハウが、全国各地に広がっています。今日お邪魔している東京都千代田区、秋葉原近くのこのオフィスも、もともとは学校だったとか。

清水　練成中学という区立中学校でした。二〇〇五年に閉校し、区のコンペで私と東京藝術大学の中村政人教授を中心とする民間チームが選ばれて、二〇一〇年に「アーツ千代田３３３１」というアートセンターにリノベーションしました。

公共施設でよく見られる指定管理者制度ではなく、五年間の定期借家契約に基づく民間自立型運営でやっているので、家賃・人件費・水道光熱費・建物の修繕費などはすべてテナント賃料とアート関連イベントの収益で賄《まかな》っています。年間で一〇〇〇以上のイベントを開催して、八〇万人近い人が来館しています。

藻谷　都心に近いですから、集客には有利でも、逆に高い家賃などの経費を稼ぎ出すのは至難のはず。すごいことです。しかも、自由気ままなアーティストの皆さんをマネジメントして、収益が出るように運営するのは、正直かなり大変では？

清水　それはもう（笑）。会議を開こうと思っても、みんな定刻には揃《そろ》わない。で、ようやく会議を始めようと思ったら、議題に関する資料を何も用意していない。「どうやって議論するの？」って言うと、慌《あわ》ててプリンターへ走っていく。

藻谷　やっぱり（笑）。

清水　メールのやり取りでも、なぜかみんなCCを使わないので、はじめは情報の共有がまったくできなかった。

藻谷　でも、逆にやたらとCCを入れる人間も信用できませんけどね。一部の大企業や役所には、極端にたくさんCCを入れる組織文化がありますが、それでは結局、誰も自分事としては読まなくなって、責任も負わなくなる。

清水　確かにそっちの方も問題だ（笑）。とにかく、僕の仕事は彼らにマネジメントの基本を教えることから始まります。飲み会の席などで「アート能力だけでなく、何かもう一つ技能を身に付けた方がいい。アーティスト＋マネジメントとか、アーティストＨセールスとか。そうすれば君のアートも少し変わるかもしれないよ」と囁《ささや》く。そうすると、意外なマネジメントの才能を発揮する人が出てくる。たとえば組織図を作ってもらったら、それぞれのメンバーがどの仕事とどの仕事を兼ねているか、微に入り細に入り六〇項目ぐらい、キレイに色分けされたチャートが出てきた。ちょっと凝り過ぎなぐらいだったけど、感動しました。

藻谷　アート系の人はセンスと根気が違う（笑）。いまお話を聞いて思い出したのは、千葉県松戸市の駅周辺で「ＭＡＤ　Ｃｉｔｙ」という再生プロジェクトを仕掛けているアーティスト・寺井元一《もとかず》氏のプレゼンです。老朽住宅を「ＭＡＤマンション」というアーティストの住居に、ラブホテルを「ＰＡＲＡＤＩＳＥ　ＳＴＵＤＩＯ」というクリエイティブスペースにして貸し出すとか、とても面白いのですが、彼の資料にも住人の職業と傾向を三〇種以上に細かく分けた図があって、実によく出来ていた。

清水　一方で、やたらとコミュニケーションがうまい人もいる。高齢者や子供の集まりの中にスーッと入って行って、すぐに仲良くなっちゃう。まちづくりプロジェクトにおいては、貴重な才能です。

まさに多士済々《せいせい》ですが、やはりマネジメントの最低限の原理・原則は身に付けてもらわないといけません。まず「君たちの給料は、この事業で収益を上げないと、出な

アーツ千代田3331の外観。廃校となった中学校と隣の公園をウッドデッキで結び、自由に出入りできるようにした

アーツ千代田3331のメインギャラリー。300坪のスペースで、若手アーティストの展覧会やライブなどを開催している

いんだよ」ということを理解してもらうまでが大変で（笑）。お金、スケジュール、クオリティを管理する大切さを教え込みました。

藻谷　清水さんのご著書『リノベーションまちづくり』（学芸出版社）でも、プロジェクトを始める際には、必ず数年分のガントチャート（工程表）を作ると書いてありましたね。

清水　今回もまず二年分のガントチャートを作って、スタッフルームの壁にバーンと大きく貼《は》り出しました。ガントチャート、組織図、そしてキャッシュフロー表の三つが、まちづくりプロジェクトにおける「三種の神器」です。キャッシュフロー表はちょっと面倒ですが、幹部連中には、常にカネの流れだけは理解しておくよう徹底しました。

藻谷　不思議なことに日本では、難解な企業会計は勉強していても、小遣い帳と同じ原理のキャッシュフローは「わかりません」という人が結構いますよね。

清水　会計がわからなくても、キャッシュフローさえ摑《つか》んでいれば、普段のマネジメントは問題なくこなせます。日常生活でも必要なことなんだから、小学校で教えたっていいぐらいだと思うのですが。

「現代版家守《やもり》」という発想

藻谷 清水さんが取り組む「現代版家守」。この言葉を最初に聞いたのも、初めてお会いした一〇年以上前でしたが、そのイロハと最新の展開を再度教えて下さい。

清水 「家守」とは、江戸時代に不在地主に代わって家屋などの管理をしていた「長屋の大家さん」のこと。これを現代に蘇《よみがえ》らせて、遊休不動産を活用したまちづくりを進めています。

もともと私はマーケティング・コンサルティング会社で、考現学的な社会風俗観察を一七年間やっていました。街を歩いている人の通行量・男女比・服装などを観察したり、流行《はや》りのお店や食べ物を調査したり。とにかく街に出てヒトとモノを仔細《しさい》に観察・分析していたのです。

そして、一九九二年に表参道の地上げ跡地の廃屋を四軒まとめ借りして、念願のカフェレストランを開きました。これが思いのほか大繁盛《だいはんじょう》すると、周辺に他の飲食店、雑貨屋、インテリアショップなどが次々と進出してきて、閑散としていた地上げ跡地が、あっという間に活気のあるエリアに変わったんです。

藻谷　まさに清水さんは昨今のカフェブームの本当の先駆けであり、表参道がオシャレな街に変貌《へんぼう》するきっかけを作ったわけですね。

清水　それで少し事業欲が出て、自分で抱えられるリスクの範囲内であれこれ商売をやってみたら、たまたまうまくいった。すると、「お金も店舗も全部用意するから、店を出さないか？」「こんなプロジェクトがあるけど投資しないか」みたいな話が次から次へと持ち込まれるようになりました。でも、そっちには関心が持てなかったので、全部断りました。

藻谷　自ら表参道ブームの引き金を引いておきながら、儲《もう》け話にまったく乗らないなんて、呆《あき》れられませんでしたか？

清水　でも関心がないんだから、しょうがない。それより「民間のプロジェクトでも、やり方次第で街を変えられる」という事実の方に興味が湧《わ》いて、「都市魅力の経済研究会」という組織を作りました。その流れで千代田区の空きビルにＳＯＨＯ事業者を誘致するプロジェクトに誘われて、「現代版家守」の取り組みを始めることになったわけです。

藻谷　清水さんは団塊世代ですが、周りの人と話が合わなかったんじゃないですか。だって、「経済も事業も規模の拡大が当たり前」と信じて疑わない世代でしょう？

清水 かなり孤独でしたね。大学時代はヒッピーで、腰ぐらいまで髪の毛を伸ばしていましたし(笑)。もちろん、社会発展のためには、そうやってどんどん事業を拡大する人も必要だと思いますが、自分ではやる気がなかった。

その点、いまの若い人たちとの方が話が合いますね。何年か前に、東京R不動産の馬場正尊《まさたか》さんから、「清水さんとは二〇歳も離れていますけど、まったくそんな感じがしないですね」って言われました。僕の方も、その世代ぐらいからやっと普通に話が通じるようになったと感じています。

藻谷 すごくわかります。私より数年下、だいたい今の四五歳ぐらいから、量的な拡大よりも質的な面白さを求める人が、ぼつぼつと出始めていて、三〇代、二〇代と若くなると、急に増えている気がします。

清水 先ほど申し上げた通り、僕の大もとの仕事は、社会風俗を観察して潜在意識の変化を読み取ることですが、いま日本社会にものすごく大きな変化が起きていると感じます。生まれながらにパブリックマインド(公共精神)を持っているタイプの、二〇代・三〇代がすごい勢いで増えている。地方でリノベーションスクールを開いてみると、やはり四〇代以上の人たちと、それ以下の人たちとの間には圧倒的な意識の差がある。

ちょっと真面目《まじめ》な話をすると、ついに市民社会が成熟し始めたのかなという印象です。イギリスなどは長い時間をかけてゆっくりと市民社会が成熟を遂げてきたわけですが、日本社会は今ものすごい勢いで変化している。

藻谷　ついに日本が……ちょっと感動を禁じえませんね。それなのに、一方で「日本を、取り戻す。」なんてのがウケているらしい。いったい何を取り戻したいのか。

清水　あまりに時代感覚がズレている。二段階ぐらい断絶している。

藻谷　大企業に入って闇雲《やみくも》なグローバル競争で消耗するのでもない。かと言って、補助金・福祉依存で食わせてもらうのでもない。地域社会の中でささやかに自立し協働しながら、楽しく生きようとする若者が増えてきた。前時代的な「家業」から「企業」の時代が来て、ようやく「個業」の時代へと変化しようとしている。

清水　僕の仮説では、そうやって自立して生きる人の比率が増えれば、街がどんどん面白くなる。それを実地で証明していくのが「現代版家守」のテーマです。

紫波町《しわちょう》オガールプロジェクト

藻谷　実は先日、清水さんがかかわった岩手県紫波中央駅前のオガールプロジェクトをこっそり見てきました。私は案内付きの視察はしないで、一人で行ってお客に交じって動きます。田園地帯の駅前、雪の平日の夕方遅くなのに、図書館兼公民館みたいな建物に人がいっぱいいて驚きました。

清水　あそこは、親父《おやじ》バンドの演奏から、展示会や商品販売、たまに結婚式までやる、何でもありのスペースなんです。

藻谷　確かにスタジオルームはすべて親父バンドで埋まっていました（笑）。それで、図書館の上の方には共用の机があって、学生がたくさん屯《たむろ》っていて……中高年のオジサンの目からすれば無駄なスペースに見えるかも知れませんが、若い人はこういうリビングルーム的な空間を欲しているんだなと感じました。

清水　そうなんです。そして、もっとも画期的なのが、図書館に産地直売所を入れたこと（笑）。

藻谷　もう「農業支援図書館」というコンセプトがすごい。だって、役場でも普通なら、図書館担当と産直担当はまったくかけ離れた部署にいるわけですよね。どうやって実現したんですか？

清水　役場に公民連携室という部署横断的なセクションを新設して、その時々の必要に応じて、教育委員会の隣にしたり、都市計画課の隣にしたり、役場内でどんどん席替えをしながら、プロジェクトを進めていったんです。

藻谷　なるほど、組織上だけでなく物理的にも人材を攪拌《かくはん》したわけですね。

清水　教育委員会など「本好き」だけで図書館作りをさせたら、結局、蔵書数だけが自慢の、読書室付き貸本屋が出来るだけ。でも、じつは図書館は地域で一番の情報ハブセンターですから、それだけじゃもったいない。そこでプランニング段階で、ビジネス支援図書館推進協議会というNPOに声をかけて、秋田県からその道に詳しい司書の方に臨時職員として来てもらったんです。

藻谷　普通の人は、ビジネス支援図書館推進協議会なるものがあることすら知らないでしょう。でも、実はそのようなネットワークが全国にクモの巣のように細く広く張り巡らされているんですね。

清水　一方の産直ですが、すでに周辺には直売所が九つもあった。それらと共存共栄を図りながら、黒字で成り立たせるためには、全体のパイを大きくしなければならない。一方で、どこの産直も生産者が高齢化していて、じつは売り場を維持できるだけの農産物を揃えるのも大変な状況。オガールに新たに直売所を作るのは、正直かなりハードルが高かった。

藻谷　人口三万人あまりの町に、産直が一〇カ所って、もうメチャクチャ大変な状況

オガールプラザ内にある紫波町図書館のロビー。若者たちの憩いの場となっている

図書館の隣には、産地直売施設「紫波マルシェ」がオープン。こちらも多くの客で賑わっている

ですよね。

清水　ところが、たまたまとてつもなく優秀なマネージャー候補が見つかったと、ある日オガールプラザ社長の岡崎正信くんから連絡がありました。

盛岡の郊外の住宅地にエラく売上の良い直売所があると聞いて、一緒に見に行ったんです。売り場を見た瞬間、あまりのレベルの高さに驚きました。僕は物販のお店もやっていたので、物がちゃんと買いやすい店になっているかどうかは見ればわかります。そこはよくある素朴な初期自然主義型のお店とはまるで違った。JAの佐々木廣《ひろし》さんという方がやっていたのですが、普通の住宅地の中にあるのに、あれだけ売上を作れている理由がよくわかりました。

店舗経営は、優秀なマネージャーさえ見つかれば、ほぼ確実に黒字化できます。そこで早速、佐々木さんをオガールの産直「紫波マルシェ」の店長に迎え入れたわけです。

藻谷　図書館にも産直にも優秀なマネージャーがいて、それがお隣同士でしょっちゅう顔を合わせていれば、自然と化学反応が起こるでしょうね。

清水　そうです。たとえば、産直にキャベツがあると、その脇《わき》に『とことんキャベツ100レシピ』という料理本が置かれたりする。すると、キャベツも本もよく動くようになります。

藻谷　もうひとつ驚いたのが、図書館の隣にアリーナ（観客席付体育館）とホテルが併設されていたこと。二階建てのビジネスホテル兼合宿所みたいな建物があって、高校生がたくさん泊まっていました。普通なら、地方都市の郊外農村部にホテルや体育館を作っても、絶対にペイしない。

清水　あれは岡崎正信くんが圧倒的なバレーボール人脈を持っていたから出来たこと。全日本の監督クラスから、全国のジュニア指導者まで、ほとんど知り合い。みんなオガールで合宿をやってくれるから、アリーナが高い稼働《かどう》率を維持できているわけです。

藻谷　地元企業の跡取りの岡崎くんとは、私も昔からの知り合いなのですが、彼はバレーボール界の著名人だったのですか。なるほど、やはりこちらも人脈先行型プロジェクトだったわけですね。でもホテルの経営は素人《しろうと》には難しいんじゃないですか？　ホテル業界はビジネスモデルのデファクトスタンダード化が異常に進んでいて、「客室が何室以上ないと経営できない」とかいう話をよく聞きますが。

清水　私は一時ホテルのコンサルもやっていたので、デファクトの話はよくわかります。確かに、億単位の利益を稼いで株主に還元していくためには、デファクト以上のモデルが必要です。しかし、年間二〜三〇〇〇万円の儲けを出すだけなら、デファクトは関係ありません。オガールインは宿泊特化型、つまり部屋貸しがメインですから、小規模でもうまく経営が回せているんです。

小倉《こくら》家守プロジェクト

藻谷　北九州市小倉の家守プロジェクトも、注目を集めていますね。清水さんの本に載っている「家賃断層マップ」を見た瞬間、「やられた！」と思いました。全国の街中を歩きながら、「この道の先から急に空き店舗が多くなって人通りがなくなる」と漠然と感じていたことを、数字で明確に示しておられる。

清水　一続きの街並みの中で突然家賃が割安になっているエリアが、現代版家守の狙《ねら》い目となります。しかも、せいぜい半径二〇〇メートルぐらいのスモールエリアを狙う。よく地方都市の活性化プランで何百ヘクタールもエリア設定しているものがありますが、それではリアリティのあるまちづくりは出来ません。

小倉の場合、メインストリートの魚町銀天街の一本裏通りにある魚町サンロード商店街に家賃断層があり、いわゆる「駅前好立地」に比べ家賃が半額になっていました。そこで、リーディングプロジェクトとして、十数年使われていなかった二階建ての建

2005年に作成した小倉魚町周辺の「家賃断層マップ」。丸印のところは、路線価が周辺と比べて2段階ぐらい低いところ

物を「メルカート三番街」という店舗施設にリノベーションしました。照明デザイナーのオフィス兼ショールームや、昭和の食器を集めたレトロな食堂、地元クリエイターによるアクセサリーや雑貨のセレクトショップなどを入れて、若い人を商店街に呼び込んだのです。

藻谷　その通り！　膝《ひざ》を打ったのは、「街を〝消費〟だけの場ではなく、〝生産〟もする場に変えていく」というお話です。

清水　最初は「自分でものをつくる人なんて、この街にはほとんどいない」と言われました。ところが、「メルカート三番街」が出来たら、「自分もものづくりをやってみたい」という人が次々と出てきた。そこで、今度は魚町銀天街の空き店舗の二階フロアを借りて「ポポラート三番街」をオープンしました。

藻谷　実は、郊外の自宅の中で一人でこっそり手芸とかものづくりに勤《いそ》しんでいる人がたくさんいたわけですね。

清水　ただ、そういう一人一人が自立して店をやっていくのは、やっぱり大変です。だから家守の人たちが、「周りに声をかけて五人ぐらい集めなさい」とアドバイスするんです。五人いれば家賃が分担できるし、運営も各家庭の事情に合わせて遣り繰りできるようになるから、断然ラクになる。今「ポポラート三番街」では七〇人ぐらいの人たちが集まって、ものを作ったり売ったりしています。

藻谷　それぞれが自宅で作業をして、ネットでつながればいいじゃんという人がいるかもしれませんが、やっぱりオンサイトで集まる方が、クリエイティブな相乗効果が生まれやすいわけですね。

清水　それはもう集まってやった方が、どんどん生産性が良くなるし、セールスにもつながっていきますから。しかも、人が集まることによって、街が変わっていきます。魚町では近所に子供を預かる場所が出来た。本当は来街者のニーズを狙って作ったようですが、実際にはメルカートやポポラートで働く女性たちが子供を預けるようになった。さらには、どうせなら近くに引っ越したいという人も出てきて、近くにある空き物件の長屋や古いマンションをリノベーションして住もうという動きが生まれた。

藻谷　シェアハウスも出来たそうですね。赤の他人の若者同士がリビングなんかを共用して一緒に住むシェアハウス。まだ見たことがない人は、なかなか具体的なイメージがつかめないようですね。

清水　そうなんですよ。田舎だと、必ず「男女が一緒に住んで大丈夫なのか」と驚かれます。「いや、今の若い男子は昔と全然違うんですよ」と説明しても、なかなかわからない。この前、NHKの方が小倉に取材に来て、「へぇ、シェアハウスってこんな雰囲気なんだ」って感動していました。

藻谷　小倉家守プロジェクトが始まってまだ四〜五年ですが、ずいぶん街の雰囲気が変わったようですね。

清水　おかげさまで四〇〇名を超える雇用が生まれ、通行量も三年連続で増えています。確実に街が変わりつつある手応《てごた》えがあります。

リノベーションのコツ

藻谷　古い建物をリノベーションすると聞いて気になるのが、耐震問題です。古くてちょっと面白い建物って、たいてい建築基準法・消防法上はNGという物件で、建て替えなきゃいけなくなるケースが多い。でも建て替え資金は膨大だし、新築されるのは大概つまらない建物で、「場」が死んでしまう。

清水　これは経済合理性から考えていくことが重要です。

ゼネコンに相談すると、必ず建て直しを前提に話が進みます。でも、解体撤去・新築で投資を回収しようとすると、どうしても二〇〜四〇年の事業計画になってしまう。これは極めて投資効率が悪い話です。しかも、大型の再開発プロジェクトは共有部分が大きくなるので、その分利回りも悪くなる。本当は最初から不採算プロジェクトなのに、国の補助金をぶち込んで、何とか成り立っているように見せかけているのが実態です。はっきり言って、解体撤去・新築で事業が成り立つのは千代田区・中央区・港区のごく一部だけだと思います。

だから私はまず「リノベーションは最長五年以内で投資を回収できるかどうかで考えましょう」とオーナーに言います。内装や電気系統を改めるだけなら、大抵三年ぐらいで元が取れます。

藻谷　でも耐震補強が必要となる物件が多いですよね。よく「耐震補強は新築よりも金がかかるから、結局更地にして駐車場にした」なんて話を聞きますが。

清水　それは、建物の現状を変えないまま基礎部分から耐震補強をやろうとするからです。今は減築耐震補強という合理的な方法があります。たとえば古いペンシルビルだと、最上階にエレベーターの機械室が載っかっています。でも、今のエレベーターは機械室の無いものがほとんどですから、機械室のフロアを切り取ってしまえばいいんです。

藻谷　最上階の重しを取り除いてしまえば、耐震補強のコストは激減すると。

清水　どの程度減築すれば、エレベーターの入れ替えを含むコストが抑えられるのか、プロと一緒に厳密に詰めていく必要はありますが、極めて経済合理的な方法です。

藻谷　新築か駐車場かの二者択一ではなく、その中間で生き延びていく道がいろいろある。その方が街並みの記憶も残せるし、魅力的なまちづくりができるわけですね。

清水　あとリノベーションで大事なのは、なるべく壁を取っ払って、街に対してオープンな建物にすることです。

藻谷　そう言われれば、このアーツ千代田の建物も、隣の公園から自由に行き来できるようになっていますね。

清水　区と交渉して、中学校時代の外塀をぶち抜いて、テラス階段で公園とつなぎました。このオフィスもガラス張りで外から丸見えにしています。外の世界とオンサイトでつながっていないと、クリエイティビティが死んでしまうんです。

藻谷　それなのに、大手町あたりの新しい超高層オフィスビルは、何重にもセキュリティを設け、ガチガチに城塞化《じょうさい》しています。昔は自由に出入りできたのに。

清水　アンチ・クリエイティブ・オフィス。会社が滅びるワンステップです。

藻谷　かつて創造性に満ちていたフジテレビが苦戦しているのも、お台場移転のせいなのでは。新宿区の曙橋《あけぼのばし》にあった頃は近くに荒木町とか怪しい街があって、その刺激で面白い企画が生まれていた。日本テレビも汐留《しおどめ》というつまらない街に行きましたが、一歩出れば新橋だからまだマシです。

清水　お台場はあきまへん（笑）。

藻谷　逆に中央区の新川にある内田洋行の本社は、社長が旗を振って、社員以外の一般人も出入り自由という、画期的な完全オープンオフィスにしています。

清水　それはいい会社だ。それにひきかえ、東大はダメですね。本郷キャンパスに行くたびに、なんであんな塀で囲んでいるんだろうって、不思議に思います。実際は誰でも自由に出入りできる状態なのに、なぜか「関係者以外立ち入り禁止」なんて書いてあるし。あの外壁を取るだけで、本郷周辺はずいぶん豊かな街になるのに、本当にもったいない。

藻谷　「城塞化」が好きな人に共通するのは、「社会の安全」というものを甘く見ていることだと思うんです。自分の家だけ、高い壁を作ってガードマンを置いておけば、それで安全が守れると夢見ている。

　自分の庭先だけキレイに掃いて、外にゴミを撒《ま》いても知らんぷり。他の誰かが我慢してくれるだろう――このような考えの延長線上にイスラム国のような事件が起きてしまうのではないでしょうか。

清水　その通りだと思います。

藻谷　かつて都市プランナーの蓑原敬《みのはらけい》さんが千葉市美浜区の幕張ベイタウンに塀のない小学校を作った時も、地元の人から安全面での懸念《けねん》が出たと思うんです。でも、蓑原さんは最初から、「学校に塀を作らなきゃいけないようなら、それはまちづくりとして失敗なんだ。塀がなくても、周囲の人がお互いにちゃんと見守っていけるコミュニティを作らなきゃいけない」と考えていました。

清水　やはりリノベーションは街に対して「開いていく」ことが大切なんです。そして、実際に多くのスポットがどんどん開き始めていると感じます。

「地方消滅」の大誤解

藻谷　さてここで、日本における空き家問題のマクロ状況について、二〇一三年の住宅・土地統計調査の速報値に基づいて確認をしておきたいと思います。

まず全国の空き家率は一三・五％。つまり七〜八軒に一軒が空き家という由々《ゆゆ》しき状態です。しかし、より注目すべき数字は、東京都の空き家率が一一％もあるということです。つまり九軒に一軒が空き家ということだから、地方と大差がない。

清水　ああ、やっぱり。千代田・中央・港区などのごく一部を除けば、東京も地方都

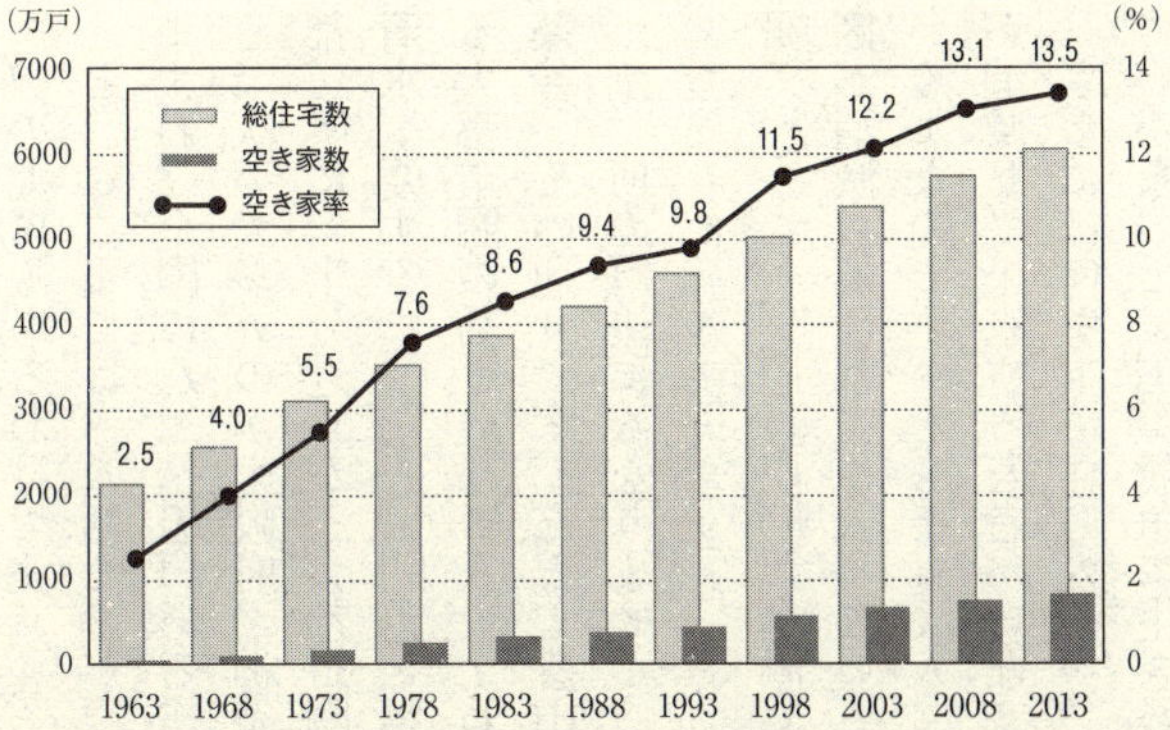

全国の総住宅数、空き家数および空き家率の推移

市のひとつに過ぎないというのは、私の実感とも重なります。

藻谷　この数字を見た瞬間に「東京はマンションの造りすぎだろ」とわかると思いますが、実際に空き家の内訳を見てみると、「賃貸・分譲用なのに空いている」物件が、東京都全体の住宅の九％もある。賃貸・分譲に出ている物件のうちの九％ではなく、全戸数に対しての九％です。

清水　そんなにあるんですか？

藻谷　過疎《かそ》地《ち》の県、たとえば島根県などでは、貸す気も売る気もない田舎の空き家が全住宅の九～一〇％あるけど、貸したり売ったりしたいのに空いている物件は全戸数の五％です。これが東京となると、市場に出しているのに住み手のいない物件が、全戸数の九%もあるわけです。

　と、ここまでは率の話ですが、絶対数を見たらどうなるか、もう容易に想像がつきますね。全国に八二〇万戸ある空き家のうち、なんと一割の八二万戸が東京都内にある。次いで多いのが大阪府、神奈川県、愛知県。日本の空き家の四分の一が首都圏一都三県に、半分近くが三大都市圏にあります。

清水　要するに、空き家問題というのは地方の話ではなく、むしろ東京をはじめとする大都市圏の話ということですね。

藻谷　その通りです。たとえ農山村の空き家をすべて潰《つぶ》しても、せいぜい全体の一〜二割。何の解決にもなりません。

　ちなみに「新書大賞2015」に選ばれた増田寛也《ひろや》氏編著の『地方消滅』(中公新書)のことを、田舎の問題を論じた本だと誤解している人が多いですが、東京の豊島区が消滅可能性都市に入っているように、あれは東京も含む日本全体の問題を論じている本なのです。そもそも大人二人から子供が一人しか生まれていない東京は、地方が消滅して上京する若者がいなくなったら、自分も消滅してしまう運命なのです。

　さらには何をトチ狂ったか、「農山村を潰して、日本全体をコンパクトシティ化していかないと、国際競争に生き残れない」などと言いだす輩《やから》まで現れて……。

清水　何ですか、それは（笑）。もう完全に認識が誤っていますね。そもそもコンパクトシティの意味がわかっていないんじゃないかな。

藻谷　そうなんです。一九八六年、日本で最初にコンパクトシティを提唱した佐々木誠造・前青森市長も、カンカンに怒っていました。「自分が言ったのは、中途半端《はんぱ》な郊外地域の拡大を抑えて、農村と都心を活《い》かそうという話なのに、なんで農村を潰すなんて方向が出てくるんだ！」って。

　コンパクトシティというのは、先ほど小倉の話で清水さんが指摘した通り、せいぜい五〇〇メートル四方の範囲の中にいろいろな都市機能が集積した、賑《にぎ》わいのあるヒューマンスケールの都心を作ろうということですよね。農地も山林もなく、かと言ってお店も出しにくい、個業の営めない都市近郊のスプロール化を止めようという問題意識です。農山村にもそれぞれコンパクトな中心集落はあっていいと思いますが、農村からの撤退などという話とは無関係です。

清水　本当に不思議な話ですね。さらに言えば、そもそも「消滅可能性都市」というのも、ちょっと短絡的な話だと僕は思います。

藻谷　おそらく増田さんたちは、余りに自治体に危機感がないので、ショック療法に出たのでしょう。実際に豊島区などは、いま猛烈な勢いで対策に動き出しましたから。

でも「ここから先は消滅」なんて線は本当は存在しない。今のペースで行けば、日本全体から子供がいなくなるのが七〜八〇年後。六四歳以下が消えるのが一〇〇年後。日本人自身が消滅しかかっている状況なのです。

清水　そうです。東京こそが消滅可能性都市だという話なら、とてもよくわかります。

藻谷　それなのに何を勘違いしたのか、「農村を切り捨てれば、東京だけは生き残れる」という妄想に浸る人が出てきた。要するに、肥大化した脳みそが、「年老いて身体《からだ》がうまく動かない。じゃあ身体を切り捨てて、脳みそだけで生き残ろう」って、首から下を切り離して、当然に即死してしまった、みたいな話です。

清水　ちょっと凄《すご》すぎる比喩《ひゆ》だけど（笑）、本当にその通りだと思います。

サステナブルな都市の条件

藻谷　言うまでもない話ですが、都市が都市として生きていくためには、周辺地域からのサポートが必要不可欠です。

清水　都市と言うのは、紀元前三〜四〇〇〇年にメソポタミアあたりで生まれています。一つの発明品として誕生したのではないかと思います。アラビア半島のイエメンあたりに行くと、都市の原形とおぼしきものが、ほぼそのままの形で残っています。山岳都市、城塞都市なんかは、常住しているのは最小規模で四〇〇人ぐらい。あとは周辺から訪れて来る人たちで構成されている。

藻谷　まさにコンパクトシティの原形ですね。現代の都市でも、コンパクトシティといえる部分に住んでいる人は、都市全体の人口の一割ぐらいですから。

清水　そして、その周辺にはカロリーとビタミンを供給してくれる農村地帯があり、さらには遊牧民が暮らせるかなり広い範囲の土地もある。なおかつ昔はエネルギー供給のための薪山《たきぎやま》も必要だった。だから我々が都市部だと思っているところだけが都市なのではなく、周囲の農村集落などと一体化したシステム全体を都市と呼ぶべきなんです。

藻谷　たまに、「いや、現代はカネさえあれば、農産物も水も外国から買えるから、周辺の農村は必要ない」と言い出す人がいる。ですが実際にそうやっているシンガポールを見て欲しいものです。今、シンガポールは出生率の低下と高齢者の激増に苦しんでいる。いくらお金があっても、都市生活に閉じ込められた人々は、子供を産まなくなってしまった。一生懸命移民を入れていますが、移民の出生率もすぐ地元民並みに下がる。国連経済社会局人口部の今後三〇年間の人口予測を見ますと、現役世代は横ばいで、高齢者だけが四倍に増えます。サステナブルな状況でないのは確かでしょう。

清水　そうですね。

藻谷　日本の都市も多くはもう限界です。都市部でもない、かと言って農村集落でもない、ただ寝に帰るだけの中途半端な郊外ベッドタウンが広がる一方で、都心はただひたすら労働するだけの牢獄《ろうごく》のような場所になってしまった。そして、週末は買い物をするだけの巨大モールに列をなす。人間をブロイラー化する都市構造が、生活を労働し消費するだけのものにしてしまい、家族とゆったり過ごす時間が失われ、それが少子化につながっている。

清水　そうやって大規模な機能分化をやると、都市の魅力が失われてしまうんです。旅行する人はわかると思いますが、「あっ、良い街だな」と思うのは、いろいろな機能が混在している街です。オフィスもあれば住居もある。生産活動と消費活動の両方が行われていて、どの時間帯でものんびり歩いている人がいる。そして、中心部に必ずリビング機能を持つ広場やストリートがある。

藻谷　住んだり、働いたり、食べたり、買い物したり、すべて歩いて動ける範囲内でやれる街……それって、まさに現代版家守が目指しているものですね。

全国を回っていると、たまに小さな集落なのに「あっ、ここには都市性があるな」と気付くことがあります。たとえば宮崎県のとんでもない山奥にある椎葉《しいば》村《そん》の中心部の上椎葉集落。集落自体には数百人ぐらいしか住んでいないと思いますが、お店や役場のあたりをぶらついている人がいて都市っぽい。小笠原諸島・父島の大村集落もそうです。一本しかない街路に少数ながらぶらぶら人が歩いていて、なぜか〝都市〟を感じる。

清水　それは、そこに住んでいる人が、企業や補助金にぶら下がらず、自立した生活を営んでいるからでしょう。前にも言いましたが、自立した人がどれだけいるかが、魅力的な都市の条件であり、サステナブルな都市の条件だと僕は考えています。だから家守でも、空き店舗にナショナルチェーンを入れたりはしない。チェーン店で働く人の割合を増やしても、街が面白くなるとは思えないから。潜在的に自立したいと考えている人に何かやってもらうことが、街の魅力を増やしていくことになると考えています。

地域で自立して生きる

藻谷　清水さんからすると、今の日本は自立して生きている人が少ないように見えますか？

清水　そうですね。東京は企業にぶら下がって生きている人があまりに多いし、地方にはいまだに補助金で生きていけると思い込んでいる人がたくさんいます。

藻谷　私自身、日本政策投資銀行に二三年間も在籍して――まあ最後の一〇年ぐらいはほとんど席にいない状態でしたが――周りを見ていると、皆が「組織にしがみつかなければ食べていけない」と思いつめている感じでしたね。会社を辞めて食べていくためには、何かすごい能力が必要なんじゃないかと信じ込んでいる。

清水　実際は全然そんなことないのに（笑）。僕は人間が生まれながらに持っている権利に「営業生活権」というものがあると思っているんです。

藻谷　それはいわゆる生業権みたいなものですか？

清水　関東大震災からの復興の際に、東京商科大学（現・一橋大学）の福田徳三という経済学者が唱えた概念です。

当時、帝都復興院総裁の後藤新平は、インフラ投資で機能分化した都市を築くのが復興だと考えた。郊外に住宅地を造って、道路や鉄道を引いて、都心にビルを建てて、大企業が人々に仕事を用意してやればよいと考えたわけです。
これに対して福田は、「人間には自分で営業をして生活を営む権利があるはずだ」と反対しました。僕はこの考えにとても共感しています。だから東日本大震災の時も、「営業生活権の復活こそが復興だ」と言って回りました。

藻谷　なんで日本では、営業生活権を捨てて、大企業の部品になるしかないと勘違いする人が多いのでしょうか？

清水　わかりませんが、おそらく明治以降の国策として、組織の中でよく働く人間を育成することに一生懸命になった結果じゃないでしょうか。国の教育方針に問題があると感じています。

藻谷　それで思い出しましたが、秋田県は、大潟村という一村を除く全自治体が、消滅可能性地域とされているんです。なぜだろうって考えるに、秋田県は全国学力テストの点が一番高いということが関係していると。教育が、そうやって間違った方向にエネルギーを注いでいるから……。

清水　「学力テストの点数が良かったら、これからの時代を生き抜いていけるか」という命題を立ててみれば、いかにナンセンスなことをやっているか簡単にわかるはずなのに。完全に時代の真逆を行ってしまっていますね。

藻谷　その通りですが、その秋田には全国の学校関係者の視察が引きも切らずという状態です。日本中がレミングみたいに自滅の方向に大驀進《だいばくしん》している。

清水　いま僕らは時代の変化の真っただ中に入っているので、教育も自立した人間を育てる方向にシフトしていかなければならない。逆にそれさえやれば、持続可能な地域社会なんて割と簡単に実現するんじゃないかと思っています。

藻谷　その秋田県内で、唯一《ゆいいつ》消滅しないという大潟村ですが、国営の大規模干拓事業でできた純農村ですから、さぞかし組織計画型の運営をしているんだろうと思いますが、これが大違い。最初の干拓だけは国が組織的・計画的にやったのですが、その後は入植した個々人が、各自トライ&エラーを繰り返して生き延びてきている。いわゆる「デザイン思考」の村なんです。三〇〇〇人くらいしか住んでいないのに、みんな意外に自分流で生きていて、でも何かあると全員が集まって侃々諤々《かんかんがくがく》と議論をして決めてきた、という魅力的な村（笑）。

清水　オガールのある紫波町も、消滅可能性都市に入っていない。学力テストの点数は知らないけど、とにかく勉強よりスポーツが盛んな街であることは確かです。

僕は家守塾で若い人たちを教えていますが、やっぱり体育会系の人の方が伸びる。僕の講義を聴いて、「それは突き詰めるとどういうことでしょうか？」とか言い始める人は、見事なくらい役に立たない（笑）。ちょっと話を聞いただけで「わかりました〜！」とか言って、いきなり行動するタイプが活躍する。オガールプラザの岡崎くんは、まさにそのタイプで、講義をした数カ月後にいきなり「家守の会社を作ってみました」って電話してきて、そこからすべてが始まったんです。

藻谷　岡崎さんはもともと家業の後継者ですから、営業生活権の行使が当たり前なんでしょうね。三世代ぐらいサラリーマン文化に染まると、もうそういう感覚自体が失われてしまう気がします。

清水　日本をもっと面白い国にするために、ぜひ多くの人に営業生活権を取り戻す生き方を、選択して欲しいと願っています。

第二部　いまこそ第一次産業を再考する

第六章　「農業」再生の鍵《かぎ》は技能にあり

――神門善久（農業経済学者）

神門善久（ごうど・よしひさ）
1962年、島根県生まれ。明治学院大学経済学部教授。京都大学農学研究科博士課程中退。著書に『日本の食と農』『日本農業への正しい絶望法』など。

昨日までの私を含め何と多くの人が誤っていることだろうか。神門善久氏とのこの対談で、初めて農業の本質に触れた。

本質① 農業も他の産業と同じだ。プロとして生産技能を研鑽《けんさん》しなくては、世界に伍《ご》す競争力は得られない。

本質② 農業は他の産業とは違う。多様な気候・地形・地質に応じ、面積当たり均等に降り注ぐ太陽エネルギーを最大限活用して、健康な生き物を育てるためのノウハウは、農地ごとに個別であり、規模の利益は働かない。

①を踏まえない安易な新規就農促進、加工品シフト、輸出促進は補助金の無駄遣いに終わる。②を踏まえない安易な規模拡大や異業種からの参入は、化石燃料消費を増やすだけだ。誤った実践の蔓延《まんえん》が、氏を日本農業に対して「正しく絶望」させている。

だが私は、その後に各地で気付くようになった。真剣に農地に向き合う人は皆、同じ本質を土から教わっているということに。神門氏も本当は気付いているだろう、大地ある限り、日本農業にまだ希望はあると。

——藻谷浩介

農業とはなにか

藻谷　二〇一三年五月、安倍首相は、アベノミクスの成長戦略第三弾として、「農業の構造改革」を打ち出しました。

そこで提示されたのは、次のような目標です。「農産物・食品の輸出額を倍増させる」「農業の生産だけでなく加工、流通までを担《にな》ういわゆる六次産業化を推し進めて、現在一兆円の市場を今後一〇年間で一〇兆円規模に拡大する」「農業、農村全体の所得を今後一〇年間で倍増させる」「農地の大規模化に向けて、分散した農地を集めて管理する『農地中間管理機構（仮称、農地集積バンク）』を都道府県ごとに設置し、まとまった広さの農地にした上で、農業法人などに貸し出す仕組みを創設する」……。

『日本農業への正しい絶望法』（新潮新書）をお書きになった神門先生からすれば、いずれもピントがずれた話なのでしょうか。

神門　皮肉な言い方をすれば、ピントがずれた方向で大成功すると思いますね。政府は補助金をガンガン投入するでしょうから、見かけ上はちゃんと営農規模も拡大し、農村所得も増えるでしょう。ただし、潤沢な補助金によって生きながらえているゾンビのような農業や六次産業化に人々が群がるだけです。

藻谷　逆に言えば、補助金がなくなると死ぬ農業になっていく。

神門　そうです。僕の父親は腎臓病《じんぞうびょう》だったのでこういう表現はあまりしたくないんですが、もう農業は人工透析状態です。加工や宣伝で粉飾したり、国の補助事業に乗ったりして見かけを繕っていますが、肝心の耕作技能が失われ、ハリボテ状態です。「有機栽培」とか「こだわり」だとか、能書きばかりが立派で、それに見合う技能がないものだから、栄養価も食味も低下し、自然環境にも悪いのに、消費者がそれに気づこうとしない。ＯＥＣＤ推計によれば、今、既に日本の農業保護額は四兆円規模、国民に対して農業の付加価値が三兆円規模なので、数字上は農業がなくなったほうが、国民所得が増える計算です。

でもおそらく、この政府方針を見ていると、ハリボテであれゾンビであれ、とにかく農業生産さえしていればいい、それで食料自給率が維持出来れば満足、という状況が、今後も続いていくでしょう。

藻谷　「この政策を実行すれば、補助金投入額を付加価値が上回るようになる」と言うのでしょうが、仮にそういうことができれば、日本農業はハリボテではない、ということになるのでしょうか。

神門　ハリボテ農業というのは、「かけたお金が生んだお金より少ない」というような、お金の収支の話だけでそう言っているのではありません。農業というのは、一言でいってしまえば、「今降り注いでいる太陽エネルギーを、いかに効率的に生物エネルギーに変えるか」という技能なのです。用水も堆肥《たいひ》も、畜産の飼料も、結局は太陽エネルギー由来のものですからね。これがうまくできれば、環境保護的においしくて栄養価も高い健康な農産物を継続して育てることができます。そういう技能を先人たちがはぐくんできました。

ところがその技能を退化させ、枯渇《こかつ》性資源の化石燃料に頼ったり、「能書き」や加工などで粉飾したりしても、動植物は健康に育たず、環境破壊的で食生活の改善にも資しません。つまり、農業の本来の良さを忘れたハリボテです。

藻谷　なるほど。今、伺っていて目から鱗《うろこ》が落ちました。つまり、農業の基本というのは今ある自然エネルギーを使って生きものを育てることなので、市場経済で使うお金の物差し以前に、「いかに効率的に太陽エネルギーを使うか」という、お金の収支に換算できない物差しがあるわけですね。化石燃料を濫費《らんぴ》した農産物は、いかに高く売れて採算が取れたとしても、ハリボテだと。いやはや、私のような門外漢は、農業も他の産業との類推で考えてしまっていて、そういう一番の基本が見えていませんでした。

神門　技能を失い、自然エネルギーを有効に使えない農業生産をいくらしても、社会の利益には逆行します。

藻谷　ところが特に都市住民の間には、農業は聖なるもので、食料自給率は高いほどいい、補助金を入れて農業を維持するのもやむをえないという空気がありますよね。

神門　だから、都市選出の政治家も、党派に関係なく、「農業は成長産業です。私は日本の農業を守ります」と主張するんです。そうすれば都市住民も応援してくれる。皆がそれで陶酔するのです。

藻谷　それは農業のすごく特殊なところですよね。たとえば仮に地域の観光振興をやりたいと言っても、普通は簡単には補助金なんか下りませんよ。しかも、自由化だ、小さい政府だと言っているこのご時世に、農業だけにはお金をつぎ込んでいいという風潮は、欧米も同様です。

神門　ヨーロッパでもアメリカでも、農民は政治家にとっては手なずけやすい人たちで、直接的であれ間接的であれ、どんどん補助金漬けで農場を運営させるという構造ができやすいのです。

ただ、彼らは日本よりもしたたかで、たとえばGMO（遺伝子組み換え）の開発技術はモンサントやカーギルといったアメリカの大資本がしっかり握っている。オランダも生物農薬を握っています。そういうものがない日本が欧米と同じような農業に走っても、ますますゾンビ化、ハリボテ化が進行するだけです。

藻谷　カーギルから種を買い、オランダから農薬を買って、それをとりあえず日本でつくっています、というふうになりかねないということですね。

神門　ええ。欧米で行われているのは、作業内容が定型化された「マニュアル依存型農業」です。欧米は地形や気候が単純なので、大規模化もマニュアル化もしやすく、日本が同じことをやっても勝ち目がない。日本のような国土では本来、農地の状態次第で臨機応変に作業内容を変えて太陽エネルギーの利用効率を最大化する、「技能集約型農業」を目指すべきなんです。マニュアル依存型農業に必要とされるのは、定型化可能な「技術」ですが、技能集約型農業に必要なのは、定型化困難で科学的知識と経験知によって培《つちか》われる「技能」です。たとえば、いつも同じ手順でパック寿司《ずし》を作るパートさんに必要なのは「技術」で、入ってきた魚や客の様子に合わせ、ベストな寿司を握る鮨《すし》屋の職人さんに必要なのが「技能」と言えばわかりやすいでしょうか。実は日本ほど、耕作の「技能」を高めるのに適したところはないはずなんです。高温多湿で堆肥の技術が発達しているほか、水系ごとにコンパクトに集落が形成されているので、農作物に影響を与える様々な要素について、総合的な経験知が培われやすい。しかも、国土にバラエティがあり、わずかな経度・緯度の差でも気候や地質に違いができるので、それぞれの土地に特化した技能が生まれ、その技能同士のこすりあいが、さらなる技能の向上を生みます。加えて、経済水準も高く、教育も普及しているから、農業に必要な科学的知識も身につけやすい。

藻谷　日本特有の国土条件が、独自の農業技能の向上という意味では恵まれた環境を用意してくれている。だのにアメリカ、ヨーロッパと同じ方向へ突き進んでいってしまっている。これほどもったいないことはないですね。

農業問題の東京化現象

神門　僕は、震災以前からいちご栽培がさかんだった宮城県山元町にも行きますが、あそこの震災前・震災後を比較すると、非常に皮肉な意味で、今の農業の変化をよく体現しているように思います。
そもそも、いちごというのは、ヨーロッパの風土に合った作物で、冷涼で水はけがいいところを好むので、日本の風土にはあまり合わないものなんです。
藻谷　それを無理矢理つくっていたということですか。
神門　いえ、その逆です。山元町は稀有《けう》な例で、偶然にもいちご栽培の適地だったんです。あそこは親潮が風を引っ張ってきて、北から冷涼な風が吹いてくる。僕が二月に行ったときは気温がマイナス一〇度ぐらいまで下がり、チアノーゼを起こして震えがとまらなくなりました。しかも、砂地地帯ですから水がよく落ちる。さらに、東京にもそこそこ近いという地の利もあって、いちご栽培が広がっていった。まさに風土、場所という好条件が三拍子揃《そろ》った産地だったわけです。
しかし、本当に無念なことに、その多くが津波で流されてしまった。その跡地には、今、いちご栽培の復活を謳《うた》って、オランダ式のハイテク農業が導入されています。復興資金も使ってつくられた、水耕栽培の巨大施設です。
藻谷　IT技術を駆使して施設内の環境を一定に保つという、化石燃料消費型の植物工場ですね。つまり、せっかくの風土の利とは無関係に変えてしまったと。
神門　ええ。まさにマニュアル依存型農業です。もちろん、植物工場を一概に否定する気は全くありません。山元町でそれを推進する人たちは、非常に善良で一生懸命で、なんとか地域を復興させたい、雇用を生み出したいという一心で、実に真面目《まじめ》にやっておられる。

ただ一方で、雇用一つとっても、以前は山元町という地域の特色が生かされた雇用だったのが、復興資金というカネに引っ張られた雇用になってしまった。

藻谷　それは、六次産業化を推し進めた結果、原材料をよそから引っ張ってくるようになったという本末転倒なことが起こっている話と似ていますね。つまり、その土地独自の産業だったものが、ハコごと移動させればどこでもできるという話に変わりつつあるという。まるで、日本発の独自技術だったはずのカラー液晶が、大資本さえあれば韓国や中国でも作れるようになったのと同じです。

神門　そうです。六次産業化だとか、大規模化だとか、そういうキャッチコピーが頻繁に使われるようになったのは、農業問題の東京化現象とでも呼ぶべきものだと僕は思っています。つまり、具体的な地域の現状や環境、動植物の生産状況の話というのが抜け落ちて、都会の人間がイメージをもとに机上で組み立てた議論になってしまっているんです。

藻谷　それは養老孟司氏が指摘された「脳化」現象の一つでもあるのかもしれません。

東京は日本の脳味噌《のうみそ》です。その妄想する脳味噌だけやたらでかくなって、手足は自分の思い通りに動くと思っている。脳＝東京が妄想して、勝手な陣頭指揮をとり、体＝地方の現実の方が思いどおりに動かないと怒りだす。

神門　いや、むしろ現実にはもう興味を失っているんだと思います。農業に関して空理空論を話す人たちは皆、どこか楽しそうじゃないですか。

藻谷　現実と言えば、私は大規模化して海外品と低価格競争というのには賛成しませんが、六次産業化は空理空論ではなく地域振興のための手段として必要だと思っています。大量生産のために外から原材料を買ってきて加工するという「六次産業化」は論外ですが、地元産にこだわった加工品生産は、付加価値と雇用を増やす決め手でしょう。各地に成功事例も多いですよね。

たとえば、私は島根県出雲《いずも》市平田の生姜糖《しょうがとう》を愛好しているんですが、これは地元の出西《しゅっさい》生姜を使った手づくりの生姜糖です。他所《よそ》にはない辛さの生姜と砂糖以外、余計な添加物が入っていない。あれが僕の六次産業のイメージなんです。

神門　おっしゃることはよくわかります。同じ島根県の雲南市にある「吉田ふるさと村」も、地元産の農作物を自分たちで加工して売り出し、成功している例のひとつですよね。あそこはもともと、何とか地元にお金を落とし、雇用を生まなければいけないという理念でつくられた会社ですから、とことん地元産を貫いていて、売り出した「卵かけご飯専用醤油《しょうゆ》」が全国的に大ヒットしたときも、地元の醤油屋のキャパに合わせたものしかつくらない。何とか地元にお金が落ちる仕組みを作ろうという、その発想自体を否定する気はないんです。

ただ、農業のあり方という視点から考えたときには、もっと、「農業でなければできないこと」をやるべきだと思うんです。

藻谷 売り方に関する議論ばかり先行することによって、肝心の「よい農作物を育てる」という農業の基本が疎《おろそ》かになるリスクがある、ということですか。

神門 それもありますし、さらに言えば、付加価値をつけて価格を上げることより前に、農業では本来、腕のいい農家ほどコストを下げられる、という大原則をまず考えるべきだと思うんです。

いい農家は、無料の太陽光線を上手に使うことができるので、結果的にいいものが安くできて、高く売れる。しかも、安いコストでやっていければ、天候による不作など多少の嫌なことが起きても、あまり打撃を受けずに済みます。

反対に、話題性とか目新しさとかでパッと売るだけの農業は、ブームが終わってしまったらあっという間に耐えられなくなります。「六次産業化」にも、まさにこうした危険性がある。この言葉が使われるようになる以前から、コツコツとやる人はやっていたわけで、それにスローガンをつけてしまうことで、ブローカーのような人たちが群がってきて、かえってマイナスになる可能性があります。自然にやっていればいいものを、わざわざ小難しくする必要はないはずです。

藻谷　地域にとって高く売るのは大事でも、中身のない高値商売はかえって地域をダメにすると。反省させられますね。

神門　さらに、水や太陽光線や土壌というその土地独自のものを上手に使う試行錯誤の中で、「この土地のことをもっと知りたい」という、地元愛も生まれます。

藻谷　それこそが、土地土地の条件に合わせた技能集約型の農業を生むと。

神門　ええ。ちょっと大げさな言い方になりますが、運慶、快慶が木の声を聞いて仏を彫ったという話と同じで、いい農業をやるには、土や植物や動物がどうしてくれと言っているのか、それが聞こえてくるようにならないといけないんです。そういう感覚を持っていることは、技能集約型農業をする上では不可欠です。しかもその上で、今はどんどん新たな品種や流通技術なども出てきているので、それに合わせて生産を調整していくために、相当な科学知識も必要です。

就農者の条件

神門　僕は新規就農者の支援もしているんですが、この人は支援できるかどうかを見極める際には四つの条件があります。一つめは、単純なんですが、やはり肉体的な強靭《きょうじん》さ。

藻谷　神門先生ご自身はいかがですか。

神門　僕は学生時代に全国の農場や牧場に行ったことがあるんですが、十勝の牧場へ行ったときなんか、僕のミスで一カ月の間に牛が二頭死んじゃいましてね。その横で僕自身の体力も使い果たして、鼻血が止まらなくなりました。

藻谷　いかに大変かということを身をもって知られたわけですね（笑）。

神門　まあ、でもおかげで、僕は農業はできません、頭でっかちの尻茶釜《しりちゃがま》ですと開き直って言えるようになりました。その牧場のオーナーさんにはいまだに悪いことをしたと思ってますけど。

藻谷　他の三つの条件はなんですか。

神門　先ほど挙げたとおり、動植物の声が聞けること、かつ科学的な思考ができること。そして四番目に挨拶《あいさつ》ができる、つまり周りの人とのコミュニケーションがとれること。この四つの条件が合う人は惜しまず応援しようと決めています。

藻谷　でも、四つの条件をクリアするのはかなり狭き門のような気がするのですが、いかがですか。たまたま恵まれた能力が備わっている人が、さらに修業をして、それぞれに高度な技能集約型農業をやっていける可能性というのは、どれくらいあるのでしょうか。

神門　僕は、結構可能性はあるんじゃないかと思っています。

一つには外国人、特に日常的に動植物と触れ合って育っている発展途上国の人々をもっと積極的に受け入れたらどうか、ということがあります。今は田舎の方が国際結婚の割合は高くなっていますし、地方では働き手がいなくて、外国人を受け入れているところも増えてきているので、だったら開き直って、外から入れてきたらいいという考え方はできると思います。

藻谷　日本で働く途上国の人というと、従業員としてマニュアル化された低賃金労働というイメージですが、おっしゃっているのは自営する外国人ですよね。

神門　ええ。さらに言えば、日本人にも実は適合する人は結構いるんじゃないかという気はしているんです。たとえば、もともとサッカーや野球をやっていたわんぱく少年少女で、スポーツを職業にすることを目指していたけれど、それが駄目だったので行く場所がないという人。実際、僕の知り合いにも、野球をやっていて農業に転身したという若者がいます。

藻谷 なるほど。身体感覚の優れた人は農作物の声も聞けるということですか。

神門 ええ。外国の方は、いずれ国に帰ってもいいし。コツさえ摑《つか》めれば、場所が変わっても何とかなるんですよ。可能性は結構あるので、僕は技能集約型農業を目指す若者は自然に生まれてくると思っているんです。

ただ、新規就農者を無理矢理に増やすのでは意味がありません。二〇一二年、農林水産省が新設した若者向け新規就農者支援事業では、新規就農者に「青年就農給付金」として年間一五〇万円が支援されることになりました。これでは、最初から「独り立ちする必要はありません」と教え込んでいるようなものです。さらに、この補助金を狙《ねら》った貧困ビジネスも出てきました。

藻谷 当然出るでしょうね。考えてみると、今、農業従事者って医療福祉従事者の三分の一くらいなんですよね。医療福祉の分野は以前から人手不足が叫ばれていて、多くの従事者は過重労働で、しかも世間で思われている以上に給料は安い。今後、人口は減っても高齢者の数は減らないので、需要もたぶん向こう五〇年くらい変わらないと見られていますが、補助金なんて影も形もない。もちろんそんなものは安易に導入するべきではないと思いますが。

ただ面白いのは、それほど人手不足に喘《あえ》いでいる福祉に補助金を導入するというと国民は怒るけれど、農業だと怒らないということですね。

神門　ここでも農業はイメージの世界で議論されていて、イメージであり続ける方が、国民は愉悦するんです。山が荒れているとか、品質のよくない野菜ばかり増えているとか、リアルな話になってしまうと聞きたくない。だからこそ、意識してかせずか、イメージをより膨らませる大衆迎合的な方向に、学者も、政治家も、マスコミも寄り添っているんです。そこでは「自然に囲まれた人間らしい生活」「農業こそ成長産業」「おしゃれでエコな有機栽培」といった、若者を呼び寄せる美辞麗句がちりばめられている。

藻谷　しかし、今の状況だと、「若者は田舎に行って農業をしよう」と言った瞬間、「もっと補助金を使おう」と言っているのと同じことになってしまうわけですね。

土地所有者の横暴

神門　それだけではありません。今、農村では、よく言われている高齢化よりも、若者の使い捨ての方がはるかに問題なんです。本にも書きましたが、高齢者が若者を平然と使い捨てている。日本では土地所有者が絶対的な権力を持っているから、そういうことができてしまうんです。

藻谷　三年かけていい土をつくらせておいて、期限がきたら追い払うというやつですね。あれ、ひどい話ですね。

神門　もっとひどいケースもあって、僕は自殺までいったケースも知っています。学生を教えている身としては、本当に胸が痛いんです。

藻谷　まいったな。私が現にやっているように、若者のUターンやIターンを推奨することは、満州開拓をあおった張本人みたいな話になりかねないわけですね。気づいていなかった自分が怖いです。今後、気をつけなきゃいけないですね。

神門　何で皆、無責任に若者の就農を褒めそやすのか。使い捨てられていく若者を増やすだけじゃないかと思うと、本当に悲しいというか、悔しいというか。

藻谷　でも、幸運にもいい土地所有者にめぐりあって、いい農業をできるというケースはないんですか。

神門　それがほとんど絶滅状態なんです。ちょっとでもよさそうな人がいると、マスコミなり、大学の先生なりがすぐ食いついて褒めそやすので、彼らは天狗《てんぐ》になって、逆に芽を摘まれてしまうんですよ。

藻谷　なるほど。ではたとえば、都会でコンビニのバイトをやっていて、結婚もままならない暮しをしている若い人が、田舎に移住して農作業をしながら、合わせ技で土木作業員や公務員の手伝いをやって、結婚して子どもを生む——というようなケースは、いかがでしょうか。

というのも、これは農業という観点からみればあまりよくないのかもしれませんが、地域振興という観点からみれば是かなと私には思えるんです。意味もなく東京でふらふらと暮らしている人たちを田舎に帰して、根づける人は根づいてもらった方が、お互いに利するところがあるのではないか、と。

神門　僕はやはり、誰にでも農業をやらせるというのは見当違いかなという気がしますね。

都会育ちの人間で、草の声も虫の声も聞けない人間が農業をやるというのは、なかなかうまくいかないものなんです。

藻谷　ある程度の年齢になってしまうと、もう後からの習得は無理なんですか。

神門　当たり前ですが、ただ好きだからできるというものではありません。僕も子ど

も の頃は、雲を見たらだいたい何時間後に雨が降るか、わかりましたからね。そういう感覚が培われていることが必要だと思います。

もちろん、趣味や道楽でやる農業なら、そこまでのものは求められないし、周りの農家に迷惑をかけるようなことをしなければ、趣味的農業はありだと思います。

藻谷　そういうのは、一定の範囲であれば、勝手にやれということですね。

神門　ええ。たとえば北海道のラベンダー畑をつくった人もたぶん道楽に近い。でもそれがたまたま成功することもあるから、それはそれでいいんです。ただ、そのときは土地利用のルールだけはしっかり守りましょう、と。

藻谷　ご著書の中で度々、農地の利用規制の有名無実化を指摘されてらっしゃいましたが、私も、日本の土地規制は先進国で一番緩いのではないかと思っています。そもそも日本では、「用途規制は自由経済を標榜《ひょうぼう》する英米でも当たり前にやっている」という事実の認識がなくて、土地所有者の権限が絶対視されている。大化の改新の公地公民制が墾田永年私財法で早くも骨抜きになったように、日本では土地所有権に敵対した政権は長続きしないという、恐ろしい歴史があります。

神門　僕が初の単著『日本の食と農』（NTT出版）を書いた七年前と比べて、状況はより悪化していると思います。節税や転用など、非営農目的での農地保有が蔓延し、誰も責任をとらない状態になっている。今、農地の二割くらいは、非農家が所有しているはずです。農業というのは、いくら当人が一生懸命打ち込んでいても、近隣の土地で雑草や害虫を野放しにするなどの不適切な利用があれば、その煽《あお》りを喰らってすべて無駄になってしまう可能性を孕《はら》んでいるので、この耕作放棄地の増大は非常に深刻な問題です。

藻谷　市街地にも、耕作放棄地とまったく同じ問題があるのはご存知ですか。

神門　空家の問題ですか。

藻谷　ええ。田舎だけでなく、都会にも、ごみだらけの廃屋があったりします。このように、片ややる気ゼロで、できるはずの土地利用をやらない人がいる。一方で、逆のパターンとして、本来、こんな土地利用をしてもしょうがないという方向に強欲を張って、農業適地にショッピングセンターとかをどんどん作って、地域の景観を荒らす人もいる。その両極端が目立って、まともな土地利用をする人はほとんどいません。根はすべて同じ、所有権絶対という伝統だと思います。

神門　都市部でも建築基準法違反や都市計画法違反は常態化していて、農地・非農地を問わず、土地利用は無秩序化していますよね。安倍政権が今回打ち出した「農地集積バンク」のような仕組みは、実は以前から既にあって、屋上屋なのです。そもそも、違法行為の横行が黙認されていては、どんな制度も機能しません。

それよりも、まず、農地基本台帳を整理して、そういう違反を徹底的に洗い出す「平成検地」のような作業があってこそ、農業再生のスタートになります。

消費者の舌の愚鈍化

藻谷　私は、いろんな地域を見てきた中で、農業にも工業と同じ問題があるのではないかと考えていたんです。つまり、作り手の事情を優先させ、「いいものを作れば売れる」という、いわゆるプロダクトアウトになり過ぎていて、顧客のニーズを汲《く》み取るマーケットインの視点がまったくないのではないか、と。

しかし、お話を伺っていて、その発想の限界に気付きました。農業は、そもそも自然から与えられた太陽光や水、地力を使っているし、しかもその土地その土地によって条件が違うという制約の中でやらなければいけない。となれば、その条件にあったものをまずはプロダクトアウトで作っていかないと、そもそもちゃんとしたものが作れない。

神門　そうです。それで生物として順調に発育させることができれば、作物としても美味《おい》しいし、栄養もあるし、環境にもいいんです。

藻谷　だからサステナブルでもあると。プロダクトアウトで持続可能な産業であることがすごく重要なんですね。その上で地域振興のためには、できた品を加工などして高く売れればいいわけですが。

神門　ですが、目先の利益だけに囚《とら》われると、たとえば宣伝で売ってしまえばいいだとか、ブームで売ってしまえばいいとかいう話になってしまう。

それからもう一つ怖いのは、資源収奪という手もあるんですよね。大規模農業がうまくいくケースは、だいたいこの資源収奪になってしまっているんです。

農業の良し悪《あ》しは、基本的に太陽光線をいかに有効に使うかなので、そこで規模の経済が働く要素というのは、本来非常に少ないわけです。

藻谷　つまり単位面積当たりの太陽光は同じだから、ということですね。それは面白いですよね。ご著書に登場する名人農家のように超小規模農家を営んでいても、太陽光の利用の仕方がうまければ、多くの利益が出ると。農業というのはそういう意味では本質的に、規模の経済の原理や、安直な経済成長志向から出てこない、全く違う原理を含んでいるということですね。

神門　ただ、規模の経済が発生する可能性はあって、地力収奪もそのひとつです。農薬で殺菌するときには、ちまちまと殺菌するよりも、まとまった面積を一気に殺菌してしまった方が効率がいい。そこには規模の経済は働きます。しかしそれによって、土の力を消耗させてしまう。

本当は、虫が羽化する直前、卵がかえる直前のタイミングを見極められる技能があれば、その瞬間にお湯をぶっかけるだけで殺せるんですよ。もっともこれは、小規模農家でなければできないことですが。

藻谷　ある一瞬を見極めることで、力を使わずに相手が吹っ飛んでいく、合気道みたいなやり方ですか。

対して規模の経済を導入した大規模農園では化石燃料ばかり消費し、農薬のばら撒《ま》きで土地が傷《いた》む危険性があると。でも、そうやって天狗になって地力収奪などをしていると、農業の場合、大地から仕返しされるのではないですか。

神門　それが今、覆《おお》い隠されるようになってしまったんです。確実に味も栄養も落ちてしまって見た目も貧相な農作物しかとれなくなっていても、同時に消費者の舌も愚鈍化しているので、「地産地消ですばらしい」などと言って、その事実だけで持て囃《はや》される。

藻谷　まずいのに行列ができる店が東京にはありますが、農業でも同じことが起きているということですか。

神門　能書きに騙《だま》される消費者が多すぎるので、農家は耕作技能を磨く意欲を失うのです。耕作技能劣化の元凶をたどると、農地の乱れという農家から見て川上の問題に加え、消費者の愚鈍化という川下の問題にも行きつきます。

内向きの輸出政策

藻谷　農産物の輸出はどうでしょうか。

国の政策の背後には、「日本産はブランド価値が高いので、海外で売れるだろう」という思い込みがあるようにも見えますが、工業製品であれば当たり前の、クオリティコントロールの話が抜けています。

高品質を売りにアジア市場を開拓してきた青森りんごも、クオリティコントロールがなく粗悪品を売る業者を規制できなかったことからブランドが損なわれ、最近は輸出額が落ちています。同じことはどの分野でも起こりえますよね。

神門　いくら「攻めの農業」や「輸出振興」を唱えても、実態は完全に内向きの政策になってしまっていると思います。「日本産=海外で人気」というのも完全な思い込みですよね。

二〇一三年五月、香港《ホンコン》で行われた「HOFEX」というアジア最大級の食の見本市に行ってきたのですが、その日本セクションたるや貧相でした。まず、規模が台湾セクション、韓国セクションと比べても極端に小さくて、展示ブースはあちらこちらにJETRO（日本貿易振興機構）のロゴ入りです。要するに、JETROの補助金で来ているんですね。

藻谷　JETROは普通は工業製品を扱っている団体ですよね。農業のことをちゃんとわかってやっているんですか。

神門　いや、それが、展示といっても米もお茶もアピールしていなかったんです。

藻谷　えっ。では一体何を？

神門　お菓子とか海産物とか。日本セクションの一番目立つところはなぜか焼きそばの実演でした。一体このブースで何を表現したいのか、全くわからなかった。さらに、「味見をしたい方はお気軽にお声をおかけください」という日本語の案内板を出しているのには愕然《がくぜん》としました。

藻谷　中国語も英語もなしですか。それは困った話ですね。クオリティコントロール云々《うんぬん》の問題以前に、そもそも国内向けに勇ましいことを言ってるだけで、海外の現場ではやる気が見えないと。

神門　根本的な問題として、海外で継続的にものを売ることのむずかしさを知ろうとしない。貿易に本気さが感じられない。これは藻谷さんの方がお詳しいと思うんですが、貿易商たちの信用のつくり方ってすごいじゃないですか。一晩中飲み明かして、一時間だけ寝て、そのあとまた声がガラガラになりながら次の商談をして……という世界。

藻谷　おっしゃるとおりです。きちんと流通チャネルを押さえていないと、商品を置く棚がそもそもない。それに、ご指摘のとおり、日本人が思っているほど、海外の人が日本の農産物を高く評価してくれているわけではないですよね。まずいと思っているわけでもないと思いますが、「美味しい農作物なら日本」というようなブランドには到底なっていない。

ただ、中には、やはりクオリティがよくてちゃんと売れているものもあるのではと思うのですが、いかがですか。

神門　和牛はそこそこいけると思います。本当に宝石みたいな肉があるので、舌が肥えている人が贅沢《ぜいたく》な食事をしたいというときに、日本の和牛を選択するというのはあり得ます。いい農家さんだったら、量は少なくてもかなり安定的に出ますし。

藻谷　香港では佐賀牛が売れていると聞きます。ただ、既に自助努力で売れているものはともかく、今まで認知されていないものが、政府のプッシュでいきなり売れるというのは考えにくいですね。

神門　だから補助金で無理やりやるということでしょうね。

輸出振興というのは、「安心安全な日本の農作物」という国内向けのイメージづくりには好都合なんです。製造業で日本の競争力が後退し、周りがメイド・イン・チャイナ、メイド・イン・インディアだらけになってしまった、という思い込みに対する反動として、何かメイド・イン・ジャパンがなければ、という焦《あせ》りが、農業の輸出振興という政策をつくりだしたのではないかと僕は思ってます。

藻谷　実際には、日本の工業製品の輸出は、震災でも超円高でも減っていないんですけどね。皆、数字をチェックしないで嘆いていますが、二〇一二年の日本の輸出額は、史上ベスト5に入る水準なんです。

ただ、それとは全く別の話として、僕は以前から、農業はもっと輸出するべきと言ってきました。国の人口がどんどん減っていく中で今の日本の農業生産を維持したいのなら、難しいけれど輸出する努力をするしかないのではないか、と。そうすると、本当にいいものを作らなければ売れないという現実に迫られるはずなので、真剣にイノベーションに取り組むようになるのではないかと思っているのですが。

神門　しかし、いま実際に正面から輸出振興に取り組もうとすると、放射能の問題がまず持ち出されるでしょうね。相手側の懸念《けねん》に根拠があるかどうかは別として、やっぱりそういうシビアな現実が立ち現れてしまう。だからこそ今、日本人は農業を抽象的に語ることに喜びを見いだしていて、リアルな問題からは離れたいんだと思うんです。

たとえば、ａｌｉｃ（独立行政法人農畜産業振興機構）は、かつてシンガポールやワシントン等にあった五カ所の海外駐在員事務所を予算削減で閉鎖してしまいました。そこで現地の人とフェース・トゥ・フェースのコミュニケーションをし、生きた情報収集をやっていたのに、その場所が失われてしまった。輸出振興とは正反対のことが起こっています。

藻谷　現地から、そんなもの売れてませんよという情報が上がってくるよりも、日本産は売れるはず、と内輪で盛り上がっていたほうがいいと。

神門　ええ。「安心安全で美味しい日本の農産物」という国内限定のイメージがどんどん膨らむように社会がしているし、補助金がそれを支えている。こういう現実逃避的な夢物語を唱えるようになるのは、一九三〇年代に起こった満州ブームと同じような構造から来ているのではないかと私は考えています。

藻谷　私のように輸出を推進しろと言えば言うほど、補助金を使った内向きの政策だけが盛り上がると。

神門　日本全体がそういう方向に行こうとしていますから。その中では、下手すると僕の議論ですら、「攻めの農業」や「輸出振興」の擁護論者によって都合よく曲解され、利用されかねません。

TPPより地に足のついた議論を

藻谷　今回政府が打ち出した農業への手厚い政策は、TPPで揺らぐ農業への補償という意味もあると言われていますが、TPPについてはいかがですか。

神門　あちこちで議論されていますが、僕は、農業においてそこはあまり重要な要素ではないと思っているんです。

藻谷　参加してもしなくても、実態はあまり変わらないということですか。

神門　ええ。だからみんな盛り上がれるんです。人は、どう転んでもあまり結果が変わらないものについてなら、安心して話せる。一方で、農業にとってもっと重要な問題、たとえば二〇一二年に米国産牛肉のBSE検査手続きが大幅に簡素化されたことはいったいどういう意味を持つか、などという議論は全く出て来ません。あれは、実はものすごく大きな意味を持つんです。米国産の牛肉に多用されている成長ホルモンの問題が、玉突き的に日本に及んでくるはずだからです。でも、そういう具体的な話はしたくない。危ない薬品を使っている農家や食品会社は国内にもありますから、そういう話が出てくるのを恐れているのでしょう。

プロレスと同じように、賛成であれ、反対であれ、お互いにかける技がもう決まっているんです。そこで迂闊《うかつ》に議論に入っても、どちらかの味つけに使われるのがオチです。

それに、もっと根本的な問題として、日本が決定権を持っていないということがあります。今の日本には外交力がない。だから何も決めさせてもらえない。

藻谷　今はもちろんかつても、外交力があったかどうかは怪しいと思います。

神門　ただ、農産物について言えば、たとえばかつて、ニュージーランドにとって日本は一番のお客さんでした。でも今はそうではないから、昔ほど気にかけてもらえない。このように国際的な協議の場で、日本のプレゼンスはどんどん低くなってしまっています。何か言って変わるならいいですが、そういう国の人間があああだこうだ言ったって、しょうがない。
それより、国内での耕作技能の劣化や農地利用秩序の崩壊といった問題をどうするかのほうがよっぽど重要であって、国際協議において、われわれはもうキープレーヤーではないと考えた方がいいと思います。
藻谷 残念ですが事実は事実だと。
神門 交渉力がないことは悲しいことですが、日本が国際社会に対して果たすべき役割はそれとは別にあります。それは、日本の農産物市場を世界に開放された常設の品評会場化することです。日本市場で通用するものなら世界で通用するという、世界の基準づくりの場をめざすべきです。ちょうど舌の肥えた常連客がいてこそ寿司職人の腕前が鍛えられるように、国内の生産者にも緊張感を与えます。また、世界からよいものが集まってくるのですから、消費者の食生活にも資します。生産量という嵩《かさ》にこだわるのはやめて、農産物の質を高めることに傾注するべきです。
藻谷 そのためには、それこそ成長ホルモンを完全にやめるとか、そういう規制が必要ということですか。
神門 それもありますし、まずは、具体的に農産物一つひとつをきちんと確認することですね。国産だからいいとか、中国産は駄目だとかではなくて、一つひとつの商品をきちんと吟味し、自分たちが国際的な基準をつくっていくという自負を持つことです。それをするためには、たとえば港湾施設だって必要だし、検査所だって必要だし、国民がある程度の経済力を持っていることも必要ですが、そういう条件って、実は日本には既に結構揃っているんです。

藻谷　二〇〇九年度にシンガポールに住んでみて、地産地消ができない国の苦しさを痛感しました。大変住みやすい国ですが、飲料水すらも自給できない国で、農産物についても海外から輸入する以外の選択肢が最初からないわけです。

神門　実は彼らも完全に諦《あきら》めているわけではなくて、補助金をつけて葉もの野菜をつくらせていたりもするんですが、たしかに微々たるものではあります。

藻谷　それに比べて日本の農業は恵まれている。いい加減なことも平然とまかり通ってしまうくらい恵まれている、と考えることもできると思います。

神門　そうですね。だから僕も日本のすべてが悪いという気はないんです。日本社会のよさというのをもっと伸ばしていかなければと思うんですよ。

たとえばさっき言った外国人農業労働者のことだって、少なくともあからさまな排斥運動が起きないのも、日本社会の協調性の反映だろうと思うんです。技能の鍛錬に適した天恵の風土があるし、シンガポールと並んで、治安もとてもいい。

だからこそ、このままどんどんイメージの農業論ばかりになってハリボテ化が進行してしまうのはとても悲しいし、怖いし、何とかしなければいけないと思います。研究者としてはやはり悔しいですよ。

藻谷　私は今日お話を伺っただけでも、ずいぶんと自分の考えが至っていない点に気がつくことができました。やはり、ぜひ研究者の方がこういった発信をされていく必要がありますね。

神門　しっかりした技能を持ち、コツコツとよい農作物をつくっている農家さんは、いまや絶滅危機にあります。彼らが、静穏に農業を続け、さらには後継者育成に励める環境づくりをすることも、研究者の仕事です。

大切なのは、現実から逃避しないことです。まずは今、力を失いつつある日本の農業の現状を受け止め、その問題点がどこにあるかを、国民がしっかりと見つめることからはじめなければなりません。その上で、日本の強みである技能集約型農業を絶滅の危機から救い出すこと。それが、日本の農業を救う唯一《ゆいいつ》の道だと信じています。

第七章　「林業」に学ぶ超長期思考

——速水亨（速水林業代表）

速水亨（はやみ・とおる）
1953年、三重県生まれ。速水林業代表。慶應義塾大学法学部卒。東京大学農学部林学科研究生を経て、現職。森林再生システム代表取締役。日本林業経営者協会顧問。

林業は早くから無慈悲な国際競争にさらされてきた。丸太への輸入関税が撤廃され始めたのはもう半世紀も前。農産品のような内外価格差は、木材には存在しない。気候風土の恵みで国土の三分の二が森林の日本。しかし国内の丸太生産量は、森林面積が日本の四割しかないドイツの三分の一だ。多くの地域で民間事業としての林業は消滅し、木の毎年の成長量の数パーセントしか利用されていない。

速水氏は、このような市場環境の下でも収益を上げ続けている数少ない林業家だ。日本のどの学者よりも、メーカー関係者よりも、国際競争について語る資格がある。生産性向上に向けた壮絶な自助努力。他方でフェアな競争を担保する国際的なルールの重要性。五〇年サイクルの「林業時間」での収益設計。彼が語るのは、「神の見えざる手」ですべてが丸く収まるという夢想へのダメ出しだ。

今だけ・金だけ・自分だけの、四半期利益の最大化競争に没頭する日本企業の経営者に、そのメッセージは届くだろうか？

——藻谷浩介

木と上手に会話する

藻谷　今朝、三重県の尾鷲《おわせ》林業地域にある速水さんの山林に来て驚いたのは、谷川の水がまったく濁っていないこと。昨晩は台風であれだけの豪雨だったのに。ちなみに来る途中に渡った新宮市《しんぐうし》の熊野川は、茶色の濁流と化していました。

速水　うちの山は、間伐を強くしているから、地面まで日光が届き、下草が生える。その下草を刈らずに残しておくから、表土が流出せず川が濁らない。下草のおかげで、土壌自体も豊かになって、木も良く育つ。

じつは川を見れば、山林の状況というのは全部わかります。下流の石をめくって、虫がいっぱいついているのは、泥が少ない証拠。つまり山の手入れが行き届いているってことです。

藻谷　速水さんのご著書『日本林業を立て直す』（日本経済新聞出版社）を拝読して、改めて林業の奥深さを勉強させていただきました。たとえば年輪の幅がきれいに揃《そろ》っている木を育てるのも、そう簡単ではないと読んで、「なるほど」と。
速水 ええ。木は、年を取ればとるほど成長量が衰えていきますが、年輪を揃えるためには、逆に年々成長量を増やしていかなきゃいけません。
藻谷 円周が大きくなれば、同じ年輪幅を保つために必要な成長の面積は、二次関数的に増えていく。なるほど、言われてみればそうですが、人間にたとえれば、いつも前年以上に背を伸ばし続けなければいけないという話で、簡単にできるわけがない。
速水 だから、木の成長とともにどんどん間伐をして、一本当たりの枝葉の量を増やし、太陽光を取り入れる力を強くしていくわけです。間伐の際は、みんなその時点の森林の状態を良くしようと考えてしまいがちなんだけど、本当は数年後の状態をイメージしてやらなくちゃいけない。
藻谷 目先の成長だけ目指して伐《き》り過ぎると、数年後に逆にペースが落ちる。リストラに失敗する企業と同じですね。
速水 以前、土壌の乏しい谷に、良かれと思って施肥をしたら、ヒノキの鱗片《りんぺん》の一つ一つがブクブクに太って頭の方が重くなり、傾いてしまったなんてこともありました。やはり林業は生き物を相手にしていますから、木の生理を理解して、木と上手に会話できなくてはいけない。

速水林業の森は下草がびっしり茂っている

藻谷　ご著書には、間伐は「遺伝子の選別である」とも書いてありましたね。

速水　ええ。うちの間伐は、小さかったり曲がったりしている悪い木を伐っていく。それを世代を超えて繰り返していくうちに、どんどん遺伝子の淘汰《とうた》が進んで、森の平均点が上がってくるわけです。

藻谷　間伐作業などは、みんな経験でやっているんですか？　それとも数値化された指標のようなものがあるんですか？

速水　基本的に、経験を数値化したデータを持っています。東京大学の林学科から現場に戻って来た時に、木の高さや太さ、樹齢と本数などを全部調べて、販売時の予想価格とともに、すべてデータ化しました。

藻谷 古参社員から「学のある人が余計なことを」って言われませんでしたか？

速水 いえ、うちの親父《おやじ》も、林業は感覚と科学の両方がないとダメだと言い続けていましたから。親父は法学部出身でしたが、米蔵を改造した書庫が埋まるほど林学の本を買い集め、独力で勉強していました。

林業は何より経験が大事ですが、経験だけに頼っていては次のステップに進めない。作業の合理化を進めるためにも、数字の裏付けが欠かせません。

家業で山を持つ意味

藻谷 ところで、お持ちの山は、広さでいうとどのくらいですか？

速水 この山は一〇〇ヘクタール、速水林業全体で一〇七〇ヘクタールです。東京ドームで言うと、二二八個分ぐらい。日本林業の経営規模では「小の上」か「中の下」といったところです。「速水林業」と名乗っていますが、これは法人名ではなく通称で、山は代々個人で所有しています。

藻谷 まさに代々の「家業」として林業をやっているわけですね。今日、ぜひお聞き

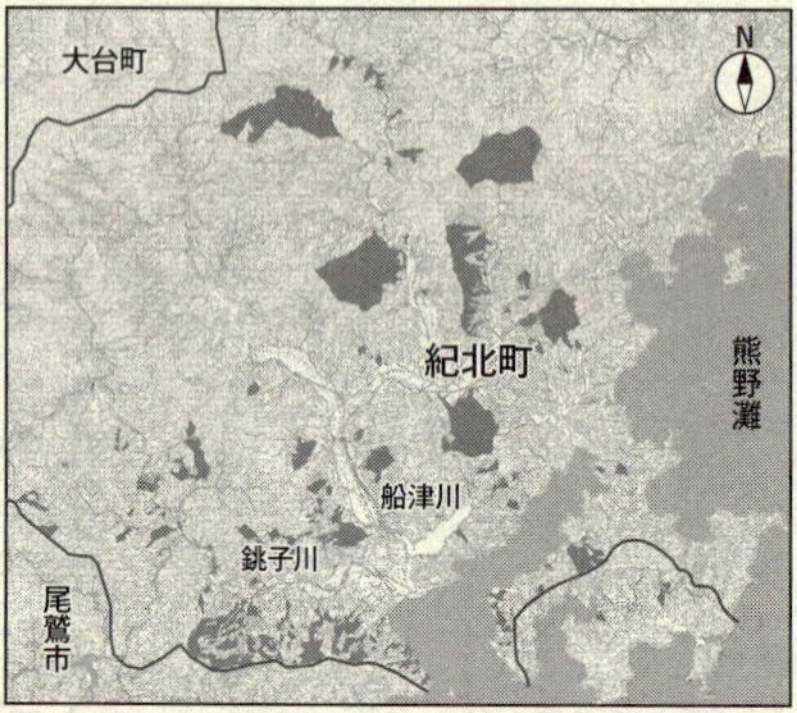

速水林業の山林の所在（色が濃くなっている部分）

したいと思っていたのは、家業として山を持ち続けることの意義と難しさです。上場企業が山を持つのとは、また違うものがあると思うのですが……？

速水　日本の林業は、王子製紙（約一九万㌶）、日本製紙（約九万㌶）、三井物産（約四・四万㌶）、住友林業（約四・二万㌶）などの大手を除けば、個人で山を所有している人がほとんどです。昔は、家《イエ》も一種の法人のようなものでした。家長が代表取締役で、隠居は代表権のない名誉会長……。

藻谷　で、お家取り潰《つぶ》しは、法人格の剝奪《はくだつ》と（笑）。

速水　だから林業というのは家の仕事だったわけですが、戦後になって、日本の家から法人性が失われた。

　個人で山を所有して、代々林業を営んでいるなんて言うと、みんなお金持ちだと思うみたいだけど、とんでもない。山火事や台風が来れば、たった一晩で一山分の木を丸々失ってしまう。

実際、うちの山も平成二年の台風で甚大《じんだい》な被害を受けました。三年分の伐採量に匹敵する一万立方メートル近くの木が、たった一晩ですべて倒れてしまった。

そのような被害から回復するために、それまで蓄積してきた資本を投じなければならない。だから、ある瞬間はものすごくお金持ちに見えるかも知れないけど、じつは林業の資産というのは、自然災害に対する保険のようなものなのです。

藻谷　長い目で見ると林業は、蓄積が災害で打ち消されて儲《もう》かる商売ではない。損も得も世代を超えて受け継ぐものなんですね。

速水　はい。自分の世代がお金持ちとかお金持ちじゃないとかいう意識はなく、そのお金は山に何かがあった時に必ず必要になるものだという感覚です。

藻谷　そういう〝保険金〟を世代を超えて保っていくには、やはり家業という形が適しているのでしょうか。

速水　うーん、家業という形が最適かどうかはわからないですが、少なくとも経営者がコロコロ変わらないので、長期的に経営を考えやすい。法人の場合、やっぱり経営者はその時その時の利益を出すのが大事になる。まして株式を上場していたら……米国コロンビア大のビジネススクール出身の藻谷さんに言うのも釈迦《しゃか》に説法ですが、今は株主もフローを大事にしろ、と言う時代ですから。

藻谷　確かにファイナンスの授業ではそう教わりましたが、私は当時から「視野の狭い考え方だな」と思っていました。目先の投資収益率を最大化させ続ければ、皆がいつまでもハッピーであり続ける、というわけですが、儲けに走っては資源を使い果たしてきた人類史から、およそ何も学んでいない。歴史の浅い米国ならではの、安直なイデオロギーでしょう。

速水　その結果、アメリカでは、最後まで自社森林を手放さなかった林業最大手のウエアーハウザーも、ついにＲＥＩＴ（不動産投資信託）になってしまいました。ウェアーハウザーには、「自分のためでなく、子供のためでもなく、孫のために」という素晴らしい社訓があったのですが……。

藻谷　歴史の浅い米国にも、五〇年スパンで収益を考えていた会社があった。

速水　そうです。でも、結局はフローを大きくしろという株主からの圧力に抗しきれなかったんでしょう。インターナショナル・ペーパーもジョージア＝パシフィックもボイジー・カスケードも、今やみんなＲＥＩＴですから。

やっぱり、企業の担当者は、いま自分が担当している間に、利益を上げなくてはならない。林業は、どんどん木を伐っちゃえば、瞬間的には簡単に利益が出せる。伐採跡地の植林費用も全部資産に計上できるから、赤字も見えない。でも、前任者が大きな利益を出していたとしたら、山が劣化している。さらに次の人が利益を出そうとしたら、もっと山が劣化する……この繰り返しを経て、結局、最後は林業自体を収益部門から外して、ようやく山が回復するというケースが多い。

藻谷　短期的収益を狙《ねら》うか、収益部門から外すか、という両極端ではなく、その中間で長期的な収益を評価する目を持つべきだと思うのですが……。やっぱり上場企業のサラリーマンには難しいのか。

速水　あるいは株主に説明責任を果たせればいいんですが。「わが社はほかの事業もあるので、林業に関しては社会貢献、あるいは長期的な資産保有と考えてやっている」とか言って。

藻谷　なるほど。機関投資家のポートフォリオの中の超長期国債みたいに、安全性担保のための資産だと思ってくれと。

速水　木は毎年自然に成長します。毎年何パーセントか必ず成長する資産というのは、他にはそうないですから。

藻谷　しかも、収穫しないと腐る農産物と違って、木材相場を見ながら伐採時期を調整できますから、気候などによる短期の価格変動にも対応しやすい。超長期で考えれば安全な投資先なのでしょう。

アメリカの林業に学ぶ点

速水　とは言え、ここ三〇年で見れば、日本の林業は相当厳しい状況です。

藻谷　農業と違って、一九六〇年代から輸入関税が撤廃され始めた分野です。半世紀以上も、輸入品とのコスト競争を続けている。

速水　もう日本の林業は、今までと同じやり方をやっていたら無理でしょう。木材価格は一九八〇年をピークに下落し続けています。たとえばヒノキの一立方メートル当たりの山元立木《やまもとりゅうぼく》価格（山で木が立ったまま販売したときの価格）は、一九八〇年に四万二九四七円だったものが、二〇一二年には六八五六円になっています（グラフ参照）。一方で人件費は下げられませんから、以前に比べて採算性は非常に厳しくなっています。具体的に言えば、私が生まれた一九五〇年代当時はスギ一立方メートル（丸太一〇本ぐらい）に対して一日二一人雇えていました。それが、今ではたった〇・二人。つまり人件費に対して木材価格が六〇分の一に下がってしまった。

藻谷　なんと、生産性を六〇倍に上げなくてはならないわけですか。ｉＰｈｏｎｅと

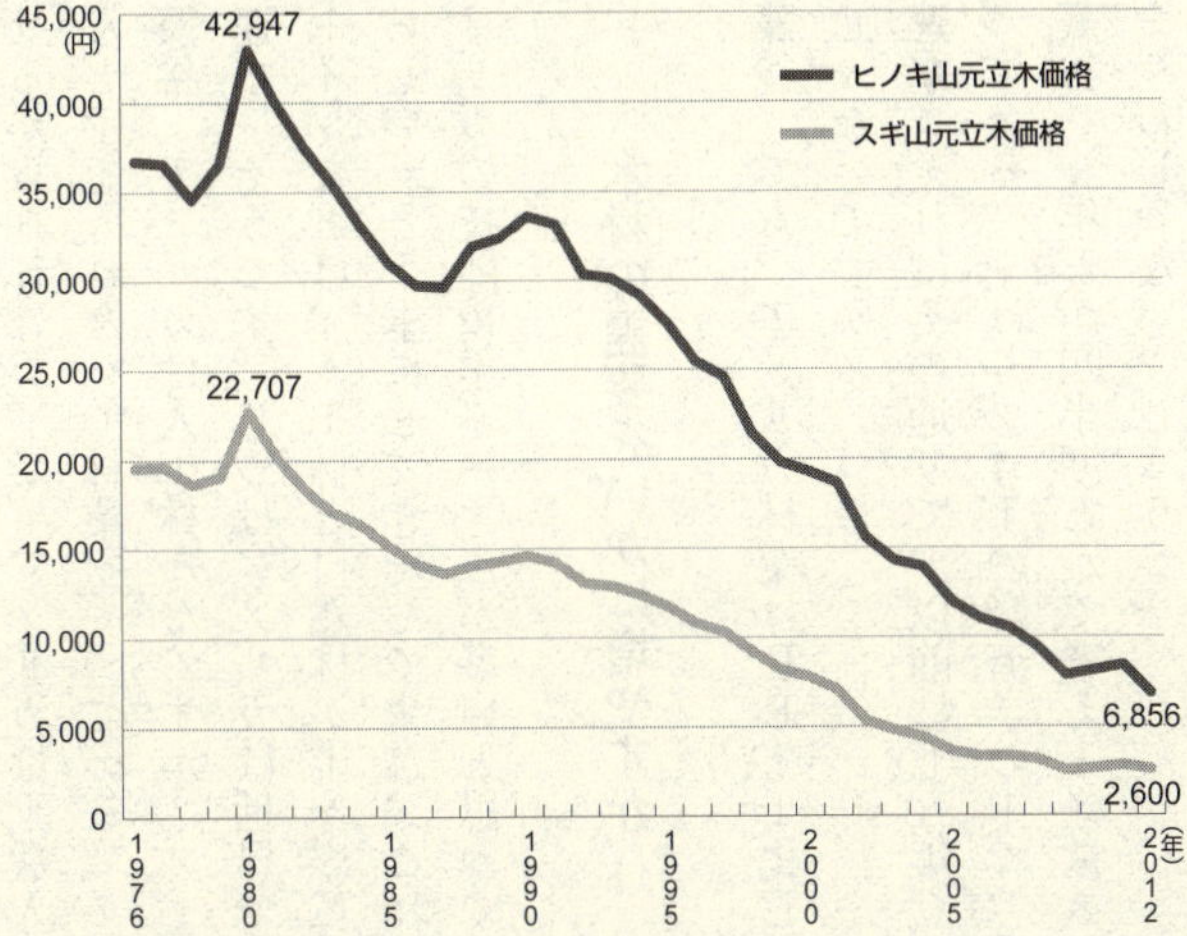

かなら新しい産業だから何とかなる可能性もあるけど、林業のように、太古から手作業でやっているような産業で、そんなことは不可能ではないでしょうか。

速水　でも、それが林業の現実ですから、努力するしかありません。私がこの世界に入った時は、うちは日本でも一番の労働多投型林業で、一ヘクタールの三〇年生の森を育てるのに、延べ四二〇人ぐらいの労働量を投入していた。でもドイツでは九〇人ぐらいでやっていると聞いて、まずはそこを目指すことにしました。機械を導入したり、下草刈りをやめたり、従来の林業のやり方を徹底的に見直して、今は九〇人ぐらいまで減らしました。もし枝打ちもやめたら、三〇人台まで減らせるかも知れない。でもアメリカは十数人、カナダは六人程度です。彼らは森にほとんど手を入れないで林業をやっている。

藻谷　アメリカは人工林なんですか？

速水　そうです。じつはアメリカは世界でも数少ない完全な人工林の林業なんです。ドイツなどは、人工林と自然林が半々ぐらい。これまで日本は「ドイツの林業が素晴らしい」と手本にしてきたんですが、これからは完全な人工林で事業を回しているアメリカの技能に学ぶべき点が多いと思っています。

木材の需要をいかに増やすか

藻谷　でも、アメリカ林業はREIT化してから、短期伐採に拍車がかかっているんじゃないですか？

速水　それはその通りで、以前は七五年ぐらいで伐っていたのに、今では三五年で伐っている。やはりフローの経済学の中で、投資の短期回収への圧力がかかっている。

藻谷　一年とか四半期とかで考える経営スタイルでは、どうしても木を伐り過ぎてしまうんじゃないでしょうか？

速水　そうなんです。一応、どこの国でも木の成長量を計算して、伐採量を厳密に管理しています。ところが、伐採量が実態の数字なのに対して、成長量は予測の数字。どうしても、「木々が予測したほどには成長しなかった」ということになりがちです。特にカナダや北欧など緯度が高く寒い地域の森林は、明らかに伐り過ぎでしょう。

私もよく統計学の専門家と論争になるのですが、いくら木の生態学をきちんと踏まえた上で計算していても、統計学的に出てきた伐採量は、現場の感覚からすると、「そんなに伐ったら山がなくなってしまう」量なんです。

藻谷　なるほど、まるで政府の経済成長見通しのような話ですね。そんな成長率は無理だと思いつつも、そのために景気対策予算をばら撒《ま》いて、余裕資金を失う。机上のモデルの限界が、ここにも出ています。

速水　それに、いくら木を伐る量を増やしても、それに見合うだけ需要が増えなければ、現在のようにどんどん価格が低迷してしまう。今後の林業にとって、どうやって需要を増やしていくかが重要な課題です。たとえば最近の家は化粧柱を使わなくなったから、せっかく高級材を育てても売り先がないんです。

藻谷　海外では高級車のフェラーリとかアウディの内装に木が使われていたような気がします。たとえばレクサスの内装に木を使ったりは出来ないのですか？

速水　それは前からトヨタさんに一生懸命言っているんですが、なかなか実現しません。今は事業部の名前も「レクサスインターナショナル」というぐらいですから、内装も〝インターナショナル〟なんですよ。

藻谷　つまり無国籍ってことですか（笑）。

速水　本当はレクサスに日本のヒノキの柾目材《まさめざい》やスギの赤身を使ったりすれば、少なくとも海外ではすごく評価されると思うんですけどね。

藻谷　まさにクールジャパンになる。なぜトヨタはやらないんでしょう？

速水　トヨタさんも本木目を使ったことがあるそうですが、営業の人たちから、「展示場の車と、実際に納めた車の内装の色合いが異なるのは困る。お客に文句を言われたら、どうすりゃいいんだ」ってクレームがついたそうです。で、どうしたかというと、木を一度全部脱色して、同じ色に染め直した（笑）。

藻谷　うわぁ……「工業規格頭」ですね（笑）。

速水　いつも思うんですけど、たとえば家を売る人たちの木材に対する要求って異常に厳しいんですよ。自然の木に対して、誤差〇・三ミリとか。水分があるんだから、乾燥したらそのぐらいはどうしても動く。じゃあ、固めて動かないようにしてくれ、なんて話になるわけです。

藻谷 でも客の方は、そんなことはまったく気にしていなかったりするわけですよね。柱にしても「むしろここに節があった方が味があっていい」なんて（笑）。

速水 そうそう。特に若い建築家なんかはそう言いますね。品質勝負の速水林業としてはちょっと痛し痒《かゆ》しですが（笑）。

藻谷 とにかく日本では、中間業者の頭の中がマニュアル化してしまっていて、最終顧客のニーズからかけ離れた商慣行が一人歩きしていることが多い。

たとえば、いまだに宿泊客全員にまったく同じ種類の刺身を出そうとする温泉旅館が多いのです。地元の魚だけじゃ足りないから、「じゃあ築地で全部買ってこよう」となる。ですが地元産ではない魚を出しても、客は喜ばない。「今朝地元の漁港に揚がった魚の新鮮な刺身です！　種類がいろいろあるので、お好きなのを選んでください」とやった方が、よほど評価される。それに気付かないほど、供給側の頭が過去の手法で凝り固まっている。

木目が展示品と異なるのも、需要を増やすチャンス。「これはオワセ・ジャパン産の二〇〇〇年物のヒノキ。それを使ったこの車も世界に一台だけのもの」と言って、もっと高額で売ればいいんです。

速水 需要を増やすと言えば、藻谷さんが『里山資本主義』（角川ｏｎｅテーマ21）で紹介していた木屑《きくず》を使ったバイオマス発電。じつはうちの山の木も随分とバイオマスにいっているんですよ。

藻谷　いや、じつは本を出してから内心冷や汗をかいてもいるのです……。本で紹介したのは、製材所から出る木屑の燃料利用であるわけですが、燃やすことを主目的に木を伐る動きも各地で出てきている。そうすると、また日本がハゲ山だらけになってしまいかねません（笑）。

速水　いえいえ、よくぞ書いて下さいました。今後人口が減っていく時代に、住宅などの耐久財として木材を使っていくだけでは林業の将来はないと思っていました。消費財としての燃料という需要は、林業にとって救世主だと思います。周囲からは、「一〇〇年かけて育てた木を燃やしてしまっていいのか」と言われるけど、もともと昔は燃料として木を使っていたわけですし、そもそも建築用の木材に使うのは主に木の幹の下の方だけで、上の部分の梢端《しょうたん》部や枝葉を燃やす分には効率的です。

藻谷　セロリみたいな感じですね。茎のところは食べて、上の葉っぱの部分は肥料にするみたいな。

速水　そうそう（笑）。ただ日本のバイオマスはまだ黎明《れいめい》期で、これからどんどん淘汰が進んでいくと思います。強い経営力と、バックの原料供給力がしっかりしているところだけが生き残る。原料調達を他人に任せてバイオマスをやるのは厳しいでしょう。

藻谷　そうなんです。本でも書きましたが、あくまで製材業などの本業があって、そこから出てくる副産物の木屑を利用する形でないと持続的ではない。そこがわかっている事業者の取り組みと、そうでないところの差は、早晩出てくるでしょう。

違法伐採はなくならない？

速水　木材だろうがバイオマスだろうが、木を伐ったら、その分は必ず植えるというのが林業の基本です。

今の森林法の問題点は、森林所有者に造林義務を課してはいても、現実的には伐採行為者には強い義務を課していないことです。林業を見限った所有者が、少しでも森林から資金を回収するために、法の抜け道を利用して、安い値段で素材生産者に立木を売ってしまう。素材生産者は植林コストを負担しないで木を伐採し、安値で叩《たた》き売るから、今のように再生産が不可能な値段まで市場価格が下がってしまう。再生産を目指さない伐採行為から出て来る木は、再生産を目指す業者の木を瞬《また》く間に駆逐してしまうんです。

藻谷　うーん、まさに「悪貨は良貨を駆逐する」ですね。そうなると、日本もまたハゲ山への道をまっしぐら……。

速水　伐採作業をする素材生産者に強く再造林義務を課せば、彼らはそのコストを上乗せした値段でしか売れなくなるから、今のように市場価格が値崩れすることがなくなります。

藻谷　ただ、本の中では、「そうすると日本の木を伐採する人が誰もいなくなるだろう」とも書いていらっしゃいましたね。

速水　たしかに儲けが出なければ、誰も木を伐らなくなる。だから、植林コストも含めて、ちゃんと利益が出るようにしなくてはいけない。

そのためには、まず海外で違法伐採された木の輸入を禁止すること。再生産の義務を果たしていない木は、一本たりとも日本に入れてはいけません。

藻谷　公害を垂れ流す海外の工場で作った製品を買うべきではないのと同じですね。よくCMで「アマゾンで植林をしています」「東南アジアの森を守っています」とか流れていますが、ああいう会社は再生産義務を果たしているのですか？

速水　企業によりますが、大抵の場合、これまで伐採してきた面積に比して、わずかな面積に植林しているに過ぎません。また、豪州やインドネシアでは、ユーカリやアカシアマンギウムという超短伐期の木を植えている。これらは成長が早い分、養分を大量に消費するので、土壌が痩《や》せ衰えて、長期的には再生産が不可能になってしまいます。

藻谷　ご著書の中に、「ラワン材の違法伐採の末に、木材輸入国に転落したフィリピンでは、結局誰も幸せになっていない」とあったのが印象に残っています。

速水　そうです。だから、他の先進国はみんな違法伐採されたものは買わないという法律を作ったわけです。それなのに、日本だけが作らない。

環境意識が高いEUはもちろん、アメリカもレイシー法という州間の野生動物などの取引を禁止した一〇〇年以上前の法律を改正して、違法伐採を規制しています。遅れていたオーストラリアでも新しい法律が出来ました。そのうち、違法伐採の木材がすべて日本に集まるなんてことになりかねない。

藻谷　規制嫌いのアメリカが、よく規制に踏み込めましたね。林業ロビーとかに邪魔されなかったのでしょうか？

速水　いや、林業ロビー自体がそれをやりたがったんです。違法伐採の木を規制したら、木材価格が六％上がるはずだと計算して。日本でも、法政大学の島本美保子教授が、違法伐採材の輸入を規制すればベニヤの値段も上がるという試算を出しています。規制は、林業関係者にとってもベニヤ業者にとっても絶対にプラスになるはずなんですが……。

藻谷　違法伐採木を輸入すると、みんなが損をする。だからアメリカの林業ロビーだって規制に賛成したのに、日本がそれをやらない理由って何なんでしょう？

速水　それはすごく簡単な話で、ただ面倒くさいだけなんですよ。

藻谷　えっ!?　と驚きたいところですが、日本ではよくある話ですよね。本当は規制をした方が、公益に即するだけでなく企業も儲かるんだけど、「規制緩和」という、怪しい経済学者が広めた現代の錦《にしき》の御旗《みはた》に逆らうのは、エネルギーを要するのでやりたくない、と。

速水　林野庁の人に掛け合った時も、「そういう規制は業者の方も面倒くさがるから」って。たしかに全国木材組合連合会とかも、みんな面倒がってやる気がない。

藻谷　私は農水省の審議会にいたことがあるのですが、何が驚いたって、全部で二〇〇頁《ページ》ぐらいある「攻めの農林水産業」という審議会資料の中に、林業の話が数頁しかなかったこと。当時はバイオマスのバの字も書いてなかった。林野庁の気配の薄さに感動すら覚えました。

速水　林野庁って技官の集まりだから、良くも悪くも孤立した組織なんです。他の部門と協調して何かをやるというのが苦手なんです。

藻谷　時流に乗った怪しい動きはだめだぞ、と自制しているのかもしれませんが、「日本林業もFSC認証（国際的な森林認証制度）を取って木材を輸出するぞ」ぐらい書いておけばいいのに（笑）。

速水　ちなみにオリンピックは、これまでずっとFSC認証の紙や木材を中心に使ってきました。ところが日本政府はFSCに無関心だから、ついに東京オリンピックでFSC認証材の利用が途絶えてしまうかも知れないという大問題があって……。政府がFSC認証でやるぞって言ったら、日本でも一気に森林認証制度が広がると思うんですが、その一言がなかなか出ない。あまりに広く目配りし過ぎて、逆に反対意見に縛られて動けなくなる。以前は林野庁OBから「何で西洋の民間団体が作った認証制度に俺たちが従わなくちゃならないんだ」という意見が出たりして、いろいろ大変みたいです。

藻谷　環境破壊の深刻な中国での北京《ペキン》オリンピックですら、FSC認証材でやったというのに、日本ができないというのは恥ずかしい。でも、オリンピックはともかく、中国も違法伐採された木をバンバン買いまくっていそうですが。

速水　だから、いまは中国経由で日本に違法伐採木が入ってきているんです。日本企業は、「木材や木製品を輸入する際は、海外業者に違法伐採ではないかどうか確認している」と言いますが、単なる自己申告で、トレーサビリティ（追跡可能性）もまったくない。他の先進国はトレーサビリティがない木は基本的に輸入できません。

藻谷　最近、日本人は途上国に戻りたがっているのではって思うんですよ。欧米の多くの国で新増設が止まっている原子力発電にこだわり続け、他の先進国では制限されている農薬も使っている。

速水　いわゆるネオニコチノイド系の農薬ですね。

藻谷　安倍政権は、中国に対抗したいあまりなのでしょうが、学校教育やＮＨＫの報道にまで、まるで中国がやっているかのごとくに、政府見解を反映させたがっているように見えます。個人対個人もそうですが、喧嘩《けんか》するほど相手に似てくるのです（笑）。今さら途上国に戻るのはやめ、先進国の道を堂々と進みたい。まずは一刻も早く違法伐採と手を切るべきです。

森林組合がやるべきこと

藻谷　いま農業では農協のあり方が議論されていますが、森林組合はどうなんでしょう？　補助金が多々流れているようですが、問題はないんでしょうか？

速水　農協は金融の問題が大きいけど、森林組合の方はそっちの問題はあまりないかな。まあ、まったくないとは言わないけど、あれほど阿漕《あこぎ》ではない（笑）。

でも全国の森林組合の多くが黒字で、林業がみんな苦しいというのは、やっぱりおかしい。私自身、長いあいだ組合長をやっていたので、全否定するつもりはありませんが……。

藻谷　本でも、森林組合が間伐事業の補助金で成り立っていることに対して批判されていましたね。

速水　これまで伐り捨てられていた間伐材を有効利用していこうという基本的な発想は悪くないと思うんです。

でも、補助金が前提だから、どうしても生産性が悪く、作業員の数も膨れ上がる。森林組合が作業班を持っている限り、合理化のインセンティブが働かないから、作業班は独立させるべきだと私は考えています。

藻谷　同じ補助金を使うにも、一部民営化で運営を合理化せよというわけですね。

速水　そうです。もちろん作業員だけ独立させるのではなく、営業や管理をできる人も一緒につけて独立させる。それでも、うまくいかないところも出て来ると思いますが、その場合は、うまくやっているところへ作業員が移ればいい。

とにかく、年間の林業生産額が国の林業予算よりも少ないという日本の現状は、何とかしなければなりません。

製材工場が生き残るには

藻谷　経済学には、「大規模化による生産性向上」というお題目がありますが、これだけ山ごとに地形や自然条件が異なる中で、大企業が大規模林業をすれば合理化するなんてことはあるでしょうか？

速水　見ての通り、アメリカの大生産地のように、大型機械を大量導入して一斉伐採するなんてことは不可能です（笑）。

でも、これからは販売を共通化していくことがとても重要だと考えています。モノを買う人が一人で、売る人がたくさんいたら、値段を決めるのはどうしても買う人になってしまいますから。たとえば、製材会社に「ヒノキを年間でこれだけまとめるから、いくらで買ってくれ」とか、バイオマス工場に「俺たちは年間これだけの量を必ず入れるから、いくらで買ってくれ」とか、そういうことができる組織が必要です。

藻谷　要するに、生産面では規模の利益はないが、販売面では団結してバーゲニング・パワー（交渉力）を獲得すべきだと。

速水　それは、森林組合がやっても、あるいは他の誰かがやってもいいと思う。ただ、やっぱり補助金事業の仕組みってとても複雑だから、そこは行政の末端として森林組合のような組織がやればいい。海外でも結構そうやっています。

藻谷　森林組合の川下を受け持つ、製材事業者はどうでしょう。地方を回っていると、よく小さい製材業者の方から「私たちはどうやって生き残ればいいんでしょうか？」と質問されるのですが。

速水　日本には製材工場が五〇〇〇以上もあるんです。正直に言えば、むかし通産省が繊維の機械を壊して業界の集約化を進めたように、製材業界もある程度集約化を進めていくしかないと思います。

しかし一方で、地域に根差した製材工場として、地元の工務店と連携しながら、生きていく道はあると思います。年間に何万戸も既製品のような家を建てる巨大な住宅メーカーがあるのは、日本ぐらいです。もっと自分好みの家をじっくり建てたいという需要に応《こた》えるのが、地域の製材工場の役割じゃないかと思います。

藻谷　確かに、アメリカのほうがよほど、個人住宅のデザインは個性的ですね。みな木造で新建材の家など向こうでは見たことがない。地域の個人需要に応えるパパママ・ストアがなくならないように、地域に密着した小さな製材所も必ず生き残れるはずだというわけですね。

逆に言えば、パパママ・ストアなのに、コンビニと同じような商品を並べているだけのところはダメだろうと。

速水　そうです。地元の大工さんがホームセンターで木材を買っているようでは、製材所はとても生き残れないでしょう。

広葉樹は神様の領分

藻谷　速水さんのお話はことごとく、実証に基づいていて、思い込みを排するものばかり。「広葉樹林はいい、針葉樹林は悪い」というのも、思い込みだとありました。

速水　なぜか日本では針葉樹林は広葉樹林に比べて「山崩れしやすい」「保水力が弱い」などと誤解されています。本に詳しく書きましたが、基本的には地質や水系の問題で、木の種類は関係ない。

そもそも、針葉樹と広葉樹に優劣などなく、それぞれの土地に合った木を選ぶのが筋です。私自身、生物多様性の観点から、針葉樹の人工林の中に、広葉樹も生やしています。明治神宮には三六五種類の植物を植えて、今では二三四種になっているそうですが、私の人工林もヒノキの他に二四二種類の植物が生えている。かなり上手《うま》く多様性が確保できていると思います。

藻谷　いま東日本大震災の被災地には、防波堤の代わりに土のマウンド（土塁）を作って、広葉樹を植えようとしているところもあります。松林は津波で全部倒れて役に立たなかったからというのですが。

速水　うーん、広葉樹が自然に生えて来る分には良いと思うのですが、人工的に植林するのはリスクが高いと思います。

藻谷　つまり、実際に根付くかどうか怪しいと？

速水　私は、針葉樹は人間でも多少は扱えるようになったけど、広葉樹はまだ神様の領分じゃないかと思っているんです。針葉樹は三億年前に地球上に現れて、一億数千万年前に種として安定して、今は五四〇種類ぐらいある。一方、広葉樹は一億数千万年前にようやく地球上に登場して、今は二〇万種類ぐらいになっている。まだまだ進化のステージの真っ最中にある感じで、人間の手に負えない。私もこれまで様々な広葉樹を植えてきましたが、なかなか思い通りには育ちません。今では広葉樹が生えやすい状況だけ作って、そこに何が生えて来るかは、神様にお任せしている状態です。

藻谷　つまり、広葉樹の人工林なんて、そう簡単には作れるものではないということですか？

速水　たとえば常緑広葉樹を植えているのを見たりすると、ちょっと東北では厳しいんじゃないかと思います。基本的に照葉樹林の北限は東京の八王子あたり。「いるか丘陵」って、あまり知られていない名前ですけど、上から見ると八王子が口で、三浦半島がイルカの尾っぽの形をしているんですが、そこら辺が北限とされています。確かに茨城や東北の海岸沿いの一部にも照葉樹林が細く残ってはいますが、基本的には落葉広葉樹の地域です。

藻谷　都内の公園もほとんど落葉樹ですよね。私は山口県出身ですが、西日本と東京の山の雰囲気は大分違うと感じます。言われてみれば、三浦半島に行くと照葉樹が多くて、景色が故郷に近い。

速水　そうそう。あそこら辺が東西の境目です。また、震災の際に松林が役に立たなかったというのも、ちょっと違うように思います。あれは植え方を途中で間違ったんです。松はあまり水が多いところはダメなのに、低湿地にも植えてしまった。だから根っこが水を嫌がって、表面にしか張らなかったんです。もう少し乾燥しているところなら、松の根っこは深く入ります。

藻谷 だから倒れていない松も、津波被災地のあちこちで見かけるわけですね。

速水 松は基本的には防風林なんですが、やっぱり江戸時代からいろいろな木が選ばれてきて、最後に残ったのが松なんです。広葉樹林だと枝葉が密過ぎて、風が通らずに、ビル風と同じように、上に逃げた風が一気にドンと落ちて来る。その点、松林は適度に風を弱めながら通過させ、しかも海風に含まれる塩分が松葉にくっつくので、風が爽《さわ》やかになり、農業も出来るようになる。

藻谷 なるほど、そこで松風と言うわけですね。

速水 また、落ちた松葉は外生菌根でネチャネチャしますから、飛砂を食い止めることができる。

藻谷 松が選ばれたのは、やっぱりそれなりの意味がある。ただ、それを低湿地にまで植えてしまったのが失敗だったと。その意味では、陸前高田の松原は四〇〇年近くも頑張って植えてきたものの、地形的には限界があったのかも知れません。

速水 それにあそこは、よく見ると、もともとあった松林を結構伐ってしまっているんです。松林のおかげで農業が栄えたのは良かったのですが、その農地を宅地化しようと松を伐ってしまった。

藻谷　たしかに松林を伐って住宅にしたところほど、津波被害は大きいですね。

速水　そういうことを色々考えると、「松がダメだったから、次は常緑広葉樹を植えよう」という発想はいかがなものかと。再び松を植えるのが絶対に正しいとは言いませんが、本当に東北に暖帯照葉樹林が根付くのかということは、冷静かつ科学的に考える必要があると思います。

山を怖がる日本人

藻谷　今日はこうやってヒノキの森の中で対談させていただいているわけですが、やっぱり気持ちがいいものですね。

速水　せっかく尾鷲まで来ていただいたので（笑）。

藻谷　ここは道に木のチップが敷き詰めてあって、ふかふかですね。

速水　見学者が多いので、チップを敷いておかないと凹《へこ》んじゃうんですよ。

藻谷　歩くと実に気持ちがいい。でも、本に「じつは日本人は山を怖がる民族だ」と書いていらっしゃって、「なるほどな」と思いました。私も子供の頃、先祖の住んでいた北陸の山村に連れていかれて、夜が怖くて泣いたものです。ところが、青年期になってからは、逆にその怖いところが好きになって、夜に一人で林道を自転車で登って行ったりして……。

速水　それは日本人離れしていますね。日本人にとって、古来から山は神々が住む場所であり、祖先の霊が潜む場所であり、魑魅魍魎《ちみもうりょう》が跋扈《ばっこ》する「異界」です。「山に入る」「山から帰る」という言葉には、「異界に踏み込む」「異界から無事生還する」というニュアンスが含まれています。木こりやマタギなど山で働く人は、境界をまたいで生きる人とされ、山では「山言葉」を使うなど、里での日常生活と厳密に区別していました。

藻谷　逆に欧米人は、山を怖がらない。

速水　一神教ですから、神様は天国にいるわけです。山の中に残っている属地的な宗教もほとんどない。

藻谷　日本人は、古木には神が宿っているように感じます。そこにある太い木は、何年ぐらい経《た》った木ですか？

速水　これは二〇〇年ぐらい。その周りにある木は一〇〇年ぐらいです。

藻谷　じゅうぶん神様が宿っていそうですが、そうでなくともそれこそ江戸時代から

現在	100年後	200年後	300年後
100年生30本	200年生15本	300年生　7本	400年生　4本
植栽2500本	100年生30本	200年生15本	300年生　7本
	植栽2000本	100年生30本	200年生15本
		植栽1500本	100年生30本
			植栽1000本
上木30本	上木45本	上木52本	上木56本

300年後の森のイメージ

先祖代々で育ててきた木ですから、伐るのがもったいなくありませんか？

速水　いや、買ってくれる人がいたら、喜んですぐ伐ります(笑)。木は大事だけど、拝むような気持ちはないですね。

二〇〇年と言っても、放っておけば一〇〇〇年、二〇〇〇年と生き続けるわけだから、まだほんの若造ですし(笑)。そう考えると、林業ってすごく短気で阿漕な商売ですね。

藻谷　いやいや、ファイナンスの世界から見れば、一〇年だって長期なのに、三五年とか五〇年、ましてや二〇〇年なんて言われたら、真の想定外です(笑)。

速水　そう言えば、縁があって、トヨタ自動車が三重県に取得した一七〇〇ヘクタールの森林の管理もしているのですが、最初にトヨタの役員会で「五〇年山林再生計画」を提出したら、大《おお》揉めに揉めました。

藻谷　「五〇年後の責任を誰が取るんだ、ふざけんな！」みたいな(笑)。

速水 ええ（笑）。

藻谷 そもそも五〇年先なんか考えたら、自動車会社なんてやってられない。半世紀後にガソリンはあるのか、地球環境はどうなっているのかなんて考えていたら、「もうやめよう」ってなっちゃう（笑）。

速水 でも、担当役員の方が頑張ってくれて、無事通りました。おそらくトヨタ始まって以来の五〇年計画だろうと思いますけど（笑）。

藻谷 五〇年サイクルという「林業時間」での思考を、今のグローバル資本主義はなかなか受け入れられない。ところが速水さんは「三〇〇年後に法隆寺の補修工事にこの木が使ってもらえるかも知れない」とか考えている。最高にイイ話ですけど、その考えをこれからどう受け継がせて行きますか？

速水 逆にあんまり先のことは考えないんです。七〇年かかるとか、一〇〇年かかるとか考えると、突然、自分の力の及ぶところじゃなくなっちゃうから。

藻谷 おっしゃるとおりで。

速水 だから、七〇年先や一〇〇年先の森のイメージはちゃんと頭の中に思い描くけど、もっと言えば三〇〇年先や四〇〇年先までイメージするけど、ただ、それに向かって今やれるベストのことしか考えない。たとえ四〇〇年先の森のことであっても、んです。「今、私はこのパーツが非常に大事だと思うから、これをやる」という判断が大事なんです。

藻谷　作庭に似ていますよね。桂離宮《かつらりきゅう》をつくった人の発想にすごく似ている。

速水　そうですね。「まあ、あと五〇年もしたら、この木がこう伸びてきて、苔《こけ》がこういうふうに生えてきて、良い庭になるよ」なんて（笑）。

藻谷　庭であれば、一握りの庭師の集団が受け継いで行くこともできるでしょう。でも、日本の七割近くが森ですから、国民みんなが考えて受け継いでいかないと、数百年後にはどうなっているかわからない。どうかこれからも私たちに、森と賢く共生していく道を教えてください。

第八章　「漁業」は豊かさを測るモノサシである

——濱田武士（漁業経済学者）

濱田武士（はまだ・たけし）
1969年、大阪府生まれ。北海学園大学経済学部教授。北海道大学大学院水産学研究科博士後期課程修了。東京海洋大学准教授を経て、現職。2013年、『漁業と震災』で漁業経済学会学会賞。

世界一の魚食民族を自負する日本人だが、漁業のことをどれだけわかっているだろうか？

漁業とは、野生動物たる魚の採集（養殖も稚魚や餌《えさ》をほぼ漁獲に依存している）だ。しかるにこれほど市場経済化されている業種もない。魚価は近代化以前から存在している市場で需給連動で決定され、日々年々変動する漁獲量は複雑な流通システムの中でリスクヘッジされている。

他方で漁民は市場の暴走のツケも知り抜く。取り放題にすればたちまち資源は枯渇《こかつ》する。都会のインテリの「漁師性悪説」とは真逆に、領海内の漁業資源は、漁業者自身の決めた複雑な自主ルールによって守られてきた。

しかし人口減少に伴う国内需要量の減少と、大量生産の加工食品の普及に伴う魚食リテラシーの劣化が、産業としての漁業を年々縮小させている。肉や農産物と違って味もサイズも規格化できない魚という存在に向き合った食文化を、今後も維持できるか。求められているのは、多様性の豊かさを織り込んだ市場経済２・０だ。

——藻谷浩介

漁業は「野生生物」が相手である

藻谷　これまで私は漁業について公《おおやけ》の場で発言する機会があまりなかったのですが、濱田さんの『日本漁業の真実』（ちくま新書）を拝読して、「ああ、素人《しろうと》発言の機会がなくて本当に良かった」と心底思いました（笑）。万が一、同じ一次産業である農業や林業から類推して適当な話をしていたら、大恥をかくところでした。

濱田　同じ「自然」を相手にする一次産業と言っても、漁業の場合、どこにどれだけの数がいるか完全に把握できない「野生生物」が相手ですから、農業や林業とはかなり状況が異なります。

藻谷　言われてみれば当たり前なんですが、たとえば山の中で獲《と》ってきた野生のシカやイノシシだけで成り立っている食肉マーケットを想像してみれば、漁業の特異さがわかりますよね。あるいは、「原っぱに生えていた麦を取ってきました」だけで農業が成り立つかどうかを考えてみるとか。純粋な野生生物を捕獲してくるだけで、これだけ多くの人を養っている産業なんて、他ではありえない。

濱田 養殖業もありますが、ウナギやクロマグロのように稚魚は海から獲ってくる場合がほとんどですし、餌だって漁師が海で獲ってきたものを使うわけです。生餌だけではなくペレットを給餌《きゅうじ》することもありますが、それも魚粉から作っているので、結局、多かれ少なかれ自然任せにならざるを得ない。

藻谷 自然任せを脱せられない漁業が、大規模な産業として成り立っていること自体が奇跡的です。もし今の技術を使って里山で好き放題に狩猟採集をしたら、あっという間にハゲ山になってしまう。

濱田 それだけ海の再生産能力がすごいということです。とは言え、本にも書いた通り、徐々に漁業が経済的に成り立たなくなっているのが現実です。今の経済社会システムにおいて、その供給の不安定さは、やはり大きなマイナスポイントになってしまいます。

藻谷 農業であれば、品種改良や農法で安定性を上げることも出来るし、売れなくなってきたらパッと転作するという手もある。林業であれば、一〇〇年先のことまで考えて計画的に植林できるし、市況が悪ければ五年一〇年寝かせておいても品質が劣化しない。もちろん、農業も林業も天災の影響は被《こうむ》りますが、それでも漁業に比べれば、かなり安定している。

濱田　その点、漁業は本当に出たとこ勝負で、獲れたり獲れなかったりの差が激しい。その日にどの魚がどれだけ獲れるかわからない。その上、すぐに腐る。冷凍という手もありますが、基本的に水産物は鮮度がものを言う商品ですから、獲れたらなるべく早く売らなきゃいけない。

藻谷　じつは生産体系という面でも、漁業はすでに完成されてしまっているような気がします。比較的早い段階から漁船の機械化が進んでいたので、この先「化石燃料を使って生産性を上げる」余地があまり残っていないのでは？　しかも、これ以上効率を上げたら、魚資源が枯渇してしまうという問題もあります。

濱田　いくら魚群探知機が進化しても、魚がいなきゃ意味がないですしね（笑）。生産体系が完成しているというのは、特に沿岸域で感じます。たとえば、アワビ漁なんかは、もう三〇〇年以上も同じところで同じようなやり方で獲っています。それ以外のやり方でやると、資源が枯渇するということがわかっているので、みんな昔からのルールを守る。

藻谷　結局、苦い経験を重ねて生まれた古いしきたりに従うのが、長期的にみると利益を最大化することになる。「迷信」だとか「因習」だとされがちな共同体の縛りが、じつは最も経済的に合理的だ、というのが、漁業の世界であると。

濱田　沿岸域に近づけば近づくほど、そうですね。現代でも、入会地《いりあいち》での生業《なりわい》がちゃんと息づいているんです。

非科学的な「乱獲」議論

藻谷　魚資源が有限であることは言うまでもないですが、一方で、近年の「乱獲批判」の風潮にも、本の中で疑義を示しておられましたね。

濱田　はい。最近は漁獲量が減れば、何でも「漁業者の乱獲」のせいにされます。しかし、そのような報道の多くは、最初から「答えありき」の非科学的な議論になっています。

藻谷　確かにマスコミでは、「目先の利益に走る漁業者が乱獲を繰り返し、魚が獲れなくなったら、今度は補助金を要求して、税金の無駄遣いをしている」というステレオタイプな漁業バッシングが横行していますね。

濱田　まず大前提として、野生生物の資源量はあくまでも「推定量」でしか把握できません。しかも、特定の海域で魚が増えたり減ったりするのは、自然の大きなサイク

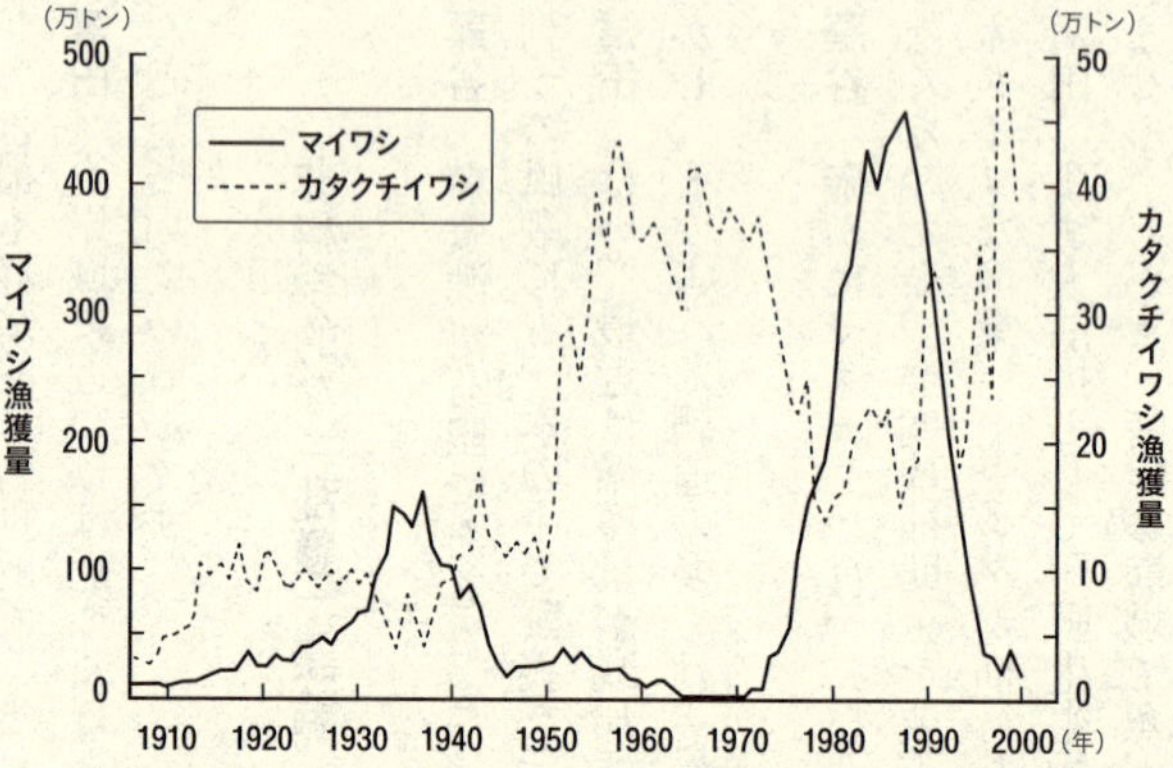

日本のイワシ漁獲量の年変化

ルの中で普通に起こることであって、そこに漁獲量がどれだけ影響しているかはよくわかっていません。もちろん、影響している場合もあるでしょうし、そうでない場合もあるわけです。

藻谷　気候変動が、CO_2の影響もあるんだけど、それだけで決まっているわけでもないというのと同じで、魚資源の変動メカニズムは科学的にみればよくわからない。それなのに、自分の理論は万能だと妄想する似《え》非《せ》専門家が、根拠の怪しい「科学的解決策」を振り回し、本当の専門家の慎重な言動は、マスコミに無視される。マクロ経済学と同じですね。

濱田　たとえば、日本近海では、明治期にはカツオがいっぱい獲れて、戦前はマグロがたくさん揚がり、戦後それがぱったりいなくなったと思ったら、今度はブリが大量に入って来たなどの変化が見られました。そこには漁獲の影響だけでは到底説明しきれない、ダイナミックな自然の変動があるわけです。

藻谷　マイワシなんかも、急にいなくなってしまったり……。私は瀬戸内の田舎町で育ったのですが、子供の頃なんてマイワシは一〇匹一〇〇円で売られていて、「また今日もイワシですか」みたいな感じでした（笑）。

濱田　マイワシは、昭和初期にはいっぱい獲れたのに、戦中にはまったく獲れなくなりました。それがまた一九七〇年代から急激にたくさん獲れるようになって、八〇年代後半にピークとなり、九〇年代にまた激減しました。

藻谷　ニシンなんかも、なかにし礼作詞の「石狩挽歌《ばんか》」じゃないですけど、海から湧《わ》いて出るほどたくさん獲れた時代はすっかり昔語りになってしまったわけですが、乱獲だけが理由ではないと。

濱田　群来《くき》と言って、明治の頃は、北海道の沿岸が産卵しようとするニシンで埋め尽くされていました。最近、孵化《ふか》放流に力を入れて、また戻ってきています。

藻谷　ハタハタも、昔は山ほど獲れていたのに、七〇年代後半になると急に獲れなくなった。あの時は、「あんなに卵を食べたからだ」なんて言う人がいましたが、実際のところはどうだったんでしょう？

濱田　獲れないので、秋田県では九二年から三年間、全面禁漁をやってみたら、それなりに戻ってきた。でも、昔ほどたくさん戻ってきたわけではないので、やはり漁獲の影響だけでなく、何かしら自然のサイクルもあったのだと思います。

藻谷　瀬戸内海で魚が減ったのだって、乱獲のせいだけではなく、むしろ環境要因が大きかったのでは？

濱田　今は陸上の開発の問題が大きいです。海辺に臨海工業地帯が開発され、山には用水と電気を供給するための多目的ダムがたくさん開発されました。すると山の養分がダムで堰《せ》き止められて海に届かなくなり、代わりに工業排水や生活汚水が流れ込んで、海がダメになった。

藻谷　で、慌《あわ》てて工業排水と生活汚水を減らしてみたら、今度は海がキレイになり過ぎて……。

濱田　海が痩《や》せて、ますます魚が減り、海苔《のり》が黒くならなくなった。

藻谷　いま一生懸命、もとに戻そうとしていますが、一度崩れてしまった海の成分のバランスは、そう短い時間では回復しそうもない。地球の大自然を人間様が何でも簡単にコントロールできると思ったら大間違いだと。

濱田　そうです。私は漁獲量制限自体には反対していません。ただ、本当の資源量はわからないという科学の内実を無視して、疑似科学を振り回して、漁獲減少の責任を一方的に漁師に押し付けることに異議を唱えているだけです。

藻谷　その背景には「漁師性悪説」とも言うべき、都会のインテリ層の思い上がりがあるように思います。要するに、「漁師は先のことを考えられないから、俺たちが止めない限り、魚が枯渇するまで獲り続けるに違いない」と勝手に思い込んでいる。

濱田　そうそう、なぜか完全に上から目線。漁師たちは自分たちの生活がかかっているわけですから、競合する漁業者らと話し合いでルールを作って漁場や資源を保全しているのです。漁業者集団による資源管理です。そういった実態が日本各地にあることを知りもしないで、漁獲量が減っただけで、「乱獲批判」を煽《あお》るのだから、呆《あき》れてしまいます。

ノルウェー漁業の「神話」

藻谷　現在の「乱獲批判」の文脈では、よく「ノルウェーを見習え」みたいな話が出てくるじゃないですか。ノルウェー漁業はそんなにうまくいっているんですか？

濱田　まあ、それも微妙な話で……。要するに、「ノルウェーでは、漁船ごとに漁獲量を割り当てるなど資源管理を徹底したら、乱獲がなくなり、無茶な投資も抑制され、漁業経営の収益性が安定・発展した」「儲《もう》かっている、成長産業だ」「だから日本も個別割当にしろ」という鼻息の荒い議論なんですが、日本とノルウェーでは条件が違い過ぎて、そう単純には較《くら》べられないと私は考えています。
藻谷　一説には、ノルウェーの漁師の平均年収は八〇〇万円もあるとか。
濱田　ノルウェーは国土の大きさは日本とほぼ同じものの、人口はたった五〇〇万人です。漁業就業者数は、日本では約三万キロの海岸線（世界六位）に一七万人ぐらいいますが、ノルウェーは八万キロ以上の海岸線（世界二位）に対してたった一・七万人だけ。一人当たりのパイで見れば、どうしてもノルウェーが多くなります。
藻谷　しかも北の海は豊饒《ほうじょう》ですからね。
濱田　だから私は、「じゃあ、北海道と較べてみてくれ」と言うんです。北海道は人口が五五〇万人ぐらいで、海岸線はノルウェーより断然短い。でも、北海道では、所得八〇〇万円どころか、オホーツク方面に行けば、一〇〇〇万以上、いや二〇〇〇万とか三〇〇〇万ぐらい稼いでいる漁業者もけっこういますから。しかし、本州の漁師に「北海道を見習え」とは言えないですよね。ノルウェー？　もっと無理です。自然が違いますから。

藻谷　紋別や網走、それに根室なんかもそうですが、最初に行ったときには「何で霧ばかり出る寒い海沿いにたくさん人が住んでいるんだろう？　内陸の中標津《なかしべつ》の方がよほど住み心地が良さそうじゃないか」と思いましたが、後で水産業がすごく儲かるからだと気づきました。本当にあんなに稼いで、何にお金を使っているんだろう？（笑）

濱田　だから、豪華な家で暮らし……（笑）。まあ、オホーツクの話はさておき、ノルウェーは消費税が二五％で、物価がものすごく高い国ですから、収入を額面だけで比較しても仕方がないと思うんです。

藻谷　たしかに、あの物価の高さを思うと、年収が八〇〇万円あっても、それほど生活は楽ではないかも知れない。

濱田　ノルウェー政府の資料によると、漁船数も漁業者数も激減し、一方で高収益になっている漁業もあれ

中国	1.8 t
インドネシア	2.1 t
インド	0.6 t
ペルー	45.4 t
ノルウェー	190.1 t
ニュージーランド	308.6 t
米国	18.3 t
日本	26.5 t

各国の漁船漁業における就業者１人当たりの生産量

ば低収益、マイナス収益の漁業もあります。他産業に就業者が流出していることから、外国人就労者も漁船に乗っています。流布《るふ》されているイメージとは異なります。そもそも漁業経営の収益性と個別割当制度との間には直接的因果関係はないです。魚価の国際相場が安く、燃油高なら収益性は落ち込みますから。

ところで、あの辺の海域は、アイスランドやフェロー諸島、ロシア、それにEU諸国が関わっています。だから各国漁船の漁獲競争で乱獲にならないよう、魚種別に海域全体の漁獲量を決めて、国ごとに割り当てるという資源管理のスキームが形成されたのです。そうなれば漁獲量は国が責任を持って管理しなくてはならない。そこで、ノルウェーは各船に漁獲量を割り当てる方式を採用したのです。

藻谷　それに扱う魚の種類が少ないから、管理しやすいという面もありそうですね。せいぜいサバとニシンと……。

濱田　それにタラとシシャモと、あと養殖ではサーモンとか。とにかく、七種類で漁業生産の八割を占めています。日本に較べて漁業構成が単純なのです。その点から見ても較べる意味がない。

マネー資本主義化する漁業

藻谷　ノルウェーと並んで、アイスランドの漁業も、一部の経済学者や評論家のお気に入りのようですが？

濱田　ＩＴＱ（譲渡性個別割当制度）ですね。要するに、各船の漁獲枠を取引できるようにして金融商品化するという話です。

藻谷　アイスランドは漁業国というイメージがありますが、じつは住民にはもともと魚を食べる習慣がない。私の読んだ体験記によれば、漁船の中でも毎日羊料理が出るとか（笑）。ジャレド・ダイアモンドの『文明崩壊』（草思社）には、グリーンランドに入植したバイキングたちが、連れてきた牛や羊が全滅しても絶対に魚を食べようとせず、アザラシを獲り尽した末に滅んでしまったという話が載っています。本には「宗教的タブーがあったのかも」とありますが、いずれにせよ魚があまり好きじゃなかったんでしょう（笑）。

濱田　そうでしょうね（笑）。

藻谷　自分たちでは食べないけど、フランス料理の食材としてタラがよく売れるので、お金のためにいっぱい獲っていた。私が訪れた二〇年前には、国民の二％しかいない漁民が稼いだ富で、全労働人口の九〇％を占める公務員を養うという国でした。タラの漁業権を守るためには、イギリスとの「戦争」も辞さなかった。

濱田　「タラ戦争」ですね。一九五八年から七六年にかけて起きた一連の紛争は最終的にアイスランドが粘り勝ちしましたが、その後、サッチャー首相の時代になると、アイスランドはイギリスとの貿易をかなり切られてしまい、さらに九〇年のタラ漁の不振をきっかけに経済危機に陥り、それまでの福祉国家から金融国家へと大きく舵《かじ》を切ります。その流れの中で、漁獲の個別割当も金融商品化されました。

藻谷　アイスランドでは、もともと漁業はお金儲けのためで、自分たちの食文化の中心を占めていたわけではないから、魚自体にあんまり思い入れがなかったんでしょうね。自らの漁業権を証券化して、せっせと資本家たちに売ってしまった。

濱田　ＩＴＱ制度を礼賛《らいさん》する人は、「有能な資本家の元に割当が集まり、漁業の生産性が向上した」と言いますが、報道によれば、沿岸漁民は小作人化し、地元での水揚げがなくなり、地元の水産加工業が倒産し、地域経済が悲惨な状態になったようです。

藻谷　漁民が儲かったのはＩＴＱを売った最初の瞬間だけ。しかも、その儲けを他の金融商品に投資したら、二〇〇八年の金融危機で雲散霧消してしまった。金融危機で

ＩＴＱはかなり海外に流出したから、結局、外国の資本家のためにアイスランド漁民がこき使われるという構図になってしまった。これ、アイスランドには何のメリットもないですよね。

濱田　一応、財政再建のために政府はＩＴＱへの課税を必死に強化しています。日本のＩＴＱ礼賛派は、それを捉《とら》えて「漁業会社が大規模化したから高額課税が可能になった」と強弁していますが、高額の税に耐えられなくなった事業者がＩＴＱを手放したら、ますます体力のある外国資本へ漁獲枠の権利が流出してしまう。

しかも、限られた漁獲枠の中で利益率を上げるには「価格形成力のあるサイズの魚の割合」を出来るだけ高める必要があります。そのため、小型魚や混獲魚が獲れてしまったら漁業者は海上投棄するしかないことになりかねない。

こうしたＩＴＱ制度の危険性は語り尽くされています。ノルウェーも大批判していたます。なのに、ノルウェーに学べという同じ人たちが、ＩＴＱを日本にも導入すべきだと言っているのです。話がブレています。

藻谷　それは「何でも大企業がやった方が効率的で儲かるんだ」と思い込む〝宗教〟のせいでしょう。集約化によって、固定費を下げて、間接費も下げて、産業に携わる人間もどんどん減らし、利益率が上がれば皆がハッピーになるのだと。

ですが実際には誰が受益するのか。確かに売れ筋の魚種の、規格化された切り身は少々安くなるかも知れない。うまくいけば大企業の利益も上がり、資本家への配当も増えるでしょう。でも、その結果は、「ドバイに超高層ビルが建ちました」とか、誰かの死ぬまで使われない貯金がさらに増えるとか、それ以上の話にはなりそうもない。その陰で漁村は廃《すた》れ、多様なサイズの多様な魚種を多様な方法で頂く、伝統の食文化も廃れていく。

濱田　それまで地域に順番にお金が回っていく仕組みだったものが、遠く離れた金融マーケットにお金が吸い上げられていく。地域経済という視点からみれば、ＩＴＱは負の効果の方が断然大きい。

魚食リテラシーの低下

藻谷　ご著書の中では、漁業問題を、漁業者側の問題としてだけでなく、流通サイド、そしてわれわれ消費者側の問題としても描いていました。

濱田　本にも書いた通り、漁業の流通は、基本的には生産者→産地卸売市場（卸売・仲買人）→消費地卸売市場（荷受・仲卸業者）→小売業・外食産業→消費者というルートを辿《たど》ります。そこに漁協や商社、場外問屋なども絡《から》んで、とても複雑になっています。

藻谷　それが私のように不勉強な部外者には、中間搾取《さくしゅ》が横行した、とても非効率な流通機構に見えるわけですね。

濱田　でも、これは日々の天候や海の状況に左右される漁業の特質に合せて発展してきた仕組みです。供給側がどこでどの魚がどれだけ獲れるかわからない一方で、需要側は必要な魚が安定的に仕入れられないと困る。しかも、魚は青果や肉に比べて鮮度のオチが早い。そこで二つの卸売市場を挟んで、素早く広範囲の需給を調整する仕組みができたわけです。

藻谷　保存が利《き》かないから、同じイワシでも、多く獲れたら安くなり、獲れなかったら高くなる。漁業はもともと究極の市場主義の世界なんですね。

濱田　ええ。だから市場のない農村はあっても、市場のない漁村はないんです。

藻谷　漁業の不安定さは、供給側にとっても、需要側にとっても、あまりにリスクが高い。それをヘッジして市場機能を維持していくために、産地と消費地に卸売機能を置く複雑な仕組みを作り上げてきた。ところが、市場のそのような複雑な機能を理解できない〝単純市場原理主義〟の経済学者が、「ムダな中間業者を取っ払え」とのたまう。

濱田　しかも卸売市場は、需給調整や代金回収に関するリスクヘッジの他にも、魚の「目利き」という重要な機能を持っています。プロが品質を見極めて、それに見合った値段を付ける。旬な魚やその調理方法といった知識を媒介する。それが小売店から買い物客へと伝達されて、豊かで多様な魚食文化が維持されていくわけです。

ところが近年の水産政策論では、そういった卸売市場のリンケージ機能が軽視され、安易な市場外流通賛美や規制緩和論が飛び交っています。私は、このまま卸売の衰退を許せば、必ず漁業全体の衰退を招くことになると考えています。

藻谷　すでに大口量販店のバイイングパワーに翻弄《ほんろう》されて、卸売市場の機能が低下していると指摘されていましたね。実際、スーパーの鮮魚売り場に行くと、一年中同じような魚の切り身ばっかり並んでいます。昔に比べて魚種が少なくなり、丸魚もめっきり減りました。

濱田　スーパーに並ぶのは「仕入れ四定条件」、つまり定時・定量・定質・定価を満たす定番品が基本です。

藻谷　すると結局、冷凍保存した海外の養殖モノに依存することになる。

濱田　スーパーの定番品は、東南アジア・中国産のエビ類、台湾産のマグロ類、チリ産のサケ類、オランダ産のアジ、ノルウェー産のサバ、アフリカ産のタコなど。マダイ、ハマチ、ホタテ貝などは、国産の養殖モノです。
それらをPOSデータで管理して仕入れをするので、昔の鮮魚店のように、多様な魚食の魅力を伝えることはありません。もっとも最近はチェーンストア系の販売競争も激化しているので、鮮度感を演出するために、産地直送の丸魚の対面販売などを行うところも出てきました。ただ、あくまでスポット的なイベントなので、魚食文化の普及に貢献しているかと言えば、微妙なところです。

藻谷 定番の刺身盛り合わせパックばかりでは、消費者側の魚食リテラシーも下がる一方だと……って、お恥ずかしいことに我が家もその典型です。妻は魚の骨が苦手で、スーパーで買ったウナギの蒲焼《かばやき》の中の細い骨が、喉《のど》の奥に刺さって苦しんだという実体験の持ち主です。塩焼きの腕前はプロ顔負けなのですが。そういう私も、魚は隅々までとても綺麗《きれい》に食べますが、自分で三枚におろす腕前はない……我が家でも魚食文化はピンチです。

濱田 確かに消費者から「魚に骨があった」とクレームが入るという話はよく聞きます。スーパーでは骨抜きをした加工品でないと売れないらしいですよ。

藻谷 もはや魚に鱗《うろこ》があるということすら、みんな忘れている。たまに丸魚をもらう

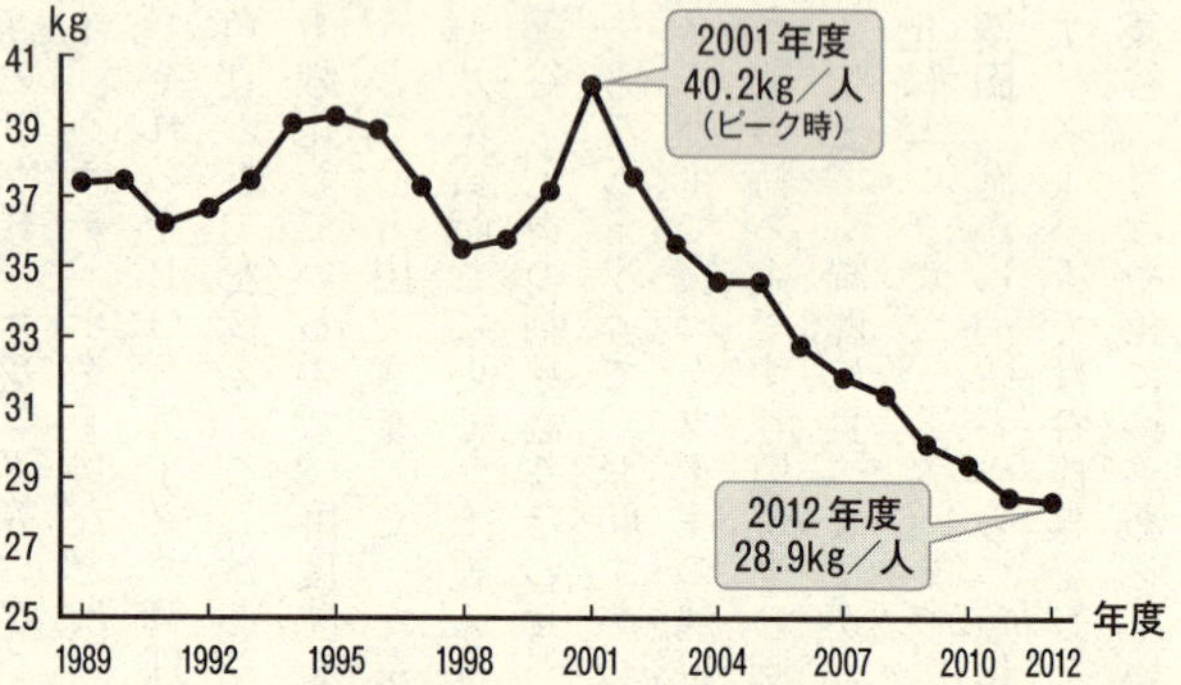

食用魚介類の1人当たり年間消費量（純食料）の推移

と、鱗落としをせずにそのまま焼いてしまってエライ目にあったとか（笑）。

濱田　鱗付きの丸魚は、鮮度の保ちが良いから、本当の魚好きは鱗付きを好むものなのですが……。

藻谷　あとゴミの問題もありますよね。丸魚を料理すると、アラとかがすごく臭くなって、週二回のゴミ収集の日を待てない。昔だったら肥料として庭の畑に撒《ま》けば、それで処理完了だったけど。

濱田　やはり魚食は都市生活に合わないんでしょうね。スーパーの鮮魚売り場の面積は、一見、昔とそんなに変わっていない。でも、昔はそこに丸魚が並んでいたのに、今はパック入りの切り身が並んでいる。食べる部分だけの切り身は、ある意味効率がいいとも言えるけど、やっぱり丸魚を並べる方が魚の絶対量は断然多くなる。つまり、かなり魚の消費が減っているということです。

藻谷　二〇一〇年に『デフレの正体』（角川ｏｎｅテーマ21）という本を出した時に、「生産年齢人口がピークアウトし高齢者だけが増えている結果、一人当たりの消費カロリーが下がっており、食品の消費量も減って、値崩れが起きている。これは金融政策で何とかなる〝デフレ〟ではない」と書いたら、一部のマクロ経済学愛好家に嘲《ちょう》笑《しょう》されたんですけど、濱田さんもご著書で同じことを書いてくれていましたね。

濱田　ええ。その通りだと思います。

藻谷　一方、魚の消費量が減少し始めたのは二〇〇二年からだそうですね。一五歳以上六五歳未満の生産年齢人口は、一九九六年から減少に転じています。

濱田　加齢効果の影響です。日本人は年を取ると肉よりも魚を食べるようになるので、ピークアウトにタイムラグが生じたわけです。ただ、加齢効果が働くのも団塊世代まででで、それより若い世代は、子供の頃からあまり魚を食べていないから、年を取っても魚食回帰は起きないだろうと言われています。

「道の駅」はあり得るか

藻谷　こうして話を聞いていると、漁業は本当に四面楚歌《そか》っていうか、もう六面楚歌というか（笑）。

濱田　上下も詰まっている（笑）。

藻谷　とは言え、何か活路を見出《みいだ》したいところです。たとえば、農業では「道の駅」などの直売所が、零細農家の支えになっていたりするのですが？

濱田　一応、漁業もやっています。でも、やっぱり供給が安定しないので……。

藻谷　なるほど。直売所は週末にお客が増えるものですが、農業なら週末に向けて集荷量を調整できるけど、漁業だと難しい。客の少ない水曜日にはたくさん獲れたのに、肝心の週末はまったく獲れなかったなんてことが起こりうる。

濱田　しょっちゅうありますね（笑）。だから、直売所の棚を品不足状態にしないためには、他産地のモノを入れるか、養殖モノに頼るか、あるいは冷凍品や加工品にするなどの工夫が必要になります。

藻谷　で、結局、スーパーと変わらない品揃《しなぞろ》えになって魅力がなくなってしまう。うーん、難しい。

濱田 ただ、福岡の近郊では、自分で魚を持ち込んで、好きな値段を付けて売るタイプの直売所が流行《はや》っています。博多っ子は食通が多いので、その手の顧客を摑《つか》んで、かなり儲けている漁師が出ています。まあ、ほんの一部ですけど。

藻谷 「ふるさと宅配便」はどうですか？　農業では、やる気のある専業農家はこれでかなり助かっているんですが……でも、これまでの感じだと、農業のアナロジーは、漁業にはなかなか通用しないんですよね（笑）。

濱田 そうですね（笑）。魚は良し悪《あ》しが非常に個別的なので、味にこだわりがある人ほど、一匹一匹モノを見て判断したいわけです。魚の目の透き通り方を見たり、お腹《なか》の出具合（餌が入っていない方が臭みがなく美味《おい》しい）とかで鮮度や味を判断する。生モノの場合、宅配便が届いて、これは違うなと思っても、もう手遅れですから、なかなか難しい。

藻谷 なるほど。農産物なら、同じ畑で穫れたものは大体同じ品質なので、良い農場を見つけたら、後はそこから直送してもらえばいい。でも、魚は同じ海で獲れたものでも、一匹一匹確認しないと品質がわからない。だから、プロの板前は、わざわざ毎日市場に出かけて行って、魚を仕入れるんですね。

濱田　そのようなプロの板前と卸人の存在が、魚食文化の最後の砦《とりで》だと思っています。板前と卸人の間には、まだ「いいものを出したい」というプロの矜持《きょうじ》が残っています。ただ、接待文化がなくなって、料亭やちゃんとした料理屋がどんどん減ってしまって……。

藻谷　みんな居酒屋チェーンに取って代わられてしまい、料理人が腕を振るう場所がなくなってしまった。寿司《すし》屋もチェーンの回転寿司が大隆盛。あとコンビニとかの中《なか》食《しょく》部門も急成長しています。

濱田　それらは当然、その低価格に見合う原料しか使わないので、輸入の冷凍モノばかりになります。

藻谷　とにかく安けりゃいいという世の中になってしまいました。

濱田　でも北陸では、まだ「いい魚をいい値段で食べる」という文化が生き残っていますね。金沢なんかは、本格的な料理人が集まっています。だから、ちょっとした料理屋に入っても、時価で結構いい値段を取られる（笑）。

藻谷　そうそう、高くてビックリ（笑）。北陸はもともと地産地消の経済が発展していた地域で、魚も地元の美味しいものを食べている。とくに福井や富山などは比較的単身世帯が少なく、三世代世帯とか大家族が多いから、大きな丸魚でもちゃんと食べ

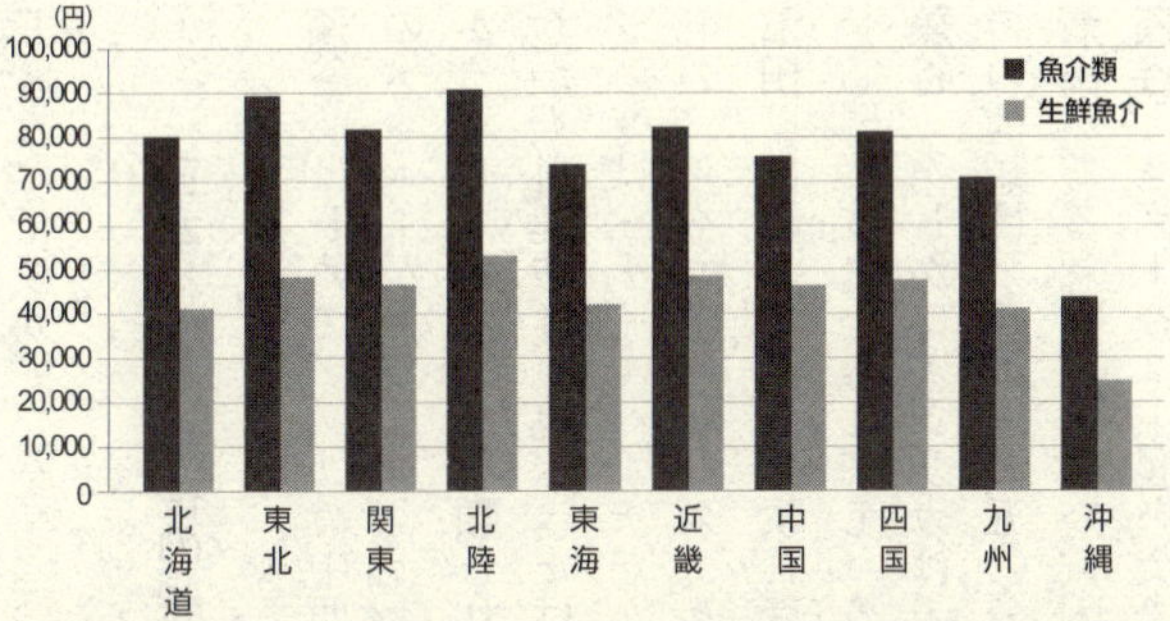

魚介類への年間支出金額のデータを見ると、北陸地方がもっとも多い

切れる。

濱田　北陸が幸福度ランキングで一位から三位までを独占しているのは、魚のおかげかも（笑）。ちなみに私の出身地の大阪府は最下位です……。

藻谷　金沢市中央卸売市場も、圏域の人口の割には水産物の取扱高では全国上位に食い込んでいます。

濱田　ブリとかズワイガニとか近海で良いモノが揚がる上に、やっぱりいい値段が付くので、モノによっては太平洋側で獲れた魚まで金沢に集まってくる。築地よりも高く売れたりしますから。

でも、いくら北陸の魚食文化の豊かさについて話しても、経済至上主義の人に言わせると、「北陸なんて全然ダメじゃん」ってことになるんでしょうね。

藻谷　彼らから見れば、魚も単なるモノ。旬だとか鮮度とかは面倒なだけ。そんな不便なモノは食べない方が経済は成長するなんて、本気で思っているんじゃないですか。

日本社会の最後の砦

藻谷　はじめてアメリカ中西部の田舎町のレストランに行った時に驚いたのは、主菜のメニューが、ビーフ、ポーク、チキン、シーフードの四種類だけだったこと。肉はかろうじて三種類に分類されていますが、魚介類はシーフードで一括《ひとくく》りにされていて、しかも料理法は「焼く」だけです。実際、その辺に住んでいる人々の魚食のバリエーションは、ナイルパーチだか深海魚だかのソテーの一種類しかない。で、飲み物はコーク、ダイエットコーク、セブンアップの三種類だけみたいな。

濱田　供給する側からすれば、ものすごく好都合ですね。それが「経済原理に適《かな》っている」ってことなんでしょうか。

藻谷　たしかにアメリカは未《いま》だにGDPがどんどん伸びている。でも「食べているものの種類は、日本人の五〇分の一しかありません」みたいな社会です。

濱田　ある意味、すごい貧困社会。

藻谷　マネー資本主義を突き詰めると、みんなウォルマートで冷凍ナゲットと袋菓子だけ買って生きてくれれば、一番効率良く儲かって配当に回せる、という話になる。同じジャンクフードを繰り返し買ってくれる客層を大量に育てるのに成功し、業者も資本家も万々歳でしょう。

濱田　日本人の目から見ると、アメリカの自然って大雑把で単調じゃないですか。もしかしたら、それで食文化も単調になってしまうのかなっていう気もします。日本中の漁村を歩き回っていて思うのは、やっぱり日本の自然って多様で豊かだということです。そして、その自然の恵みを先人たちがうまく利用して、多様で細やかな食文化を築いてきた。

藻谷　でも、日本社会もどんどんグローバルスタンダード化、要するにアメリカ化しています。

濱田　たしかに今では漁村でもコンビニがあり、利用者が多いです。

藻谷　この前も、北海道のとある港町で講演会に呼ばれて、たまたまその日がウニの解禁日だったんです。で、もしかしたらウニと日本酒にありつけるかもと思っていたら、地元の皆さんはひたすらザンギ（鶏《とり》の唐揚げ）を肴《さかな》にスーパードライを飲み続けていて……（笑）。

濱田　「國稀《くにまれ》」でも飲めると思っていたのでは……残念でした（笑）。

藻谷　逆に、日本海側のとある町の旅館で会合があった時は、極めて美味なノドグロの焼魚が出てきたんです。たまたま近くにイギリス人が座っていて、一口も箸《はし》を付けていなかった。で、「なんて勿体《もったい》ない」と思って周りを見たら、なんと他の日本人たちも半分くらいは、片身の一部にしか手を付けていなかった。

濱田　へぇー、それは勿体ない。

藻谷　イギリス人も含めて、みんな刺身の方は食べていた。でも、これは僕個人の好みもあるかも知れませんが、刺身ってよほど条件が揃わない限り、そこまで美味しくない。どう考えても、ここはノドグロの方を食べるべきなのに……。

濱田　旅館の料理人も、きっとガッカリしたでしょうね。「それなら刺身だけ出せばいいや」ってなりかねない。

藻谷　最近は、やたらグルメな人と、まったく味に関心がない人と、二極分化が起きているような気がします。

濱田　あと規格化されたものしか信じないという人も出てきたように思います。よくわからない近海モノの鮮魚よりも、冷凍食品のフィッシュフライの方が安心できるとか。

藻谷　まるでキャットフードしか食べないネコみたいに、野性を失い規格化された人間が、毎日冷凍食品だけ食べている。

濱田 結局、「豊かさとは何か」という哲学がないままに、闇雲《やみくも》に経済成長を追い求めたツケでしょうね。数字上の豊かさを追求すればするほど、かえって本当の豊かさが逃げていくというパラドックスにハマってしまった。

藻谷 ええ。私は濱田さんの本を読んでいて、じつは魚食文化こそが日本の豊かさを測る「モノサシ」になるんじゃないかって気づいたんです。魚食を守るためには、まさに国土と国民の総合力が問われますから。

たとえば、日本の農村地帯にトキが一羽も飛ばなくなった時、それはやっぱり日本の国土が相当マズイことになっているだろうと思うわけです。その意味で、野生のトキは日本の豊かさを測る一つの指標だったわけですが、漁業はもっと総合的な指標になるのではないかと。

濱田 そうですね。漁業が元気でいるためには、国土の健全性が総合的に保たれていなければならない。長い海岸線に沿って漁業者が分散して住める状態にあって、山と海の自然の恵みの循環を守りながら、そこで獲れた魚介類をスムーズに都会に送る流通インフラが整っていて……。

藻谷 しかも、それなりのお金を出して、魚を味わうリテラシーと精神的余裕のある人々が、産地にも都会にも一定数以上住んでいなければならない。

濱田　ひたすら自然環境を守れというディープ・エコロジーではなく、経済的にもちゃんと循環していく形で、社会全体の多様性や再生可能性を守ることが、本当の豊かさにつながると思います。

藻谷　その通りです。『里山資本主義』に対しても、「里山だけでは日本経済は支えられない」とか、逆に「里山を資本主義の具にするな」とか、両極端から的外れな批判が来ますが、そうではなくて、身近な自然を再生可能な資本として使うサブシステムを持つことで、日本はもっと豊かになるというのが私の主張です。

その意味で、日本が豊かな社会であり続けていけるかどうかは、日本人がこの先も漁業と魚食文化を守っていけるかどうかと、パラレルなのではないでしょうか。

第三部　アップデートされる暮し

第九章　「限界集落」と効率化の罠《わな》

――山下祐介（社会学者）

山下祐介（やました・ゆうすけ）
1969年、富山県生まれ。首都大学東京都市教養学部准教授。九州大学助手、弘前大学准教授などを経て、現職。著書に『限界集落の真実』『東北発の震災論』など。

限界集落は、消えて行って当たり前なのだろうか。

「自由競争の中で敗者は淘汰《とうた》され、資源配分が最適化される」というのが市場経済原理だ。ひっくり返すと「自由競争の中で淘汰されつつある敗者は、最適な資源配分の障害だ」となる。論理的には不正確だが感覚的にはわかりやすいこのテーゼが横行する日本では、多くが躊躇《ちゅうちょ》なく「イエス」と答えるだろう。

それでは問おう。日本社会も、消えて行って当たり前なのだろうか。少子化の進むこの国は、一〇〇年経《た》たずに子供がゼロになってしまいかねない「限界国家」なのである。これも「自由競争に淘汰された結果」であって、仕方がないことなのか。

この対談で山下祐介氏の発する、「なくなって不思議のない限界集落がなぜまだ残っているのか。多様な暮らし方が存在することに意味があるからではないか」という問いかけ。暮らしを経済の上位に置く、本末転倒していない発想に、目から鱗《うろこ》が落ちるだろう。

限界国家・日本の再生の道は、その先にこそ続いている。

――藻谷浩介

消滅集落の子孫として

藻谷　「限界集落なんて、なくなっても誰も困らない過疎地《かそち》の山奥の話。自分には関係ない」と思う人も多いでしょう。ですが本当は、限界集落の問題は都会の住人にとってまったく他人事《ひとごと》ではない。今の時代、他者を切り捨てる側にいたつもりが、いつ切り捨てられる側に回るか分からないのです。むしろこれが日本人全員にとって「自分事」であるという話を、今日はお聞きしていきたいと思います。

山下　藻谷さんのように全国を飛び回っている方相手にどんなお話ができるか分かりませんが、よろしくお願いします。

藻谷　ところで、私個人の話で恐縮ですが、私の母方の祖先は、石川県の一番山奥にあった「新保《しんぼ》」という集落の庄屋でした。今は廃村ですが、そこに至ったプロセスと、集落の跡でその後に起こっていることを、私は折々に訪れて見ています。

そんな中、無数の現場で丹念に定点観測を続け、「限界集落は高齢化による過疎化で消滅寸前」という俗説を、事実をもって静かに否定されたご著書『限界集落の真実』（ちくま新書）を、うんうん、ああそうか、と自問自答しながら拝読しました。その中にある新潟県旧大島村の消滅集落の事例は、私の祖先の村と似ています。

山下　新潟の山奥で、一九六〇年代から七〇年代にかけて、非常に早い時期に人口減少と挙家《きょか》離村があった地域ですね。

藻谷　そういう早い時期の離村は、北陸を中心とした豪雪地帯に多かったのです。農業生産力の乏しい山奥でも、街道が通り往来があることで、宿場町的な性格との合わせ技でかろうじて成り立っていた集落や、山で焼いた炭を近隣の町場で売ることで食いつないでいた村もあったのですが、それらが力尽きた。深い谷間を登った先の、猫の額のような平地にあった新保集落もその典型でした。

昭和の大合併で小松市に統合され、挙家離村と小学校の廃校で消滅に向かったわけですが、最後だけはあたかも「高齢化の末の消滅」という外見になりました。三〇年前には老夫婦が一組お住まいで、自転車で登ってきた私に雑穀ご飯を食べさせてくれた。その後おじいさんが亡《な》くなり、その数年後におばあさんも一人静かに亡くなっているのを発見されたのですが、この本を読んでから考えてみれば、集落の実質は、子連れ世帯が離村した昭和三〇年代に終わっていたのです。

山下　旧大島村の例も、挙家離村のあと、少数ながら残った人々が住み続けて、彼らが平成に入ってから亡くなったので、統計上は平成期の集落消滅になっています。その村が消えたのはいつですか。

藻谷　世がバブルに浮かれていた頃です。

皮肉なことに、廃村になってから舗装道路が整備され、今では小松市の中心部から一時間ほどの「都市近郊」です。戦争の頃までは、鉱山鉄道の終点から林道を四時間歩かないと辿《たど》り着けない、絶望的な山奥だったのですが。村のあった場所には、集落出身の人が小奇麗な丸太小屋の別荘をたくさん建てていて、夏にはイワナ釣りで賑《にぎ》わいます。でも、人が通年定住する場所には、もう戻りません。

合併前の最後の村長だった私の曾祖父《そうそふ》が編んだ村史が、亡くなった祖父の書棚に一冊だけあったのを、今は私が大事に持っています。親鸞《しんらん》の直弟子が鎌倉時代に住み着いたという伝承のある村で、加賀一向一揆《いっき》で信長に敗れた後も、山奥で信仰を守っていた。石川県ですが加賀百万石には属さず、飛騨《ひだ》高山の代官が差配した天領でした。そんな歴史も、村の消滅とともに忘れ去られゆく運命です。

だから、山下さんが書かれているトーンより、私は集落の消滅についてもう少し強い切迫感を持っているんです。

山下　なるほど。そのお話はよくわかります。ただ、この本では、あえて危機感を煽《あお》らないようにしたところがあるんです。

私が、研究で定期的に訪れている場所の一つに、青森県の白神山麓《しらかみさんろく》にある相馬村という地域があります。そこは高品質のリンゴを作る地域で農業後継者も育っています。でも二〇〇六年に弘前市と合併したことがきっかけとなり、なんだかもう地域全体の雰囲気として、「この村はいずれ消えるんだ」という諦《あきら》めの感覚が漂うようになった。実際に子どもの数も激減していて村民の運動会を開いても今ひとつ盛り上がらない。地域再生で頑張っている集落もあるんですが、やっぱり心の状態が非常に大きくて、かつてのような地域づくりの気運が再びわき上がってくるような感じはない。集団というのはたぶん、「もうなくなるんだ」と思った瞬間に本当にダメになっていくんじゃないかと思うんです。

藻谷　ようするに、「もうこの地域には価値がない」と思ってしまうんですね。

山下　ええ。そこでどんなに豊かな営みがあったとしても、そういう意識が生じたところから、ずるずると崩れていく。だから、それを見ている方は意図的にでも、「そんなことはない」と言わないといけない。「あなたたちの地域には独自の価値があるし、よく見たらちゃんと続くようにできている」というメッセージを発信しなければいけないんです。もちろん、それが完全に嘘《うそ》だったら困りますが、可能性があるうちはむしろ声高に叫ばないと、本当は残れるところまで残らなくなってしまう可能性があります。後で説明しますが、それは日本の「効率化」ではなく「自殺」ですから。

正直言って、研究者の客観的な見方からすれば、これから本当にどうしようもなくなる場所は出てくるだろうと思っています。本の中では、「高齢化が進んだせいで消滅した集落はまだ一つもない」と書きましたが、この本のための調査をしたのは〇七年から〇九年にかけてなので、今はもう、そういう集落が現れている可能性はある。でも、現状存続している地域には、あえて、まずはできるだけ「大丈夫だ」と宣言して、そこから考えよう、というふうには意識しています。

藻谷　確かに、本に書いてらっしゃるとおり、高齢化率が高い場所と、実際に消える場所とは、一致しないですよね。

山下　そうです。ただ、「中心」から「周辺」へ、すなわち中央から地方へ、専門家から素人《しろうと》へ、そういう判断が与えられると、実際に住んでいる人たちは、それだけで「自分たちはもうダメなんだ」と頭から信じ込んでしまいかねない。

藻谷　別段病気ではない人が、祈禱師《きとうし》に重病だと言われて、寝込んでしまうみたいなものですね。日本経済はダメだと叫ぶ最近の風潮にも似たものを感じます。

日本中が超高齢化する

藻谷　この本は現場の実態を先入観なく写し取っていますね。その通り！　と思わず口にしたのは、「超高齢化で衰退が懸念《けねん》される場所は山村だけではない、都市部含め、日本中にある」という指摘です。

山下　そうです。本の中では超高齢集落のパターンを、五つに分類しています。村落型、開拓村型、伝統的市街地、原料生産や近代初期工業を担《にな》った初期の産業都市、そして初期の郊外住宅地。

藻谷　私が全国で実感してきたことを、見事に五つにまとめていただきました。このうち、開拓村型の集落の状況はなかなか厳しい。終戦直後に、条件の悪いところにまで無理に入植したケースも多いわけですから。個人的には、開拓村のような場所はとても好きなんですが。それから原料生産地の中でも、純粋な鉱山町は、閉山後は前途多難ですね。

しかし伝統的市街地の超高齢化は残念です。いわゆる商店街のシャッター街化について、一〇年以上前ですが「それは商業以前に人口空洞化の問題だ」と唱えたら、まち＝商店街と考える旧来型の専門家からひどく攻撃されました。「商売のことばかり考えて新たな住人を受け入れるという視点がなく、高齢者ばかりになってしまったからこそ、商店街が衰退している」と書いたわけですが、山下さんから同じ指摘をいただき心強いです。

山下　なるほど。

藻谷　村落型の問題は私の祖先の村の話で語ったところですが、初期郊外住宅地域の問題の深刻さにも、二〇年近く前、市町村別人口予測を読み込み始めた頃に気付きました。分譲時に戦争前後生まれ世代が一斉入居した大都市圏の郊外住宅地では、年々住人の高齢化が進んでいます。

これまた私事ですが、ディズニーランドの開業直前から一〇年弱、浦安の埋め立て地の分譲住宅に住んでいました。入居当時学生だった私が今や五〇代目前になったように、若々しかった地区もぐっと高齢化しています。地区の小学校は、開設一〇年弱で廃校になりました。

しかも相馬村みたいに、白神山地のお膝元《ひざもと》にある伝統的村落として、明らかに「継承すべきもの」があるのに諦めてしまいがちというパターンも問題ですが、郊外型のニュータウンには、そもそも「継承すべきもの」が乏しいですよね。

山下さんは今、首都大にいらっしゃって、まさに多摩のニュータウン地区が勤務地なわけですが、ひょっとするとお住まいもその近くですか。

山下　ええ、そうです。もう二年半くらいその辺りに住んでいます。

藻谷　実際に郊外住宅地に住まわれてみてどうですか。

山下　そうですね……。まず、ここに住んで都心に通勤している人たちは、職住分離をどういうふうに考えているんだろうという、非常に素朴な疑問が湧《わ》いています。これって、実は結構重要な問題でもあると思うんです。

私はこれまで九州や東北にも住んできましたが、地方都市の場合は、周りの町村から通勤するにしても、ここまで職場と住宅は分離していない。車を使っても数十分、郊外住宅でも歩いてだって職場と行き来できる場所にあって、出身地にも近いから親の死に目に会えないようなことだってない。

対して、首都圏の暮らしのあり方は、職住分離が基本です。3・11のとき、僕は弘前大学にいたので直接は知らないのですが、都心ではあの日、多くの人が家に帰れなかったんですよね。

藻谷　内閣府の推計では、首都圏で計五一五万人が帰宅難民になったそうです。

山下　すごい数字ですね。そもそも、移動区間の途中に河川があったりする場合、橋がなくなったらもう渡れない。今回の震災では影響がなかったからよかったようなものの、川が溢《あふ》れたり橋が落ちたりしたら、それこそ大変なことになる。毎日そこを通って通勤している人は、そういうリスクをどう考えているのだろう。

藻谷　元浦安市民として申しますが、そこは考えないようにしているんです（笑）。多摩川には、まだ瀬や堰《せき》がありますが、浦安と東京の間にある旧江戸川、荒川、隅田川はなかなか渡れないでしょう。でも都心へは普段は僅《わず》か一五分なのです。どうも首都圏の住人は、原初的な地理的感覚を、身体レベルで喪失してしまっているように思います。毎日、いろんな交通手段で、土地から土地へワープしているようなものですから。エレベーターが止まったら動きのとれなくなるマンションの高層階の住人も同じですよね。垂直距離の感覚を喪失しているから住める。

職住分離の抱えるリスク

山下　職住分離の問題は、原発なんかとも同じだと思うんです。日常的には何の支障もなく気づかないけれど、実は非常に大きなリスクを抱えている。何かことが起きれば個々には対応なんかできない、とんでもない状態がさらけ出される。

そうまでして職住分離しているのは、主に暮らしのため、経済的な糧《かて》を得るためでしょうが、その裏では確実に犠牲になっているものがある。僕のような地方の暮らしが長い人間には、それにはっきりした違和感がありますが、おそらく長年そういう環境で暮らしている人にとっては、それがむしろ普通になっている。

藻谷　私も、ＮＨＫ広島取材班との共著『里山資本主義』（角川ｏｎｅテーマ21）の中で、そういう基本的なリスクを全く勘案していない社会はおかしい、ということを書きました。それで、現在の「マネー資本主義」という経済至上主義のシステムに並行して、お金に依存しない「里山資本主義」というサブシステムを持っておかなければダメだ、いやむしろ、なんならサブとメインが逆転した人が増えたほうがいいんじゃないか、と提案しています。

今、特に都会で働いている人たちは、人生の多くが「暮らし」ではなく「労働」になっています。その労働というのも、昔は生活と直結したものだったのが、今はなんのために働いていて、誰にその糧が回っているのかよく分からない。がむしゃらに働き、ご飯は外食、結構な家賃と光熱費を払いながら、家に帰ったら寝るだけ。もともとは普通に暮らしていくためにやっていたはずのことが、いつのまにか、もっと大きなシステムの中の一部分に組み込まれてしまっているのです。もちろん、その仕組みの中で働くかぎり、保険も医療もあって、野垂れ死ぬことはありません。でも、かといって生きることを素直に喜べない。そんな社会は、本質的にどこかおかしいんです。対して、職住接近の人たち、つまり私たちの提唱する「里山資本主義」的な人たちを見ると、比較的「暮らし＝労働」という図式が成り立っています。畑で自分達が作ったものを「ああ、うまいなぁ」なんて言って食べている。雨漏りがあれば、自分で屋根の修理をする。暮らすために労働していて、やったことの結果がストレートに自分に返ってくるんです。

山下　職住分離というのは、たしかに効率が良く見えるんですが、問題は、その効率が、誰にとっての効率なのか、ということですよね。通勤に一時間かかるというのは、通勤する側にとっては大変な非効率です。でもたぶん、「システム」の側から見れば、人間が移動してくれたほうが、効率がいいわけですよね。

藻谷　そうです。

山下　さらに言うと、電車はぎゅうぎゅう詰めになるまで乗ってくれるのが、経営側からすれば効率がいい。

藻谷　そのとおりですね。

山下　混雑率が上位の路線区間だと、通勤時間帯の乗車率は二〇〇％にも達している。

地方に暮らす人間には、そんなぎゅうぎゅう詰めの電車に一時間も乗っているなんてとても考えられない。

藻谷　もっと言えば、たぶんその電車の運転士も、職住分離の通勤者ですよ。たとえばJR東日本や小田急電鉄は本社が新宿ですが、はるばる郊外から通勤している人も多いはず。きっと、「なんか、これっておかしくね？」とか思いながら。

そういう日々はやっぱりつらいので、最近は、所得の高い人から先に都心居住に回帰して、職住接近を実現しています。あるいは、オフィスを持たずにパソコンを持ち歩いて仕事をしている「ノマド」もそうです。都心の一等地に住むお金はなくてもなるべく職住接近で行きたいという人が、ノマドになっている。何を隠そう私自身がそうで、オフィスは持たず、通勤もせずに、自宅の机や出先のカフェで仕事をする。組織を離れても食べていけるという特殊な立場を、就職以来二二年越しの努力の末に獲得できたからですが、これでストレスは激減しました。

でもそんな芸当はごく一部の人にしかできません。この仕事とやり方を、私の子どもが継げるかといったら、継げない。どこかに就職して、きっとまた職住分離になるのでしょう。その繰り返し。

そういう都会の奇妙な状況のなかで、「暮らし」に割く時間がどんどん減っていくと、それは端的に少子化という現象に現れてくると私は思うんです。暮らしをきちんと営めないから子どもが減る。

山下さんの本の中に、都会のそうした構造を、ズバリ一言で表した一文がありました。これです。「(農村部から)あふれた人口は都市に向かい、そこで消費される」。労働の中で消費されてしまって、子孫を残さずに消える。少子化という現象は、人が都市で消費された結果だと。

山下　そうですよね。

藻谷　さらっと書かれていますが、あまりにも本質を突いた言葉だと思います。二〇世紀後半の日本を一言で語るなら、これではないでしょうか。私が『デフレの正体』(角川ｏｎｅテーマ21)で警鐘を鳴らそうとしていたのも、まさにこういうことです。

二〇世紀後半の日本は、戦争前後に大量に生まれた若者を、東京や大阪などの大都市に集めて、国際競争に動員した。その過程で経済成長と呼ばれる現象も起きたんですが、彼らは結局「消費された」、即《すなわ》ち「再生産されなかった」のです。出生率が一近くまで落ちた首都圏では、もはや年々、高齢者の急増と、子供世代・現役世代の減少が進んでいます。

そしてさらに重要なのは、これも山下さんの書かれているとおり、そういう構造を作り出しているマネー資本主義のシステムには、特に運営者も、固定された受益者もいないということです。

山下　システム自体がもはや巨大化・複雑化しすぎていて、個人の手の届くものではなくなっていますからね。

藻谷　個人がお互いに牽制《けんせい》しあって、ブツブツ言いながらも、結局は日本人皆で一つのシステムを回しているだけ。しかも、そこには中心というものがありません。中に入ってみると中心は空っぽ、つまり中空構造になっている。

こういうシステムは日本だけでなく、世界を見渡せば、さらにその先にいってしまっているようなところもあります。たとえばヨーロッパだと、もう単位は国ではない。「全体のシステムを守るために、国の領域を越えろ」と言って、一生懸命EUが各国の指導者を説得しているわけです。あるいは、アメリカにいくと、「アメリカのシステムを守れ」というのは、「大企業が個人から絞り取るシステムを守れ」「大資産家の財産を守れ」という意味でもある。大企業の一部の株主にお金を還流するためのシステムを、多くの個人の犠牲の上で、延々と回し続けるという仕組みになっているのです。

「それが資本主義だ」という人もいるんですが、金儲《かねもう》け以外の何かの目的のために投下されるはずの「資本」という言葉を、そこに使うのには違和感があります。今暴走しているのは、際限のないお金の増殖それ自体が、自己目的化したシステムなんです。そしてその覆《おお》う範囲が、いまや国の枠を越えてしまっている。

山下　資本主義はプロテスタントから生まれたというマックス・ウェーバーのテーゼがありますが、あれってすごく重要だと思うんです。結局、我々は資本主義という宗教の中に生きていて、集団は妄信しながら何かに向かって動いていく。そのときに、その集団の目的が個人の幸せにつながっていればいいんですが、今はそれが違う方向にいっている気がします。

たしかに見方を変えれば、個人を守るのは国家だったり、市場だったりするのかもしれない。でもたぶん普通に暮らしている多くの人が守りたいのは、率直に自分の暮らしであり、家族ですよね。まあ、ものすごく豊かではなくても、そこそこ幸せに、少なくとも不幸せにはならずに生きたいなと思っている。それこそが目的のはずなのに、その部分が犠牲になってもいいという議論を始めるのは、ある意味、社会の「自殺」と同じでしょう。

たとえば津波災害の被災地では、巨大防潮堤の建設と高台移転が計画されています。どちらももちろん、当初の目的は、そこに住む人の命を守ることです。でも、たとえばそこに住む人が、巨大防潮堤によって景観の大きく損なわれた故郷や、まったく海の見えない山の中の団地に住むことになって、そのことで暮らしに意味を見出《みいだ》せなくなったとしたら、そこで生きることとはいったいなんなのでしょうか。人の命を守るために高台に移転させたのに、そのせいで、人の暮らしの意味が失われるという逆転が起きかねない。今、被災地ではまさに、「復興を進めるためには人の暮らしはどうなっても構わない」という、倒錯した状況が起こりつつあります。

藻谷　その「復興」の部分を、他のいろんなものに置き換えて考えると、被災地以外の人にとっても「自分事」だとわかるでしょう。「株主の利益」のためには人の暮らしはどうなっても構わないのが今のアメリカ。「国際経済競争に勝つ」ためには人の暮らしはどうなっても構わないのが、韓国や、日本の一部大企業や、一部政治家。すべて同じ構造です。

「復興は人の暮らしのため」、「経済成長はあなたが生きていくため」と言うけれど、あなたが生きていくために、あなたの暮らしを犠牲にしましょうって、それは話がおかしいですよね。「生きるために経済成長しましょう」と言っているうちに、成長の方がいつのまにか目的になって、「経済成長のために生きよう」という主客転倒を起こしているのです。

「効率」を突き詰めるおかしさ

藻谷　先ほど大都市圏の「効率」重視についての話が出ましたが、限界集落も、まさに、「この場所は効率が悪いからいらない」と切り捨てられる対象になりうるわけですよね。ただ、そういう考え方を突き詰めると、一体どうなるか。

まず、自分の町の中の周辺集落は、お荷物だからいらないと言いだします。すると次に、今度は県の中心地帯と比べて「この町自体がいらない」と言いだす。その次は、他県と比べて「この県も、いらないんじゃないか」となる。結局、「全員、東京に行けば？」ということになるんですが、それを言いだすと、実は「世界の中で、日本はいらない」という話になります。だって、世界各地からこの東の端の島国にわざわざ資源を運んできて、製品を作ってまたもとのところに戻すなんて、エネルギーの無駄ですよね。しかも、極めて天災の多い列島に、これだけ大きな生産力、経済力があるのは世界経済のリスクです。だとしたら、日本はなくなったほうがいいんじゃないか。

人間はおもしろいもので、自分の周辺に対しては圧力をかけるくせに、自分より中心にあるものに対しては、まったく目が行かない。世界の中心から見れば「日本の存在は非効率だ」と言われかねないのに、それに気付かないまま「田舎の存在は非効率だ」と決め付ける。

山下　効率とか、何が無駄かっていう話を突き詰めていくと、結局、「生きているのが無駄」になりますよね。

藻谷　まさにそういうことですよね。効率と無駄は相対的なもので、絶対的な線が引けるものではない。今から二〇〇〇年以上前、荘子が「無用の用」を指摘したころから、不変の事実です。

ですが「何のための効率か？　普通に暮らしを営むためでしょ」とわかれば、現実的な判断はできる。実際、お金はあまりなくても、幸せになれる場所はある。

山下　そうですね。たとえば、山村の暮らしの豊かさというのは、組み合わせを持っているということにあると思うんです。今や日本の山村は、どんな山奥でも、一時間もあればスーパーへ行ける。だから、山村に住む人たちは、「今日は刺身が食べたいな」と思ったら、車でスーパーへ行って、魚と酒を買ってくることもできるし、あるいは、「今日はちょっと山に入って、新鮮なきのこを採ってこようかな」ということもできる。

もちろん、それはやむにやまれずという部分もありますが、そういう組み合わせの豊かさがあるから、現金収入が少なくても大丈夫というかたちになっていると思うんです。

そういう場所を「効率」という尺度だけで議論してしまうと、暮らしの多様性が見失われてしまう。そうではなく、「効率が悪いのならもっと早く消えていてもおかしくないはずなのに、なぜ残っているのか」を考えることが、本当の意味で効率性を議論することにもなると思うんです。

藻谷　ああそうか！　私はついつい「残すべきか」とか「残せるのか」という考え方をしてしまっていたんですが、そうではなくて、「高度成長以降半世紀たっても、まだ残っているからには、何か存在理由があるのだ」と考える。なるほど、生態系の多様性と同じで、現にそこにあるものを、浅知恵で否定はできない。

多様性が保障するもの

山下　都市であれ、村落であれ、集落が多様であることは、実はとてつもなく重要なことで、それで国全体の機能がうまくまわってきたという可能性は非常に高いと思うんです。もちろん、簡単にはそれを証明することはできませんが。

藻谷　さきほど触れた『里山資本主義』の中で私は、「里山には金銭換算できない価値がある。それは日本経済にとっても大事な、残すべきものだ」と必死に弁じたのですが、大上段に過ぎたかもしれません。山下さんがおっしゃっているのは、そういう天下国家の話はさておき、今そこで人々の暮らしがちゃんと成り立っているということ自体に、そもそも大事な意味があるということですよね。

山下　ええ。多くの人は、そのほうがその人にとっていいから、そこで暮らしているんですよね。住む場所の選択は、人によって様々です。いつでも都会の文化に触れる暮らしがしたいという人もいれば、山の中に入って好きなことをしたいという人もいる。その選択肢はできるだけ多様であるべきだし、実際、日本の社会は、多様にできていたと思うんです。

各県、あるいは昔の各藩ごとに、言葉も違えば文化も違う、食べるものも少しずつ違っていて、その中で、それぞれ多様に暮らすことができていた。それをどんどん切り捨てていくと、そうした多様性が失われていって、何か一つの価値やイデオロギーに従わなきゃいけないようになってきます。

藻谷　ですが「田舎では人が古い因習に縛られていて、自由も多様性も発揮できない」という声も、特に都会に暮らす田舎出身者から多く聞かれますね。

山下　ええ、聞きますね。でも、人間って、必ず犠牲を払って、何かのために生きているわけじゃないですか。

藻谷　そう。「じゃあ、あなたが住む都会に、会社や大学に、因習はないの？」と言いたくなりますよね。田舎で寄り合いに一時間顔を出さなければならないのは「因習」と言われるが、都会の通勤電車の中で一時間立つとか、社内のくだらない会議に一時間出るのは、なぜか「個人の選択の結果」だと言われる。でもそれは結局、どちらも、集団の中で生きていく上での我慢みたいなものですよね。

山下　農家や自営業は、自分の城を持っているわけだから、そういう意味では、そっちのほうが個人として自由であるとも言えますよね。ましてや、先ほどのように組み合わせの自由もある。

藻谷　しかも、エネルギー収支的にも食料収支的にも、都会人の方がよほど他人や他国の世話になっている。

山下　地方はそういう面で自立しています。

藻谷　地方は税金を無駄使いしていると言われますが、都市部の郊外に比べればどうでしょうか。とりわけ道も狭く上下水道も不備な山村では、インフラには想像以上にお金がかかっていない。

山下　そうなんですよ。例えば、山間の最奥の村までバスが通っているとします。そうすると必ず、この路線バスを通すのにいくらかかっていて、それなのに乗っているのはたった数人だから、お金の無駄だ、っていう話になるんですよね。言われたほうも、それはそうだよなと申し訳なく思ってしまう。ところが、その路線にかかっている金額って、実は年間たった何十万みたいな話なんです。例えばゆるキャラにかけている巨額の予算と比べれば、全く大したことはない。しかも、それで実際に集落が維持できているんだから、無駄でもない。

藻谷　仮にその人たちが山で暮らしていけなくなって、都会で生活保護を受けるようになったらいくらお金がかかるか。そういうことを全く考えずに、微々たる金額でもベクトルが赤字方向だからやめろと言うのは、ナンセンスですよね。

学校の統廃合が招く危機

山下　赤字による切り捨てといえば、地域における学校統合は、そろそろ本気で止《や》めないとまずいと思っているんです。見たところ、今年、来年あたりの学校の統廃合の話は、もう完全に閾値《いきち》を超えつつあります。

たとえば青森県内で言えば、長くおつきあいしている平川市内の山間地域で、もともと二校あった小学校が最近一校になり、さらにその一校もこれから統合されようとしています。隣の黒石市でも、山間部の伝統のある中学校の統合話が出ています。どちらも統合されれば、今までのように子どもの足では通えなくなります。これまでの小地域内での統合とは訳が違う。地域に学校がなくなれば、子育て世代を引き留めておくことは相当に難しくなるでしょう。

藻谷　引っ越すしかないと。

山下　もともと、そういう地域は両親ともふもとの街で働いていることが多いので、そこに移住することになる。学校だけでなく保育所も、園児が少ないからもういらないという話をしています。でも、学校や保育所がなくなったら、もうそこでは本当に子どもを育てられなくなる。

藻谷　それは、実質的に、三〇年後、四〇年後に集落がなくなるということを意味していますよね。私の祖先の村がそうでした。小学校を廃校にした時点で、子どものいる人は出て行ってしまった。最後におばあさんが一人で亡くなる結末は、ここでもう決定していたんですよね。

都会人からは、「子どもも残らないような山奥の集落を潰《つぶ》して何が悪い」と言われそうです。ですが高齢者だけが取り残されつつある都会の新興住宅地や老朽マンションを潰すのと、どっちが合理的か。山奥の村では、それほどお金をかけずとも暮らしを営める基盤や、人の絆《きずな》が受け継がれて来た。これは新興住宅地や老朽マンションにはない価値です。

もう一つ、若い世代がそうやって街に移って行くと、生涯に授かる子どもの数は減る可能性が高いです。日本では、都市の規模が大きくなるほど出生率が下がりますから。東京都となると、子どもは親世代の半分しか生まれていません。

山下 学校をなくすことは、進行中の少子化を間違いなく加速させます。過疎地域に限らず学校の統廃合は二〇〇〇年代に全国で進められてきましたが、それが少子化をさらに過剰に進行させた面が絶対にある。それなのに、さらにまだこの先もやるという。大げさでなく、もうこれ以上学校をなくしていったら、やがて日本がなくなってしまうと思うんです。

藻谷 「日本の効率性から考えれば、山奥の学校など潰していい」というのは、さきほどの「世界の効率性から考えれば、日本列島に人がいなくなったっていい」という話と、同じ思考回路ですよね。

お金がないと言うなら、法人税減税のような、いわば「企業への生活保護」こそ先にやめてはどうか。年金への真水投入もやめてよい。将来世代のことこそ、いつも最優先であるべきです。

山下　これは実際に学校が数年前になくなった地域の話ですけど、そこのお年寄りが言うには、学校がなくなった前兆には、PTAの仕組みを変えたことがあったんだと。もともと、その学校は建てるときから皆で資材を出し合ったりして、小学校は村のみんなの学校だった。だから、PTAの会長も村民全体の選挙で決める仕組みで、子どもがいない人もなれたそうです。それが、あるとき、やっぱりPTAは子どもがいる親たちだけでやろうという提案が出て、うまく反論もできずにそうなった。だけど、後から考えると、そこが分かれ目だったと言うんです。つまり、学校は、そのときにたまたま子どもがいる人たちだけのものではなく、本来だれでも子どもをいれる可能性があるわけだから、全員のものであるはずだと。なのに、PTAを今いる子どもの親に限定すると、その人たちだけでいろいろなことが決められてしまう。たとえば、「うちの子どもはもっと大きな学校で、多人数教育で育てたい」となれば、あっという間に統廃合が決まってしまう。

地域全体がPTAに関わっていれば、「少人数は不安だ」という意見が出たとしても、「いや、地域として学校は残しましょう」という前提で知恵を出し合って、例えば町の学校と交流授業をしたりとか、そんな提案があってもいいわけじゃないですか。でも、当事者だけで決めるから、そういう議論すらできない。

藻谷 それはつまり、共同体としての判断がなくなったということですね。「学校の当事者はいま子どものいる人だけだ」と。「限界集落は消えて当然」と考える都会人にも、日本という共同体全体から考える発想や、その上での判断はない。

山下 そういう人は共同体を信じていないんですよね。でも、日本人はもともと、明治になるまで独立した個人を文学にすら描けなかった民族です。明治以降だって怪しい。昭和の太宰治だって、家との絆をたち切れずにああなっていくわけですから。

藻谷 そう。実際には、都会人も会社だの学校だのバイト先だのの共同体に属し、その中で「相対的な自分」を生きているのです。「完全に独立した個人」というのは、都会でもフィクションでしかない。

欧米での多年のビジネス経験を持つ小笠原泰《やすし》さんという人が書いた、『日本的改革の探究』（日本経済新聞社）という名著があります。日本企業の改革法を論じているのですが、欧米企業のやり方は通じないと断言している。日本語で考える日本人の思考は、欧米人のように自分を起点にはしない。集団内での自分の相対的な位置づけを確認してから、果たすべき役割を考えるのが日本人だ。というのも、日本語には英語の

「I」がない。一人称は相手との相対的関係によって何十通りもありうる。そういう言語構造上、一瞬一瞬に自分の相対的な位置を把握していないと、そもそものを考えることができない。つまり、日本語を話しながら、絶対的に独立した個人を生きること自体が不可能だと。

「地道」をなぞる

山下　日本的な共同体の中のつながりは、この一〇年でも随分と希薄になっていて、山間集落でも私化は確実に進んでいます。しかしそれ以上に、都会の暮らしの中の解体の激しさにこそ、もっと関心をもつべきかもしれません。たとえば、学生が大企業に就職すると言うので、よくよく話を聞いてみたら、派遣社員だったりする。派遣ということは、その会社の集団には入れないということですよね。あるいは、昔は村なら村の、商店街なら商店街の、その土地に根ざしたコミュニティがあったと思うんですが、今のマンションやアパート、郊外住宅は、たとえ同じ場所に住んでいても、互いの顔も知らず、もはや共同体とも呼べません。

藻谷　住居も職場も、昔のような共同体ではない。とりわけ高齢者になったときに、どこにも属さず一人ぼっちで都会に住む人は、苦しむことになるでしょう。

山下　「無縁社会」のなれの果てですね。皮肉なことに、コミュニティの消滅が見られるのは、限界集落ではなく、大都市においてです。

藻谷　先日、ある人と話していたときに、ふと思いついたんですが、「天地人」という言葉に照らせば、「天道」に則《のっと》る、「人道」に従う、に加えて、「地道」をなぞる、という言葉があってもいいんじゃないかと思うんです。ある場所で、その地に寄り添って生きることで、自《おの》ずと見えてくる道。以前別の対談でも出た話ですが、日本人は土地に対する感度がとても高い。この「地道」をなぞりやすい農村集落に、数パーセントでもいいから都会から人を戻すことができれば、無縁社会化に歯止めをかけられるかもしれません。

山下　そのときに、では、若い人を山村に戻すにはどうすればいいのか、というのが問題になりますよね。藻谷さんは、どう思われていますか？

藻谷　それには山村生活者自身がまず、自分達の生き方にプライドを持つことでしょう。住民に誇りのある地域は魅力的に映るし、また、実はそういう矜持《きょうじ》こそが、生活を支えていたりするんです。

では、山村民の究極のプライドとは何か。それは「お天道様《てんとさま》の恵みの下、あまり他人様の世話にはならずに生きている」ということです。地に足つけて自力で渡世していることを誇るべきなのです。

山下　生活していく上で、「これを持っていれば大丈夫」と言える最大のものは、田畑山林ですもんね。

藻谷　島根県の邑南町《おおなん》では、その名も「ビレッジプライド」という事業を始めています。山村の住民にプライドを持ってもらうための試みをいろいろとやっているんですが、そのキーパーソンの一人は、隣の川本町に東京から移り住んできたイケメンのお兄ちゃんなんです。彼は一橋大の博士課程に通いながら、都内で学術書専門の古書店をやっていたんですが、本を保管する倉庫が安く確保できた川本町に引っ越してきて、今ではそこから全国にインターネットで通販している。敢《あ》えて田舎を選んだそういう人の語る、地元のよさには説得力があります。町民も、都会や世界と相対化して自分の町を見ることで、強がりではなく、自分達がすごく有利で、いいところに住んでいるんだと気づくんです。

山下　それはいいですね。

藻谷　逆に考えると、都会のプライドって何なのでしょう。なんていうか、金銭換算できるようなことしかないのかもしれません。住民の所得が高いとか、店が多いとか、いい学校を出ている人だの偉い地位の人だのが多いとか。自分自身はお金も地位もない人でも、そういうのを誇りにして生きて行けるのでしょうか。

山下 そういえば、私が多摩ニュータウンに住み始めてまず戸惑ったのは、今いる場所がどんな場所なのか、まったく分からないということでした。

それが、今年から学生と始めた実習で地域を調査したり、うちの子どもの手を引いて近所をぶらぶら散歩している中で、最近、少しずつ見えてくるようになりました。「あ、ここは沢だったんだな」とか、「ここに集落があったんだ」とか。

藻谷 こうなる前の原風景、映画『平成狸合戦《たぬきがっせん》ぽんぽこ』の世界が見えるわけですね。

山下 ええ。多摩ニュータウンの周辺にもいくつか農村が残っている。そういうところに行くと、津軽の村へ行ったときと同じように、まず公民館に通されて、そこに関係者が集まってきて、話をしてくれる。「ああ、東京も、もとはこうだったんだなあ」と感慨深かったです。そこで話を聞いていると、どの集落がどう動いて、どこがどう団地になったとか、川は本当はこう蛇行していたんだけど、今は真っ直《す》ぐにしたとか、道路になったとか、そういうことがわかってくる。

藻谷 「地の道」が見えるわけですよね。

山下　ええ。「ああ、俺、こういう場所にいるんだ」と知って、やっとなんというかほっとしました。

藻谷　生まれたときから「地の道」が覆い隠された場所にいると、そういう原初的な感覚を失うのでは。その延長に、「限界集落は切り捨てよ」というような考え方が生まれてくるのかもしれない。地に根ざしていない自分の生き方を、少し考え直してはどうでしょうか。すぐに都会から田舎に移住しろとは言いません。まずは通販で買ったインゲンをベランダに植えるだけでもいい（笑）。

山下　私は、それに加えて、社会全体の制度設計を見直すことも必要だと思います。なんだかんだ言って、今は経済至上主義をベースにいろんな制度が決められてしまっている。その中で、精神論だけで地域再生を頑張るのはそろそろ限界がある気がします。

藻谷　今では日本全体が限界集落のようなものなのですがね。このまま行けば七五年で一四歳以下が消え、一〇〇年で六四歳以下が消えるペースで、人口が減っているのですから。限界集落問題を他人事だと思う人は、自分自身が「限界国家」に住んでいることに気付いていない。

ですが救いはあります。山下さんが書いているとおり、限界集落と呼ばれていても、いくらでも再生はできる。日本全体も同じでしょう。

山下　そのとおりです。限界集落の問題を考えることは、日本全体の再生を考える糸口にもなりうると思っています。

第十章　「医療」は激増する高齢者に対応できるか

――村上智彦（医師）

村上智彦（むらかみ・ともひこ）
1961年、北海道生まれ。ささえる医療研究所理事長。北海道薬科大学、金沢医科大学医学部卒。財政破綻した夕張市の医療再生に尽力。著書に『医療にたかるな』など。2017年に急逝。

われわれの身近に「小さな超人」は存在する。外見は市井《しせい》の一般人と同じだが、実は超人的な努力で、現場の一隅を照らしている。

問題は超人を取り巻く凡人たちだ。超人の真価を理解できず、彼らの無私の努力にたかるばかりか、無用の干渉をし、果ては妨害に走る。たまりかねた超人たちはやがて他所《よそ》へと去り、その支えてきた大事なものまでも失われてしまうのだが、凡人はそれでも己の愚かさに気付かない。

この残念なプロセスを、各地で幾度目の当《ま》たりにしたことだろう。とりわけ医療と義務教育と地域づくりの現場は、無名の超人たちの墓碑銘で埋め尽くされているように思う。

この対談のお相手である村上智彦氏は、そんな超人の中の超人だ。彼もたかられるが、黙っては去らない。超人ではなくとも務まる組織を作って後に残す。そこから次の超人が育ち始める。

彼が発する「医療にたかるな」という叫びは、裏返せば「共に明るく前に進もう」という呼びかけに他ならない。われわれは応《こた》えられるだろうか。

――藻谷浩介

地域医療をささえる仕組み

藻谷　地域医療の最前線から日本の過剰医療に警鐘を鳴らしたご著書『医療にたかるな』（新潮新書）、拝読しました。こんなことを言うと対談にならないかもしれませんが、一カ所も疑問点がない。一行一行本当にそのとおりで、よくぞ書いてくださったと感動しました。

村上　ありがとうございます。

藻谷　怒りを含んだタイトルながら、中身は、その怒りを抑えて事実だけを淡々と書いていらっしゃる印象を受けました。私も長く地域振興にかかわってきたので、なかなか動かない行政や、私利私欲を第一に考えて行動する人たちの話など、共感できる部分が非常に多かったです。でもこれ、本当に怒りをぶちまけていいとなったら、三百倍ぐらい書けるんじゃないですか（笑）。

村上　ええ、最初はこんなものじゃなかったです。もう「バカヤロ～！」から書き出す勢い（笑）。それを、編集者に言われてもう少し冷静に書き直しました。

藻谷　やっぱり。ただ、憤《いきどお》りには「私憤」と「公憤」の二つがありますが、村上さんの怒りというのは、まさに「公憤」ですよね。だから共感できる。

それに、さらっと書いてある箇所にも相当なご苦労が偲《しの》ばれました。たとえば、財政破綻《はたん》した夕張市で二〇〇六年から医療再生に取り組んだという件では、最初は自分一人しか医者がいなかったとさりげなく書かれていました。これ、どれくらいの期間、お一人だったんですか？

村上　最初の三ヵ月とその後の一年で、延べ一年三ヵ月程度です。正確に言うと、非常勤で手伝ってくれる医師が一人いましたから、一・五人勤務という感じでしょうか。

藻谷　一年三ヵ月！　それは地獄ですね。しかも、入院ベッドもある病院でしょう。プライベートの時間などまったくなかったのではないですか。

村上　ええ。でもそれは、最初からそういう覚悟で引き受けましたから。それに、夕張に移る前、無医状態だった瀬棚町（現・せたな町）に招聘《しょうへい》されてはじめて自分で地域医療を立ち上げたときも、約四年間、一人でやっていたんです。そちらは一六床の診療所で、連日一〇〇人以上の外来患者を診ていました。あの頃は若かったこともあって、僕一人で外来を診て、入院患者も診て、さらに保険医や学校医も全部こなしていた。今考えれば、ものすごく安上がりの医者だったと思います（笑）。

藻谷　いや、それは普通だったら、結果的には安上がりにならないでしょう。やっている人が病気になって辞めたり、過労死するレベルですよ。それに、町の医療を支えている人がもし体を壊したら、冗談じゃなく町民の生命もピンチです。

村上　そうですね。僕もそういう経験をしたので、地域の医療を医者一人きりで担《にな》う体制ではとても身が持たないということがわかったんです。

そこで今は、医師だけでなく、看護師や介護職、保健師も協力し、地元住民の参加を促しながら、皆で地域住民の健康を支えあう仕組み、その名も「ささえる医療」を推進しています。

実は夕張は、来年から医者がついに一〇人になるんですよ。そのうちの何人かは、東京在住の北海道好きのドクターで、週末だけ当直をやりに来てくれる。やっと、そういう「仕組み」で、地域の医療を支えられるようになりました。

藻谷　今の夕張市の人口は、村上さんが一人でやっておられた頃より、数千人減っています。それでも、「無理すれば一人でやれる」ではなくて、きちんと医師を増やして持続可能な仕組みを作るというのが素晴らしい。でも逆に言えば村上さんは、少なくとも一〇人以上はいないと無理な医療行為を、一年三カ月もの間、一人で担っていたということですよね。

そういう話を聞くにつけ、日本の医療従事者は、本当にスーパーマン、スーパーウーマンの集まりなのだなと思います。問題なのは、患者や周囲がそれに甘え過ぎているということ。この本にも出てきますが、弱者のふりをして医療費を無駄遣いする高齢者、すべて医師任せで自分で健康を守ろうという意識が欠如した住民、医療ミスを捏造《ねつぞう》し、医者叩《たた》きをするマスコミ……。己の時間を捨ててまで、世のため人のためという「公」の意識で頑張っている人間に対して、「私」だけしかない人間がたかっているという現実を、この本を読んで改めて感じました。

夕張は本当に僻地《へきち》か

村上　夕張という地域は、実はとても裕福な地域だったんです。

昔、炭鉱の町として繁栄していた頃は、危険な作業の代償として手厚い保障がなされていたので、人々の生活水準は全国でもトップクラスでした。ピアノが日本で一番売れているような町で、最盛期には約一一万七〇〇〇人もの人口を抱えていた。それが、鉱山の閉鎖とともに段々と疲弊し、立ち行かなくなっていくのですが、それでも炭鉱時代の恩恵に浴した人たちの権利意識は消えず、それどころか「自分たちは国のエネルギー政策転換の被害者」という意識が形成されていきました。巨額の予算をかけた観光事業への舵《かじ》きりも、計画が甘かったため莫大《ばくだい》な借金を残したまま失敗。粉飾決算を繰り返した挙句、二〇〇六年についに財政破綻に追い込まれました。それでもなお、彼らが周囲から「悲劇の被害者」と見られる構図は変わっていません。そして多くの住民が、その上に胡坐《あぐら》をかいているように感じられるんです。

藻谷　夕張の人口はいまや最盛期の約一二分の一ほどになってしまいました。ところが道路上下水道などの都市インフラは最盛期のときのまま残っていて、維持費ばかりかかるという悲劇的な状況になっている。撤退が効率的に進まず、市営住宅もやたらたくさん建っていますね。

村上　しかもその家賃未納率が四三%、三億円以上も滞納されているというのだから驚きです。さらに、破綻した後も、税収が九億しかないのに、一二〇億円もの年間予算を組んでいる。その意識も僕はおかしいと思っています。

藻谷　夕張市は産業がないわけじゃなくて、札幌市民に人気のスキー場もあるし、かの有名な夕張メロンもある。人口一万人の農村が夕張メロンという加工品の種類も豊富なブランドを持っていれば、普通は食べていけるはずなんですが……。その関連収入が一体どこに消えているのかも、大きな問題だと思います。

村上 おそらく農協でしょう。

藻谷 そうでしょうね。さらにいえば、「夕張は僻地だ、不便だ」という嘆きをよく聞きますが、札幌へは車で一時間少々。新千歳《しんちとせ》空港にも高速道路で一時間、JR特急も頻繁にある。なのに、誰もそのことには触れないのが不思議です。

村上 僕もそれは疑問で、とある知り合いの新聞記者に、実はそんなに不便な土地ではないはずだ、という話をしたら、「いや、でもそれでは記事にならない」と言われました。夕張はあくまでも不便なところで、そこに住んでいるのはかわいそうな人たちだという絵を描かなくてはならないんだと。

藻谷 でも、そういう色眼鏡をはずせば、スキー場と夕張メロンがあって、大都市へのアクセスも悪くないのに、何やってんねん！ ということですよね。

村上 ええ、そのとおりです。藻谷さんみたいなアドバイザーの方を呼んで、きちんと本腰を入れて動いたら、すぐ再生できると思うのですが。

藻谷 北海道の各地域には度々呼んでいただいていますが、夕張にはなぜか一回も呼ばれたことがありませんね（笑）。

村上 もっとも問題があるのは夕張だけではありません。たとえば、北海道の実質公債費比率は、実は二四・一％（二〇一一年度）にも上るんです。これは収入のうち借金の返済にどれだけ使うかという数値で、北海道は全国一。これはもう、税金へのたかりだと思います。みんなそのお金で公共工事をやっているわけです。

藻谷　本来は北海道はたかる場所ではなくて、むしろ日本を救うために開拓した土地ですよね。そのために志のある人が当時、生活水準が非常に厳しい北海道にあえて入植したわけです。でも、その五代ぐらい後になってふと気がつくと、本州にたかっている結果になっていたという……。当人たちは大真面目《おおまじめ》にやっているつもりが、判断基準が全然実態とずれていたということが起こっている。

村上　彼らの「たかり体質」は医療機関でも発揮されています。僕が当初、応援医師として夕張で働き出して間もない頃、膝《ひざ》を手術して以来、歩けなくなってしまった女性が救急車で運び込まれてきたので、どうしたのかと聞くと、夫から「介護に疲れたので年末年始は病院であずかってくれ」という驚きの答え。もちろん断って、家族全員でこの先の介護の方針をきちんと考えなさいと説教しましたが、そういう衝突はしょっちゅうでした。

すごい勢いで増える高齢者

藻谷　ただ、これを読んで、夕張はけしからん、と思うだけでは駄目ですね。東京や大阪といった大都市でも同じ問題が潜在化しつつ進んでいるし、これよりややこしい住民や患者も大量にいる。決して「北海道の田舎はしょうがないな」という話では片付けられません。

村上　おっしゃるとおりで、今、日本中に同じ問題が降りかかっています。たとえば東京都は、すごい勢いで高齢者が増えています。新宿区にある戸山町など数千人規模の町では、高齢化率が四〇〜五〇％にも達するところが既に出てきている。

藻谷　まさに村上さんがいた頃の夕張と同じくらいの高齢化率ですね。

村上　はい。日本の二〇五〇年頃の高齢化率は四〇％を超えると言われているので、こうした地域は、まさに四〇年先の人口構成を先取りしているんです。

ただ、夕張より東京の方が悲惨だと思います。夕張は、若い人が抜けた分だけ高齢化が進んだわけですが、東京は、地方から高齢者が新たに流入してくるということです。東京に行けばひょっとしたら助かるかもしれないと勘違いした高齢者が、大量に流れてくると予想されている。しかもその人たちは、稼ぎがない、言ってみれば、何も生み出さない人たちですよね。

藻谷　稼ぎがない上に、多くはコミュニティや家族からも切り離され、公的福祉に依存するしかない人たちです。

村上　すごく厳しい状況だと思います。

藻谷　本人が良心的であっても、加齢とともに心身が不自由になる確率は高い。そういう人の絶対数が東京で激増する。

村上　その通りです。藻谷さんが著書で指摘されているように、高齢化は「率」ではなく「数」で見なくてはいけません。数で考えれば、このままではとても医師の数が追いつかないことがわかります。

藻谷　高齢化に関する議論は、なぜか「率」の話になりがちなんですよね。

たとえば小学校を統廃合するかどうか、という議論をするときに、その地域における小学生の比率を考える自治体はない。今、小学生は何人いて、一〇年後は何人になって……というところから考えます。

ところが、病院を増設するかどうかという議論になると、途端に高齢者が何人いるかではなく、何パーセントいるかという話になる。おそらく、経済予測には高齢化率を使うというマクロ経済学の慣行が起源でしょうが、それがそのまま、現場の医療計画でも使われてしまっている。

村上　必要な医師や看護師、病床の数は、率で考えても出てこないはずなのに、おかしな話ですね。認知症の率についても、六五歳を超えると大体一〇％、などという言われ方をしますが、それが一〇〇人か一万人かでは、対応する方法も違ってくるはずです。高齢者の増加はだいぶ前からわかっているはずなのに、数を基準にした対策がほとんどなされていないのが不思議です。

藻谷　その件について、厚生労働省は一体何を考えているのか。

私の最初の本が世に出る前の二〇〇三年頃、たまたま、厚労省の当時の医療担当の課長と同席する機会があったんです。彼が高齢化率がどうのという話をするので、私は「いや、高齢化率より絶対数を見なくては。中でも数が一番増えるのは東京です。今から少なくとも二倍に増えるので、その対処を考えていかないとまずいですよ」という話をした。するとその課長は、「いや、高齢化率は今後もずっと伸び続けるわけで、高齢者の絶対数なんかを考えている余地はありません。今の段階からサービスを抑制していかなきゃ持たないいんです」というようなことを、真面目な顔をして言ったんです。

ただ、これには後日談があります。その三年後にもう一度同じ人に会ったら、彼は審議官になっていて、開口一番、「藻谷さん、われわれも絶対数をもとに考えるようになっていますよ」と言われました。その間に、厚労省もようやく気がついたということだと思うんです。

中央省庁でさえそうですから、自治体の人や福祉の現場は、まだ有効な対策が打てていないところがほとんどでしょう。

村上　対策が打てていないどころか、まったく気がついていないところもあります。この情報化社会において、それは、一種の甘えだと思っていますけどね。

とにかく早急に手を打たなければいけない。具体的には、都会より出生率の高い地方に人を戻すしかないですよ。

藻谷　根本的な解決にはそれしかないでしょうね。かつ、都会では、高齢者が皆病院に入らなくてもいいように、極力在宅で介護できるネットワークを急いで構築していかないといけない。

「経済学」学者が口を出す

藻谷　ただ現場は、お上が指示するだけでは変わっていかないでしょう。このところ日本で起きていることは、中央で指示さえすれば世の中が動くと思っている人と、現場で草の根から改善していくしかないと思っている人との対決なんです。

私が特に危惧《きぐ》しているのは、いまの国の経済政策のブレーンたちが、「経済」学者ではなく「経済学」学者なのではないかということです。彼らが詳しいのは経済学の文献であって、現実の経済がどう動いているのか現場で学んだことがない。なのに、実際の経済運営に口を出そうとする。「恋愛学」の権威が、自分は恋愛経験もないまま、デート中のカップルに指導しようとするようなものです。

もちろん、経済の現実を現場で経験しているまともな経済学者も多くいますし、経営学者ともなれば、企業や行政の経営について聞かれたときに、さすがに何かしら一つは参考になることが言えないといけない。ところが「経済学」学者は、一般的なセオリーを持ち出して、「景気は良くなります」「いや、悪くなります」とだけ言っていれば、何一つ参考にならなくても食っていけたりするわけですよ。

それからもうひとつ、都会でも子どもを増やすためには、保育所を早急に整備していく必要があります。その効果が出るのは何年も先の話ですが、だからこそ喫緊の課題とも言える。

既に保育所の増設で成果が出ている地域もあるんです。たとえば横浜市は、二〇一〇年時点で全国でも最多の一五〇〇人以上の待機児童がいたんですが、二〇一二年四月の時点でなんと一七九人にまで減少しました。保育所が増えれば子育て世代が流入してきますから実際はどうなるかわかりませんが、待機児童ゼロになる日が来るかもしれません。

村上　おお。やっとですね。

藻谷　ええ。保育所を作れば作るほどまた新しく女の人が働きだすから保育所が足りなくなる、だから作っても仕方がない、という屁理屈《へりくつ》のもと、日本の自治体は不貞腐《ふてくさ》れた対応を長年取ってきた。今でも東京はそうで、二〇一三年二月に、杉並区で保育所に子どもを入れられずに困っている母親たちが一五〇〇人ぐらいで運動を起こしたら、当選したばかりの三七歳の自民党の区議が、「子供は家庭で育てろ」と言って問題になりました。いまどきこんなことを言う議員がいるのかと、あきれるのを通り越して驚嘆しましたが。

消費を増やし、人口減少を補いたいのであれば、保育所の整備は即刻やっていかなければいけない。「それは無理だ」と言われていたけれど、横浜市は現にやれました。なぜなら、市長が女性で、力を入れてやったからです。

村上　そういう単純な理由ですか。やればできる、という。

藻谷　ええ。彼女自身は三人の子育てをしながら企業経営をやっていたスーパーウーマンでした。でも、だからこそ、他の人に同じ苦労はさせられないと思ったんでしょう。自分がやったこの苦労を誰もが背負えるはずはない、だとしたら、子どもが生まれないのは当たり前だろうと。村上さんが夕張の医療を「俺も一人でやったから、おまえも一人でやれ」と言わないのと同じですね。

それで彼女は市の職員を動員して、待機児童ゼロという絶対不可能と言われたことを、現にやり遂げつつある。

村上　子どもを持つ女性が普通に働けるようにならないと人口が増えないというのは当たり前の話で、僕、藻谷さんの本を読んでいて「やっぱりそう言っている人がいた」と嬉《うれ》しかったんです。

藻谷　オランダなどでの事例によって、女性が働ければ出生率が上がり、消費も増えることは既に分かっています。だからやるべきなんです。それなのに「女性が働くから男性の収入が減る」などとバカなことを言っている人は、いま「景気さえよくなればすべていい方向に進む」と言っている人と、高い確率で重なるような気がします。

つまり、すべてを「不景気」のせいにして、思考停止している。

みんな日比谷公園で死んでゆく

藻谷　いくら株が上がろうが、よしんばバブルになろうが、このまま行くと財政が高齢者の激増による医療費激増で破綻することには、何の変わりもありません。これは景気の問題ではないからです。

ところが、今の首相がやろうとしていることは、全部景気のせいだといって、まず経済を立て直し、次に国家たれ、みたいな話でしょう。それもいいけれど、優先順位としては、高齢者の増加と子どもの減少について今すぐ対策をとらないと、国家が崩壊しますよ、と言いたい。本当は二〇年前からやっていなきゃいけないことですが、遅すぎることはないので、とにかく今すぐやらなければいけない。だけど、それが最優先事項だという首相が誰も出てきません。これは今の自民党だけでなく、民主党もそうでした。

村上　でも、ＩＭＦ（国際通貨基金）などが先進国に対し、高齢化の医療費対策をやれと言っていますよね。僕でさえ持っている危機意識を、専門家が持っていないとは思えない。

藻谷　いや、専門家は嫌と言うほど分かっているはずなんですが、政府全体として国の少ない税金を何に使うかというときに、国土強靭《きょうじん》化だとか、とかく選挙対策の、目先の話にしか行かないんですよ。「天下泰平思考の人」と僕は呼んでいるんですが、今までの状況がこの先も続くという前提で話をしている人があまりに多い。

村上　続くわけないですよね。人口は減っているし、高齢化は世界一進んでいる。

藻谷　なぜそれに気がつかないかという理由については、不勉強だということもありますが、村上さんが書かれているとおり、直視する勇気がないということだと思います。要するに、家で人が死んでいない。高齢者の介護や人の死を病院に押し付け、その目で見ていない人が大勢いるから、高齢化の怖さがひしひしと分かっていないのではないでしょうか。

村上　こんなことをいったら怒られるかもしれないけど、このままいけば、いずれ東京都の人間はみんな日比谷公園で死んでいくような時代がくると思いますよ。病院には入りきらないし、施設もないし、身寄りのないお年寄りがいっぱい出てくる。そんなことになったらまずいんじゃないかなあというのが、僕の単純な問題意識です。マスコミは一時期、孤独死のことで大騒ぎをしていましたが、そんなレベルでは済まなくなりますよ。

藻谷　国立社会保障・人口問題研究所の二〇〇八年発表の予測では、二〇〇五年から一五年までの一〇年間に、東京、千葉、神奈川、埼玉の首都圏一都三県で、七五歳以上の人が一五四万人増えるそうです。もう八年が経過していますが。

村上　眩暈《めまい》がします。一個の都市ができる人口ですね。

藻谷　ええ。これをただ溜息《ためいき》をついて聞いていられる人は幸せで、実際に七五歳以上を相手にしている医師からすれば、「誰がそれに対応するのか？」とクラクラする話でしょう。この後期高齢者の増加に対し、看護師や介護士、医師が何人追加で必要かと考えたとき、それはおそらく万単位のオーダーではすまない。一〇万単位で必要かもしれない。

しかも、二年後までに七五を超える人というのは、まだ団塊の世代じゃないんです。二〇二五年までに、さらにもう二七〇万人くらい増える。全国でも今の約一・四倍に増えます。首都圏だけで見ると二倍近くです。こういう人口予測は、各地域のローカルニュースになりがちですが、本当はナショナルニュースであって、全員が知っておくべきことです。

村上　僕は、今からでも対策を立てるのは遅くはないと思っています。ただ、この急激な高齢化に対応するのに、医療による「キュア（治療）」では、いくらお金があっても足りない。だから、これまで福祉が提供してきた「ケア（療養）」のネットワークを広げることこそが、重要だと思っています。

たとえば今、訪問看護で有名な秋山正子さんが戸山地区（東京都新宿区）で「暮らしの保健室」という活動をやっています。その名のとおり、地域住民の様々な健康相談に応じる、地域の保健室のような場所です。ボランティアの人も多くいる。そういう新しい社会関係資本《ソーシャルキャピタル》みたいなものを作るなどして、なんとかケアのネットワークを広げていかなければいけません。皆が医療にたかっても、もう現場が疲弊していくだけですから。

藻谷　全部医療でやろうとすると、本当に生き死にがかかっている人が病院に運ばれても、本来なら入院する必要のない人がベッドを占めていて、病院に入れないということも起こってきますよね。

村上　はい。悪気がなくても、「ちょっと心配だから家には帰らない」という高齢者でベッドや診療が埋まってしまえば、急患も受け入れられなくなります。

最近よく言われる、救急搬送の「たらい回し問題」がまさにそうです。二〇一三年のお正月にも、埼玉県の男性が三六回搬送を断られて死亡したニュースがありました。ああいった報道では、「病院側が受け入れを拒否」という、あたかも「医療機関が受けないのが悪い、怠慢だ」というような言われ方をしますが、あの報道を見るたびに、救急の現場にいる人間たちは頭に来ているんですよ。自分たちは毎晩寝ないで働いているし、初療室や病床がいっぱいだから断ったんだと。だからあの問題は結局は、ベッドを埋めている、「帰れるけど帰らない人」の積み重ねだと思うんです。

藻谷　かといって、どんどん病院を作っていけばいいのかというと、そうなれば今度は財政破綻を招くでしょう。結局、村上さんのおっしゃる「キュアよりケア」の仕組みづくりが、いかに大切で急務かがわかります。

地域振興は鍋《なべ》料理のように

村上　僕の提唱している「ささえる医療」は、医療の仕組みでもありますが、実はそれと同時に、町づくり、地域づくりの仕組みでもあるんです。そこでやっていて思うのは、住民が本当に覚悟を持ってやれば、できないことはないということです。外の人間が何をしようと、結局は住民の意識にかかっている。

藻谷　なるほど。私はよく、地域振興を鍋料理にたとえた話をするんです。鍋で一番大事なのは、実は意外に忘れているけど、水なんです。これが地域の一般住民たち。

で、次は野菜がいる。これはたとえば、自治会活動とかを一生懸命やっているおばちゃんのような人。さらに肉。これは地域の産業です。それから塩分が入っていないとまずい。少量だけど必ず必要なもの、それが医療です。

対して私のような職業の人間は、鍋でいうとトンガラシなんです。トンガラシはほんの少量で効くけれど、別に入れなくても十分鍋は食えるんですね。

村上　それはご謙遜《けんそん》ですよ。

藻谷　ただ、たまに味がマンネリ化しちゃって、どうしようもないというときは、入れると元気が出るんですよ（笑）。だから、トンガラシ。

トンガラシがなくても鍋は食えますが、地域の鍋は、ほかのどれが欠けてもおいしく煮えません。だから私はいつも、水や野菜や肉や塩である人たちをはるかに尊敬しているんです。水とか塩の人に限って、謙虚だけど、そんなことはない。そうやって鍋を構成している人たちが、それぞれ実は自分が重要なんだと気がついて行動しないと、地域全体がよくなっていかないんです。

村上　本当にそう思います。たとえば今、夕張で看護師や介護士をやっている人たちが、自分たちで訪問看護介護ステーションを立ち上げたんですが、それこそ本当の自立だと僕は思っています。先ほど医者が一〇人来るようになったと言いましたが、それは地元の住民たちが、そこに医者が来たいと思うような環境を作れるようになったからでもある。知恵や技術は外から授けられますが、それを生かすためには中の住民が動くしかないんです。

藻谷　地域全体の健康推進も、まさにそうですよね。個人の健康は、最終的にはその人個人が心がけないと保てない。健康という「私」の利益によって、国の医療費が抑えられ、地域の医療も順調にまわるようになる。つまり、ひいては「公」の利益にもなる。

村上　ええ。そのとおりです。

藻谷　そういう村上さんも、新書のあとがきで「実は私も三八歳までタバコを吸っていた」と告白しておられましたね。

村上　なんというか、申し訳ない（笑）。

藻谷　でもこれを読んで、「そうだよな。じゃあ俺もやっぱりやめるか」って思った人はいると思いますよ。それでたとえば五〇人がタバコをやめるだけでも、日本にとって大変な貢献ですよね。

村上　はい。肺がん患者一人につき、一〇〇万円くらいの医療費がかかっているという統計も出ているくらいですから。

藻谷　喫煙をなぜ止《や》められないかという話になると、タバコ産業がどうの、などという話がよく出てきますが、最も大きな要因は、そこまで努力したくない個人が大量にいるからだと思うんです。逆にいえば、吸う人にとって、タバコをやめることがいかに大変なことかを表してもいる。だけど、スパスパ吸いたいだけ吸い続けながら、病気になったら保険を使わせろというのは、医療にたかっていることになるわけですよね。

村上　もうそういう人たちには、悪いけど医療は自費でやってくれという制度にしたって、僕は間違っていないと思うんです。本人だけの問題じゃない。周りに迷惑をかける。それが一番問題です。

藻谷　私みたいに体質的にタバコを一切受け付けない、タバコアレルギーの人にとっては、日本の公共空間は地獄ですよ。居酒屋で楽しく飲んでいて、突然その場で平気で吸い出す人は、私から見ればいきなり立ち上がって大音量でカラオケを始めるのと同じようなもの。それを許している社会も、甘やかしすぎだと思うんです。周りの人も本当は、「ここではちょっとやめて」と言わなきゃいけない。

たかる人がいるということは、彼らを甘やかしている人がいるということなんです。だから、「たかるな」ということは、つまり甘やかすな、ということでもあるんですよね。企業もそうで、景気対策に甘えずに、自分で儲《もう》かる商売をやんなきゃいけない。「景気対策にたかるな」です。同じ構造が日本のすべての分野に存在していると思います。

「医療の産業化」の是非

藻谷　ご本の中で、医療というのは、はっきりいって金儲けや名誉が目的ではやっていられない、と書かれていますよね。自己実現というと安っぽい言葉ですが、要するに人助けというか、公の精神を持つ人がやっていると。あるいは村上さんが絶対に大変だとわかっている夕張に覚悟を決めて赴任されたように、これは自分がやらざるをえないという使命感というか、より落ち着いた言葉で言えば、全体を最適にするための自己犠牲心を持つ人が、地域医療を担ってくれている。

村上　いやいや、そんな立派なものではないんですが。ただ、自分の子どもが二〇歳を超えた時に悲惨な状態になっているだろうと思うと、何とかしなければと。

藻谷　「医者は給料が高いんだからなんでもやるべきだろう」と思われがちですが、勤務医の収入は驚くほど安いし、この程度の収入では全然仕事量に見合わないという人も大勢いると思うんですよ。その点はすごく誤解されていますよね。

村上　僕も最近、NPO法人を立ち上げたんですが、先月の給料、実は一七万しかなかったんです。

藻谷　えっ!?　それって大卒の初任給より低いですよ。あんまりです。

村上　笑い話でしょう。まあ、それはある程度覚悟してやっていますし、立ち上げにあたっていろいろ入用だったというのはあるんですけど。でも、皆が食えるようにしなければ、と考えていったらそうなってしまって、「ほかの人の心配をするのはいいけど、あなたこそどうするつもり？」とスタッフに笑われました。

藻谷　今、特にTPPに関する議論の中で、医療も市場メカニズムにさらすという考え方が出てきていますよね。そのひとつのメリットが、医療従事者が、いろんな意味で経済的にも恩恵を受けられるようになるということなんですが、それはどう見ていらっしゃいますか。要するに、アメリカのように、医療を産業化するということですね。

村上　いや、僕はアメリカに倣《なら》ったら終わりだと思います。せっかく世界一いい医療をやっているのにもったいない。日本の医療は絶対に、世界一優れたシステムです。逆に、このノウハウを売りつけて商売にしたいぐらいですよ。

藻谷　そうですよね。村上さんの本にも出てきましたが、日本の高齢化率は——国同士の比較では率を出さざるをえないので、ここでは率で話をしますが——現状すでに二三％で、アメリカの二倍近く高いのに、一人あたりの医療費はアメリカより安い。非常によくやっていると。

村上　アメリカ人から見たら、これをなんとか達成できてるのは奇跡でしょう。

藻谷　しかも、人命や健康までお金で買えるものにしてしまうと、アメリカみたいに大変なお金がかかるシステムになって、社会的にもかえって税金の無駄遣いに終わるということがはっきりしていますよね。健康の本質は、結局本人が無償の努力をするかどうかであって、それを支えるために医療行為があるのに、支える部分だけ自由化しても、金で解決しようという人が無駄な胃ろうを開けるだけで、ますます医療費がかさんでいく。

同じように、全部を市場化してはいけない、折衷主義でやっていかなければいけない分野はいくつかあって、私は教育もそうだと思っているんですが、こちらも今、同じ議論にさらされています。

二〇一三年三月に発表された朝日新聞とベネッセの共同調査によると、「教育格差はあって当然だ／あるのはやむをえない」と答えた人の割合が初めて半数を超え、

「問題だ」とする人の数を上回ったそうです。つまり、教育も、金持ちほどより質のいいものが手に入るという市場原理にさらした方が、社会全体のパフォーマンスが上がると思う人が増えていると。

これまでは、そういった意見に対する反論というのは、「人権無視だ」という根拠しかありませんでした。でも村上さんはこの本で、それ以前の問題として、そういうやり方をしたらパフォーマンスが落ちるということを指摘されていますね。

村上　ええ。現にアメリカがそうなっていますから。

藻谷　教育も同じように、市場原理にさらすと社会全体のコストが上がり、かえって効率が落ちるということがわかったから、公教育システムができたという流れがあるわけです。日本で言えば、武士だけが教育を受けていればいいというのをやめて、寺子屋を作ったり、藩によっては庶民教育も藩が担ったりした。それは、そうした社会の基盤となる部分は全体的に底上げした方が、効率が上がり、結局お金もかからないということが、経験上わかったからです。

ところがついに、それがわからない人の方が多数になり始めた。これは驚くべきことです。司馬遼太郎は、社会が煮詰まってくると、自分で自分を傷つけるという行動を起こす人間が出てくるとして、その行動を「自傷症」と呼びましたが、これもまさにその一つかもしれない。

村上　人こそ宝であって、それを潰《つぶ》してしまったら終わりなんですけどね。

「お天道《てんと》さまが許さん」

藻谷　ただ見ていると、日本の医療はあまりにも医療関係者の個人の意欲と能力に強く依存したシステムなので、本当にこのまま続くのかなという心配もあります。志のあるスーパーマンに、一部の患者がたかっているわけですが、もはや、被害者面《づら》してたかっている側の方が村上先生の給料よりも高い収入をもらっているという状況もありえるでしょう。

今の状況は医者の側にとってあまりにアンフェアな気がします。アメリカの医療制度は真似《まね》するべきではないとしても、向こうの「フェアネス」という考え方は、日本ももう少し取り入れなければいけないのではないか。日本の言葉で言えば、「お天道さまが許さんぞ」とでも言いましょうか。「おまえが許しても、お天道さまが許さん」という、この感覚です。

村上　時代劇のようですね（笑）。

藻谷　それくらいしかいい言葉が思いつきません。天の道に背くというのは、それはおかしい、曲がったことである、つまりフェアでないだろうということですね。そういうことを日本人は考え直して、基準にしなくてはいけない。
こんな状況でも、現場にいらっしゃると、あえて身を投じる人がちゃんと出てくるのでしょうか。

村上　ええ。そういう若いやつはちゃんといます。僕が今、一緒に仕事をしている若い世代の医療関係者たちって、案外物欲が少ないんです。恵まれた環境で育っているせいもあるんでしょうけど、「とにかく人の役に立ちたい」という人が多い。被災地の支援などにも、すばやく駆けつけていました。

藻谷　みなさん手弁当ですか。

村上　基本的には。ただ、人件費以外にももちろんお金がかかるので、寄付を募ったところ、数百万円が集まったそうです。実はあの鳩山安子さんも二〇〇万円ほど寄付をくださったそうで。そのお金をもとに、医師だけでなく、介護士や事務方の人間も行っていました。

藻谷　そういうふうにみんなの善意のネットワークで、最前線で戦っているスーパーマンたちを後方で支えたりして、なんとかやっている。すごいシステムだと思うんですが、我々一般人は、それがいつまでもあって当然だと思っていてはいけないのでしょうね。

村上　おそらくこのまま高齢化が進んでいくと、いずれ保《も》たなくなるでしょう。ただ、壊れてしまうと、本当にそれを支えている若い世代とか、医療が本当に届かなきゃならない人たちにさえ、届かなくなる。それは絶対に避けなければいけません。そのためには、たとえばフリーアクセスの制限や、救急車の有料化なども、避けられなくなってくると思います。そうでもしない限り、守っていけない。

GDPに表れないもの

村上　ところで、僕は最近、不思議に思っているんですが、景気が上がることや、ＧＤＰが増えることは、本当にそんなに大事なのでしょうか。僕はこの商売をやっているからかもしれませんが、地方にいて、好景気がいいことだとは、あまり思っていなかったんです。要するに、景気が良くても皆あまりハッピーに見えない。ひょっとしたら高度経済成長のときも、皆あまりハッピーじゃなかったかもしれない。

藻谷　僕もそう思います。ＧＤＰが一定水準まで増えたあと、そんなに増やし続ける必要があるのか、という議論は、コミュニティデザイナーとして活動されている山崎亮《りょう》さんともしました（『藻谷浩介さん、経済成長がなければ僕たちは幸せになれないのでしょうか？』学芸出版社）。世界三位のGDPをさらにしゃかりきになって増やすよりも、横ばいで維持しながら、他のいろいろな、GDPに換算されないことをやったほうがいいのではないか、という話です。

村上　でも、いまだに多くの人は「GDPが上がり続けること＝善」だと信じて疑わないですよね。

藻谷　それはある種、時代の支配的なイデオロギーですよね。近代経済学の中でも、特にマネタリズムという、お金を供給すればなんとかなるというイデオロギーがかなり強くなってきているように思います。物事は金で解決できるけど、日本は金がなくなってきているのでピンチだ、というような議論です。

村上　経済が悪い、悪いとみんな言うけれど、日本って、東京都だけでヨーロッパの一国と同じGDPがある。北海道だけでも、フィンランドと同じくらいあります。すごいことですよね。

藻谷　ええ。人口が減っているのにGDPは減っていないというのは、異常にパフォーマンスが高いということだと思います。日本人というのは、何をやらせても無理に無理を重ねて、良くも悪くも異様なパフォーマンスを出してしまうところがある。僕はその現象を「硫黄島の日本軍」と呼んでいます。武器も弾薬も食料もなくて、もはや作戦遂行目的すらもよくわからない絶望的な状況で戦って、結局ほぼ全滅を余儀なくされるわけですが、死んだ日本人の数よりも再起不能になったアメリカ人の方が多いという、とんでもないパフォーマンスが残った。戦後はそういう力を平和的な方向に発揮してきたわけですが、最近はそれに飽きてきたのか、危機だ、危機だと、何が危機なのかもわからないまま繰り返すことで、本当の危機を作ってしまう方向へ向かっているような気がします。

たとえば、とにかくGDPを伸ばそうとするあまり、金銭には換算されない、しかし本当は大事なものを切り落としてしまおうとしている。その最悪の実例が少子化だと思います。GDPの計算には人間の数が入らない。もちろん、子どもの数も関係ない。子どもも持たずに生活費を切り詰めている人が、低賃金長時間労働をしてGDPを維持している。企業の側も、子育てができないほどの給料しか払わないことで、なんとか採算を確保している。その結果として、どんどん子どもが減っていく。でもそれは、GDPの計算上は全く表れてこないんです。

数字上の経済成長だけを求めている限り、簿外資産であるマンパワー、人材が減っているという日本最大の問題に対して、目を瞑《つぶ》り続けることになります。「イノベーションさえあればＯＫ」と言っている人たちは、この基本を無視している。それは、私には神風が吹けば勝てると言っているのと同じに聞こえます。

村上　ただ、僕はこういうことを言っておきながらも、実は日本ってまだまだできるとも思っているんです。

藻谷　あ、私もそうです。村上さんの本の最後に「この国にはまだ希望がある」と書かれていたのが、よくできたコンサートを聴き終わったあとのようなさわやかさを与えてくれて、感動しました。

村上　本読みの読み方ですね（笑）。

藻谷　絶望的な話としても書けるところを、すごく明るいトーンでまとめられていて、シンパシーがわきました。私も『デフレの正体』はすごく明るく書いたつもりなんです。もう日本滅亡だ、という悲観論で書こうと思えば書けるんですが、私は全然そう思っていない。

ＧＤＰに換算されない幸せもそうだし、世界一のパフォーマンスを誇る医療もそう。こんなに医療費をかけていなくても、平均寿命が世界一。さらに今日、名誉のためでも金のためでもなく、かけがえのない自分でありたいという気持ちをもっている若い人が、あえてやりがいがあるからと地域医療に身を投じてくれているというお話を伺って、安心しました。

村上　そういう人は結構多いんですよ。今、うちの診療所に勤めている若い医師も、去年、東大病院を辞めて、あえて夕張に来ている。捨てたもんじゃないなと思います。

だから、そういう人たちが働いていけるシステムをちゃんとつくっていき、また「医療だけにたからない」という住民の意識改革を徐々に進めていくことで、まだまだやっていけると思っています。

第十一章　「崩壊学級」でリーダーが育つ

――菊池省三（元小学校教師）

菊池省三（きくち・しょうぞう）
1959年、愛媛県生まれ。元小学校教師。山口大学教育学部卒。北九州市の公立小で独自のコミュニケーション教育を実践する。2015年に退職し、「菊池道場」を主宰。

日本の大学入試制度は、教養も、論理的思考力も、コミュニケーション力もうまく測れていない。そのため「一流大学」卒には、「仕事ができない」者がざくざくいる。これから進む大学入試制度改革では、グループワークなどを取り入れ、他者と共感し協働できる生徒を選抜しようとするらしい。そうなれば日本の学歴エリートの質は高くなるのだろうか？　残念ながら逆だろう。

なぜなら、真のコミュニケーション力は、共感や協働の力を欠く他者との交わりを通じてしか高まらない。集団をまとめる力は、集団を壊そうとする者とのせめぎあいの中からしか育たない。「おりこうちゃん」だけの選抜は、彼らの成長のチャンスの破壊である。真のエリートは、崩壊した学級にあっても下二割の仲間を切り捨てず共に歩んだ経験を持つ、「スーパーA」の中からしか生まれないのだ。

菊池先生の実践は、世界の教育の目指すべき本質を示している。一億総教育評論家のわれわれは、いつ気付くのだろうか？

——藻谷浩介

教室は社会の縮図

藻谷　菊池先生の『学級崩壊立て直し請負人』（新潮社）は、もう酒飲みがビールを飲むがごとく、ごくごくと読めた本でした。そして学級崩壊というのは、一部の学校の中の特殊な問題であるどころか、日本中に蔓延《まんえん》した現象であることに気づかされました。今や国会でも互いに好き勝手なことをしゃべっているだけで、そこにコミュニケーションが成立していない。この本に出てくる崩壊した学級とは、大人社会の鏡ではないでしょうか。

菊池　「教室は社会の縮図」なんです。言葉の使い方、コミュニケーションの取り方、ディベートのルール、学校でそういうことを教えないから、そういったことができない大人が増えた。

でも、最近は学級崩壊ってあまり言われなくなったでしょう？　それは学級崩壊がなくなったわけではなく、ある意味当たり前になり過ぎたから、ニュース性がなくなってしまったんです。

藻谷　菊池先生が三〇年以上教師を務めてきた、北九州市内の小学校では、特に早くから問題が顕在化していたのですね。

菊池　二〇一五年の三月末で教員生活には一区切りをつけましたが、かつては北九州の中でも最も厳しい状況にある小学校で教えていたこともあります。

そこで私は三年連続で六年生を担当しましたが、その小学校に自分の子どもを入れたいと考える親が少ないうえ、学年が上がるたびに引っ越していく家庭が続出するから、六年はいつも一クラスしかない。残っている子どもは、親が暴力団だとか、貧困家庭だとか、厳しい状況にある子ばかり。小学生なのに、髪の毛を茶色に染めていたり、マニキュアを塗っていたりしている子もいました。

ちなみに、その学区の中学校も、外から入ってくる子どもがいないから、結果的に私の教え子ばかりとなり〝菊池中学校〟と呼ばれていました（笑）。おかげさまで、今ではすっかり落ち着いた中学校になったみたいですが。

藻谷　それは何ともすごい状況ですね。菊池先生の学級崩壊を立て直すノウハウは、そのような極限の環境で磨かれたわけですね。

菊池　北九州だけでなく川崎、神戸などにも厳しい状況があると耳にしています。私が訪れた大阪や奈良、広島などでも全く同じ状況だと聞きました。

藻谷　学級崩壊は、東京にも普通にあると思います。しかも公立校だけでなく、育ちの良さそうな生徒を集めた私立校でも起きることがあると聞きます。

菊池　じつは太平洋ベルト地帯は全滅。いや、もはや全国が同じ状況になりつつあると言えます。

藻谷　そもそもいわゆる「選良」が集まるはずの国会が、学級崩壊状態になっていたりします。菊池先生の言葉で言えば、あれは「集団」ではなく「群れ」になっているように見えます。

菊池　その対語は故・阿部謹也先生の『「世間」とは何か』（講談社現代新書）という本から着想を得たんですが、個人が自分らしさを発揮して自立しているグループが「集団」。個人の考えよりもその場になんとなく流れる空気、特にマイナスの空気が勝るのが「群れ」と定義しています。子どもたちには「群れるな、集団になれ」とよく話しています。

藻谷　たとえば、休み時間に自分がトイレに行きたくなくても、友達が行くから一緒に行くのが「群れ」の特徴とありましたね。腹の中の異論を殺して大勢に従う多くの議員は、まさに群れています。

菊池　集団の空気に何となく従って行動してしまう。多くのいじめも「群れ」から始まります。だから、私はよく子どもたちに「ひとりが美しい」と言います。自分で考えて自分で行動できることが美しいと。

柳田國男は「よき選挙民」を作ることが大事だと言っていました。それは「自立して集団の意思決定に加われる人」を育てなさいということです。

藻谷　確かによき選挙民も大事ですが、今はよき被選挙民の方も育てないと（笑）。そして、まさに菊池先生はその両方を育てるために、コミュニケーション力を重視した教育をずっとやられてきたわけですね。「公《おおやけ》の言葉を使いなさい」「話は一回で聴くのです」「言動に『主語』を入れなさい」「もっと簡潔に話しなさい」……きわめて真っ当ですが、一方で小学生にかなり難しいことを要求しているなとも思いました。本の中には他にも四〇個ぐらい項目が並んでいましたが、恥ずかしながら私も出来ていないことが多かった。

菊池　まあ私自身、そのような教育を受けてこなかったし、全部できているかと言えば、できていない（笑）。でも、だからこそ、そういったことを重視した教育をやりたいのです。

たとえば「恥ずかしいといって何もしないのが恥ずかしいのです」という項目があ

りますが、最近は恥ずかしいと言っておけば、それで何もしないで済ませられると思っている子どもが多い。それでは世の中では通用しないよって、誰かが教えてあげなくてはいけません。昔は親や祖父母、あるいは地域コミュニティの中で自然に学べたのかも知れませんが、今はそうではないから、学校で教えてあげなくてはいけない。

藻谷　確かにそういうコミュニケーションの「基本姿勢」は大事です。さらに、菊池先生の授業では、「短文で話しなさい」「結論を先に言いなさい」とか、コミュニケーションの「スキル」にまで立ち入ってちゃんと教えているのが素晴らしい。

これまでの教育は、そういったテストの点数に反映されないことはなおざりにされてきました。シンガポールで一年間過ごした機会に、日本のそうそうたる企業や役所から現地に赴任しているエリートたちを傍で見ていたら、本人は英語でコミュニケーションが取れているつもりでも、センテンスが長過ぎたり、結論が後回しになっていたりして、悲しいぐらい相手に通じていないケースがある。そもそも、相手の目を見て話を聞く、笑顔で接するなどの基本マナーが出来ていないので、外国人から見れば、「このキョロキョロしている挙動不審の人が、本当に一流企業の幹部なのか？」となってしまう。

これは英語力の問題ではなく、コミュニケーション力の問題です。菊池先生が監修

菊池学級の「価値のある言葉」

※『学級崩壊立て直し請負人』（新潮社）の中から藻谷が抜粋。

- 公の言葉を使いなさい
- 話は一回で聴くのです
- 素直な人は伸びる人です
- あふれさせたい言葉、なくしたい言葉を意識しなさい
- はきはきと美しい日本語で
- 世のため人のために何をしていますか？
- 当たり前のことを当たり前にするのです
- 言動に「主語」を入れなさい
- もっと簡潔に話しなさい
- 昨日よりも成長したことを言いなさい
- 恥ずかしいといって何もしないのが恥ずかしいのです
- 持てる力を発揮しなさい
- 理由のない意見はいじめと同じ
- その行為・言葉の周りへの影響を考えなさい
- 誰とでも仲良くします、できます
- あいさつ、そうじもできないで他に何ができるのですか
- 自分の意見を言って死んだ人はいません
- 知恵がないものが知恵をしぼっても出てきません。だから、人に会い本を読むのです
- 「分からない」という言い訳はしません
- 性格が変われば顔が変わる
- ズバッと言いなさい
- できないのですか？　しないのですか？
- 成功するまで続けるのです
- 準備もしないでその失敗は当たり前です
- 負荷を楽しみなさい
- あなたがビシッとすればみんなもビシッとします
- 前の人と同じことは言いません
- 基準はあなたではなく常識です
- 今日までにできなかったことがなぜ明日にできるのか？

「34」のコミュニケーション能力

出典：『小学生が作ったコミュニケーション大事典復刻版』（中村堂）

1．あいさつ力
2．返事力
3．表情力
4．笑顔力
5．うなずき力
6．あいづち力
7．目線力
8．姿勢力
9．ボディランゲージ力
10．メモ力
11．傾聴力
12．質問力
13．コメント力
14．リアクション力
15．滑舌力
16．「出す声」力
17．計画力
18．リサーチ力
19．構成力
20．リハーサル力
21．振り返り力
22．会話力
23．「報・連・相」力
24．話題力
25．説明力
26．具体化力
27．短文力
28．「間」力
29．反論力
30．語彙力
31．ふれあい力
32．ユーモア力
33．単独力
34．方言力

した『小学生が作ったコミュニケーション大事典復刻版』（中村堂）という本の中に、「目線力」「笑顔力」「うなずき力」「返事力」など三四の「力」が載っていましたが、まさにそのような能力が日本人には足りない。

菊池　あの本を出した時、ある大企業の人事部にいる知り合いが授業を見学しに来て、「先生の授業は、うちの新人研修とほとんど同じ内容だ」と言っていました。

藻谷　本当に「これさえ出来れば、日本人は世界のどこでも通用するだろう」って思います。英単語力や円周率よりも、試験に出ないコミュニケーションの基本動作こそが問題なのです。

「群れ」の外とのコミュニケーション

藻谷　もう一つ、菊池先生の授業で素晴らしいと思ったのは、ディベートです。

菊池　そう言ってもらえるのは嬉《うれ》しいです。二〇年近く前から始めたんですが、当時はまだ「一斉指導がすべて」「授業は知識を教えるもの」という古い授業観の時代でしたから、すっかりお偉方の先生たちから睨《にら》まれてしまって……周りの教師仲間も離れていき、あの頃はかなり苦しい思いをしました。

藻谷　きっと「小学生に〝言い争い〟をさせるなんて、とんでもない」とか、訳の分からん批判をする人がいたんでしょう。でも、ディベートは世界に出て行くビジネスパーソンになるためには必須《ひっす》のスキルです。もちろん、義務教育で世界に通じるビジネスパーソンを育てる必要はないんだけど……。

菊池　いや、ビジネスだろうが何だろうが、人と人がお互いを大事にしながら、きちんと対話できる力というのは必要でしょう。

たしかに、ディベートはやり方がまずいとトラブルになりかねないので、事前にルールを丁寧に説明します。ディベートと言うと、アメリカ型のガチガチの討論をイメージしてしまうかも知れませんが、私の授業では、相手のプライドを叩（たた）き潰（つぶ）すような議論はルール違反。互いの価値観を尊重しながら堂々と意見をぶつけ合う〝日本流ディベート〟をやろうとしています。

藻谷　そこが素晴らしいと思ったポイントです。自動車でも料理でも、西洋のものが日本に入ってくると、マイルドで優しく、かつ汎用《はんよう》性が高い形にモディファイされて、それがまた西洋社会に還元されていく。特に日本に限らずアジアでのビジネスでは、相手のメンツを立てつつ、かつ言うべきことは言って、互いが折り合う地点を見つけていくという能力が極めて重要になりますから、今後、菊池先生の日本流ディベートの教育はどんどん世界中に広がっていくべきではないでしょうか。

菊池　ただ、ディベートを授業に取り入れるためにいろいろ勉強したのですが、やはり個が自立している西洋社会に比べると、日本はまだまだ「群れ」社会だと思いました。「群れ」の外にいる人とのコミュニケーション力がとても弱い。

藻谷　たしかに本の中でも、子どもたちは「お互いを知らない状況が生まれる」と「お互いを知る方法も知らない」」、そして、「安心と自信がないから、自分の意見・考え・感情・主張を相手に伝えられない。また相手のそれらを受け入れられない」と指摘されていましたね。これを読んだとき、「これってまさに日本のインターネットの世界じゃないか」と思いました。2ちゃんねるなどのネットでは、知らない者同士が読むに堪えない言葉で罵《のの》り合っています。

菊池　だから、お互いを知り合い、「安心できる集団」と「自分への自信」を育《はぐく》むため、私の学級では「ほめ言葉のシャワー」をやるんです。帰りのホームルームで、その日の日直がみんなの前に立ち、クラスの子たちが思い思いに挙手して、その子のいいところを見つけて、とにかく褒めまくる。褒めるためには、その子に関心を抱いてよく観察しないといけませんし、その理由を言葉で表現する力も必要です。子どもは誰でも「褒められたい」という思いがあるから、そこを刺激されると、次はもっと褒められたいとやる気が出る。この好循環を生み出すためには、それなりの方法論が必要ですが、「ほめ言葉のシャワー」をうまく回せるようになれば、集団に対する安心感と、自分に対する自信が培《つちか》われます。するとクラスに落ち着きが生まれ、互いに相手を尊重する雰囲気が生まれます。

学力神話のバカらしさ

藻谷　菊池先生はＮＨＫ『プロフェッショナル　仕事の流儀』をはじめ各メディアで

絶賛されていますが、一方で教師一般に対する世間の風当たりは非常に厳しい。どうしてこれほど教師が悪《あ》しざまに批判されるようになってしまったんでしょうか？

菊池　うーん、新聞記者の方に聞いたんですが、街角で「最近の経済についてどう思いますか？」と訊《き》くと大抵の人は「いや、ちょっと……」とか逃げていくけど、「最近の学校教育についてどう思いますか？」と訊くと一〇〇人が一〇〇通りの答えをするとか。やっぱり、みんな経験者だから一家言ある。

藻谷　まさに一億総評論家。

菊池　たしかに批判されても仕方がない面もありますけど、それが教師に対してなのか、学校組織に対してなのか、あるいは教育委員会や文部科学省に対してなのかは、もう少し意識して区別して欲しいなとは思います。

教師に対して、ということであれば、私は三〇年以上現場で見てきましたが、正直そんなにレベルが下がったとは思っていません。この激変していく家庭や地域の環境の中で、何とか一定の水準を保とうと一生懸命頑張っていると思います。

藻谷　そうですよね。他の分野もそうですが、若い世代も真面目《まじめ》に熱心にやっています。

菊池　はい。ただ、教師自身が知識注入型の教育を受けてきて、環境が変わった今でもそのやり方を押し通そうと頑張るから、異常に疲労困憊《こんぱい》してしまっている面があるような気がします。そこは、もっと文科省や教育委員会の方で音頭を取って方針転換を示して欲しい。でも彼ら自身に昔のやり方を変えなくてはいけないという危機感があまりないもんだから……。

藻谷　つまり、未《いま》だに学力テストの点数なんかに拘《こだわ》っている。

菊池　私だってもちろん学力はないよりあった方がいいと思っています。でもそれ以前に、学校という場でさまざまな子たちが関わり合う中で、社会性を身につけていくことが大事です。特に公教育の現場はそこを重視してやっているわけですが、それを文科省や教育委員会がはっきり国民に伝えていないし、保護者の方もそれを受け止めようとしない。

藻谷　つまり「お前らは余計なことをせずに、黙って子どものテストの点数だけ上げてりゃいいんだよ、コノヤロー！」みたいな。そういったモンスター・ペアレントは、「自分の子どもをまともな社会人に育て上げて欲しい」という考えはないんですかね？

菊池　まったくない。あるいは「まともな社会人」の定義が一般常識からあまりにかけ離れている。自分らしさを発揮しながら、他者とも協力して、集団の中で結果を出していける人が「まともな社会人」だということが分かっていない。だから、まずそれを理解してもらおうと説明すると、異常なまでの攻撃が返ってくる。

藻谷　大阪の橋下市長が、学力テストの点数を上げることが目標だと叫んでいましたが、よく分からなかったのは、学力テストの点数を上げると大阪市に何か良いことがあるんだろうかということ。以前、別の対談でも触れたことなのですが、秋田県は小学生の学力テストの結果が一位ですが、それでどんな良いことがあったのか？　勉強のできる子を都会に出すばかりで、出生率が特に低く、一村を除いて県内の全自治体がいわゆる「消滅可能性都市」とされてしまった。自殺率も全国でもっとも高い県の一つです。もちろん学力テストの結果が高いから、そうなっていると言いたいわけではないですが、少なくとも学力の高さが地域のプラスになっているとはまったく思えない。

菊池　秋田について言えば、子どもの数は減っているのに、学級数は減らさないで、少子化の流れに少しでも抵抗しようとしているそうです。つまり少人数学級になった分、手厚い教育が出来ているという面もある。でも、このままではいずれ財政的に限界が来て破綻《はたん》するだろうと言われています。

藻谷　一方、ここ北九州市からほど近い筑豊の田川市などは、町の経済状況は良くないですし、おそらく学力テストの結果も厳しいでしょうが、消滅可能性都市とはされていない。子どもがたくさん生まれているからです。

菊池　うーん、確かに子どもはポコポコ生まれていますけど、どうでしょう？　小学生が「オレ、大人になったらセイホ（生活保護）になるけ」って言うんですよ。もし将来彼らがみんな生活保護の受給者になったら、自治体の財政が保てるかどうか。

藻谷　それは……保てませんね。かたや未来を見ずに子どもをポコポコ産んで、こんた変に未来を見過ぎて子どもを産まなくなってしまう。あるいは、妙に勉強が出来たばっかりに、一流企業という名の「時給で考えるとブラック企業」に入ってしまい、深夜までコキ使われ、子どもをつくるどころか恋愛をする余裕すらなくしてしまう。

菊池　だから、いずれのタイプに対しても、夢と希望をきっちり見せる教育、自分に自信を持ち、集団に安心を抱けるようになる教育をしたいんです。学力のあるなしだけではなく、その先をどうやって生きていくかという「生きる力」の教育が必要だと考えています。

藻谷　その通りです。僕は前々から「なんでみんなそんなに試験の点数を重視するんだろう？」と不思議に思っていたんですが、最近わかったのは、どうやら「試験の点数が高い人は、生きる力も強い」という信仰があるということ。そんなことは考えた

順位	都道府県	平均正答率
1	秋田県	70.36
2	石川県	69.06
3	福井県	68.38
4	青森県	67.42
5	富山県	67.30
6	広島県	66.22
7	京都府	65.38
8	東京都	65.28
9	新潟県	65.16
9	山口県	65.16
11	香川県	65.08
12	愛媛県	64.90
13	茨城県	64.62
14	高知県	64.46
14	大分県	64.46
16	静岡県	64.44

順位	都道府県	平均正答率
17	岩手県	64.20
18	長野県	63.70
19	鳥取県	63.64
20	兵庫県	63.60
20	沖縄県	63.60
22	熊本県	63.58
23	千葉県	63.54
24	鹿児島県	63.20
25	奈良県	63.10
26	群馬県	63.02
27	徳島県	62.88
28	佐賀県	62.86
29	福島県	62.74
30	岡山県	62.72
31	宮崎県	62.70
31	和歌山県	62.70

順位	都道府県	平均正答率
33	福岡県	62.66
34	岐阜県	62.38
35	山形県	62.34
36	三重県	62.28
36	神奈川県	62.28
38	宮城県	61.98
39	山梨県	61.94
40	長崎県	61.88
41	栃木県	61.78
42	埼玉県	61.66
43	愛知県	61.60
44	島根県	61.50
45	大阪府	61.30
46	滋賀県	61.20
47	北海道	61.04

2015年度全国学力・学習状況調査（小学校）

順位	都道府県	平均正答率
1	福井県	65.88
2	秋田県	65.28
3	石川県	63.62
4	富山県	63.42
5	岐阜県	62.28
6	静岡県	61.98
7	愛知県	61.96
8	群馬県	61.86
9	愛媛県	61.46
10	東京都	61.40
11	兵庫県	61.24
12	神奈川県	60.72
12	京都府	60.72
14	山口県	60.68
15	茨城県	60.66
16	広島県	60.60

順位	都道府県	平均正答率
17	山形県	60.34
18	鳥取県	60.32
19	熊本県	60.28
20	山梨県	60.24
21	新潟県	60.14
22	宮城県	59.96
22	香川県	59.96
22	奈良県	59.96
25	青森県	59.76
26	千葉県	59.74
27	長野県	59.62
28	栃木県	59.58
29	徳島県	59.54
30	長崎県	59.50
30	北海道	59.50
32	大分県	59.36

順位	都道府県	平均正答率
33	島根県	59.34
34	三重県	59.22
35	大阪府	59.14
36	埼玉県	58.96
37	宮崎県	58.72
38	福岡県	58.48
39	福島県	58.30
40	滋賀県	58.24
41	岡山県	58.20
42	鹿児島県	58.08
43	和歌山県	58.00
44	岩手県	57.56
45	佐賀県	57.42
46	高知県	55.92
47	沖縄県	53.40

2015年度全国学力・学習状況調査（中学校）

 こともなかった私には、目からウロコでした。たしかに、この事実に反する信仰に従えば、今まで教育問題について疑問に思っていたあれこれに、すべて平仄《ひょうそく》が合う。

菊池 学校教育でも、A問題、B問題と言って、基礎的なA問題をしっかりやれば、応用的なB問題も解けるようになると考えてやっていますからね。

藻谷 いや、算数とかはそうだと思うんですが、たとえば「公務員試験でいい点が取れる人がいい役人になれる」とか、さっぱり理解できなかった。でも、そこには「受験力」と「働く力」「生きる力」は似ているんだという信仰があったんですね。でも、もし仮に「生きる力」を測るんだったら、そもそも試験の形式を「個人戦」から「集団戦」に変える必要があるでしょう。

生きる力というのは、いくら受験勉強を頑張って東大法学部へ進んでも、全く身につかないというのが、私の実感です。同級生を見ていても、少なくとも世間で思われているよりずっと低い確率でしか、出世するだの大儲《おおもう》けするだのといった、いわゆる社会的な成功を収めていない。

「生きる力」をどう育てるか

菊池　前から気になっていたんですが、藻谷さんはご自身が学歴エリートでありながら、受験勉強は下らないとか、知識詰め込み教育はダメだとか、「点数」批判の急先鋒《きゅうせんぽう》ですよね。いつの段階で、そう思うようになったんですか？

藻谷　私は小・中・高と地元徳山（現山口県周南市）の公立校育ちですが、じつは小学生の頃からずーっと「点数や成績には意味がない」と思っていました。自分で言うのも何ですが、私は小さい頃からテストの点を取ることだけは得意でした。でも、運動はまったくダメで、小・中学校の運動会の徒競走では、常に全力で臨んだにもかかわらず八年連続ビリ。最後、中三のときは障害物競走で一人網に絡《から》まった生徒がいて、ビリから二番目だったという筋金入りです。

菊池　そこまで覚えているということは、いかにそのことにコンプレックスが強かったかってことですよね。

藻谷　そうです。体育は5段階評価で2が普通でしたから、通知表を貰《もら》うたびに「お前はダメ」と刷り込まれているような気がしました。なのにやたらと正義感が強くて、いろいろ突っかかる性格だったから、もう当時はもっともイジメの標的になるタイプ。椅子《いす》に画びょうを仕込まれたり、両足をつかまれて階段をバーッと引きずり落とされたり……学力が生きる力につながるどころか、毎日死ぬことばかり考えていました。

菊池　それはいつ頃の話ですか？

藻谷　二回ありまして、最初は小学校五年から六年にかけて、あとは中二前後で一年半ぐらい。だから、いじめで自殺する子どもの気持ちがすごく分かる気がする。彼らは弱さから死を選ぶんじゃなくて、むしろ我を張り通した一つの姿として死を選ぶんですよ。「俺が死んで、あいつらを反省させてやる。呪《のろ》い殺してやる」みたいな。

菊池　いじめた人たちは、今でもそれを覚えていますか？

藻谷　それが……少なくとも私が記憶しているようには覚えていない。じつは今では結構仲良しで、「あん頃は藻谷くんが偉そうじゃけ、みんなで妬《ねた》んで、ちょっとやんちゃしてごめんね～」みたいな感じ(笑)。私としては全然笑い話じゃないんだけど、同窓会では笑い話になってしまっています。

菊池　どうやっていじめを克服したんですか？

藻谷　うちは三人兄弟で、親子ともども仲が良かったのが救いになっていました。英語で劇をしたりするラボ・パーティという団体に入会して、学校とは別の世界も持っていました。この前も小学校の同級生から「藻谷くんって、学芸会の劇の台本を書いたり活躍していたよね」なんて言われて驚いたんですが、自分の記憶では自殺を考えて神経性胃炎になるほど悩んでいたんですが、意外に他に発散できる場所があったのかも知れない。

それと、中二の頃に二回、人生観を揺さぶられるような衝撃的な言葉にぶつかったのが転機になりました。一回目は母親から、「あんたは自分が正しいって言うけれど、世の中は相手の評価がすべてなんだから、周りにも合せなきゃダメなのよ！」って。二回目は、当時ちょっと好きだった学級委員長タイプの女の子から「藻谷くんはそんな態度だからみんなに嫌われるんです！」って言われた。

菊池　うわぁ、年齢的にも一番過敏な時期に、それぞれ、一番言われたくない台詞《せりふ》を、一番言われたくない相手に言われてしまった。

藻谷　そうなんです（笑）。その言葉を受け入れるのに一年くらいかかりましたが、中三の頃に小説を書く授業があって、その時に「意固地になって孤立していくバカみたいな男子生徒」という、まさに自分の分身みたいな主人公の話を書いたんです。その時にようやく開き直れました。

菊池　それで高校では、少し人に合せるようになった？

藻谷　高校も地元の公立校に進みましたが、各中学校から成績上位の生徒を集めていた学校だったせいか、とにかく勉強が出来れば何も問われず、みたいな校風でして(笑)。いじめもないし、私にとっては天国みたいな環境でしたが、同時に「勉強が出来るだけでチヤホヤされるなんて変だ」という違和感もあった。で、東大に進学したら、もっと変な環境だった……って、つい先生に乗せられて、長々と自分語りをしてしまいましたが、私が言いたかったのは、私が小学校や中学校で経験したように、いろいろな人間がいる凸凹した環境で揉《も》まれるからこそ、子どもは社会性やコミュニケーション力を身につけることができるということです。

菊池　まったく同感です。まさにその「場の広さ」が公教育の得意技なわけです。

藻谷　僕が山口県に生まれて良かったなと思うのは、突出したエリート校がなかったこと。どの高校にも甲子園に出るチャンスがあるし、進学校とされる高校にも就職組がいた。そういう凸凹した人間関係の中で揉まれたから、私は何とか社会で生きる力を身に付けることが出来たんだろうと思います。

　もし僕が兵庫とか鹿児島に生まれていたら、灘《なだ》とかラ・サールに「隔離」されてしまい、あの意固地な性格も変わることなく、かなりしんどい社会人になっていたでしょう。

新たなエリート、「スーパーA」

菊池　最近よく、エリートを育てる教育とか、リーダーを育てる教育とかって言うじゃないですか。私はもし本当に社会を引っ張っていくエリートを育てたいんだったら、今しんどい状況にいる子どもたちと一緒の教室で学ばせないとダメだと思うんです。たとえば、グジャグジャに崩壊していた学級が、一年かけて立ち直っていく。その過程で本当のリーダーが育っていくんですよ。

藻谷　まったく同感です。成績上位者だけが集まる〝エリート〟中高一貫校で勉強させ、さらに同じように育ってきた人間ばかりを選抜する〝一流〟大学なんかで学ばせたら、凸凹のある多様な人々をまとめられるリーダーは出てこないんじゃないかと、とても危惧《きぐ》しています。雑多な人がいて、むしろ崩壊の危機があるぐらいの環境の方が本当のエリートが育つ。会社経営でも、もし優秀な幹部候補を育てたいなら、崩壊寸前の小さな組織などに出向させて、戦わせるべきなんです。「半沢直樹」みたいに（笑）。

菊池　教室のイメージって、大体「二・六・二」なんです。つまり、頑張る子が二割、普通の子が六割、だらんとしている子が二割。で、小学校教師がよく陥りがちな罠《わな》は、下の二割を何とかしようと躍起になって、学級全体を崩壊させてしまうこと。そうではなく、普通の六割を上に引き上げて、まずは「八・二」の状態に持っていくのがコツなんです。

藻谷　本でも、クラス替えして最初のうちは下の二割が訳の分からんことを言い出してもスルーすると書いていらっしゃいましたね。そうすれば学級崩壊への道は断てると。

菊池　では、下の二割をどうするか。それは上の八割の中から「スーパーA」、つまり他の仲間を引っ張り上げていけるスーパーエリートを出せばいいんです。観察していると、「八・二」まで持っていくと教室が安定した状態になり、自然と「スーパーA」が出てくる。そうすると、クラス全体のレベルが上がって、結果的に下の二割も引き上げられる。

藻谷　「スーパーA」というのは、「私、上の二割で勉強ができますが、何か？」というタイプじゃなくて……。

菊池　そうじゃなくて、クラス全員、一人も見捨てないという信念を持ったリーダータイプ。どうして「スーパーA」が出てくるのか、なぜ彼らは下の子たちを引き上げることができるのか、私もまだ理論的な裏付けができていないんです。でも、過去の実体験としては確実にあって、「スーパーA」が出てくると、クラスの集団達成意欲が格段に高くなるんです。

藻谷　「下の二割を切り捨てることによって、学級の水準を保っていこう」という凡庸なリーダーの浅知恵では、個人が自信を持ち、安心できる集団は育たない。おそらく本当のリーダーというのは、下の二割にも感応できる人のことを言うんでしょうね。上の二割も、やっぱり普通からは外れているという点では同じなので、外れている者同士、波長が合う部分があるのかも知れない。両者とも飛び抜けたものを持っているんだけど、たまたまうまくプラスに振れた子と、ちょっと怠けてマイナスに振れちゃった子がいるだけで……。

菊池　そうか、これは相当納得したぞ（笑）。たしかに「スーパーA」の中には、かつてその子自身が下の二割だったという子もいました。しかも、その子は自分が上に上がれたのは、その時の「スーパーA」のおかげだったと言うんです。やっぱり下の二割にいる子どもでも、そういう複雑な人間の機微を理解できる内面を持った子がいるわけですよ。

藻谷　思い返せば、私はじつは「スーパーA」をやろうとして、上手《うま》くできずに失敗して、いじめられた人間なのかも知れない。逆に、「だから藻谷くんは嫌われるんです！」と言った委員長タイプの彼女は、今思えば「スーパーA」だった。

じつはこの前、同窓会で彼女に再会したんです。いま彼女は小児がん病棟の看護師をやっているそうですが、これは本当にキツい仕事で、面倒を見ている子どもたちの多くが死んでしまう。並の精神力では正気が保てない仕事だけど、でも絶対に社会に必要とされている、まさに社会の宝のような存在なんです。彼女のような人が本当のエリートで、自分さえ良ければそれで良い、他は切り捨てて「はい、さよなら」という人は、エリートでもリーダーでもないんですよ。

菊池　だから私たち教師は、もし教室で級友を注意している子どもを見たら、「ああ、この何気ない行為が、この子が大人になったときの人生につながっていくんじゃないか」と思って、ちゃんと褒めてあげなきゃならんと思うんです。そこが公教育の良き役割なのに、「学力テストの順位を上げろ」なんてことばかり言っていたら、自分たちで自分の首を絞めてしまうことになる。

藻谷　そもそも学力なんて、いくらでも後付けできますよね。「スーパーA」の彼女も、もしかすると高卒で看護学校に行ったのかもしれませんが、キツい仕事をしながらドクター論文まで書いて――彼女にとっては論文を書くのが一種の発散行為だったようですが——今では同級生で唯一《ゆいいつ》の博士になっちゃった。

「高学歴」の落とし穴

菊池　いくら良い大学を出たと言っても、進学先が決まるのなんてせいぜい一八歳かそこらの話じゃないですか。その後の長い人生をどう歩むかで、人の能力なんてまったく違ってくる。

藻谷　そもそも受験勉強で詰め込んだ知識なんて、入学したとたんにほとんど忘れてしまうし、もともと中身もない。たとえば、「ソクラテス」という名前や「無知の知」という言葉を暗記するだけで、その本当の意味を突き詰めて考えようとする人は滅多にいない。実際、東大卒の〝エリート〟には「無知の知」がない人たちが山ほどいますから。つまり彼らの「学び」はその程度で止まっているわけです。

菊池　北九州の子どもたちと長年接していて思うんですが、やはり中学・高校というのは多感な時期なので、どうしても振れ幅が大きくなって、真っ当な道から逸《そ》れてしまうことがある。でも、小学生の時に「スーパーA」と一緒になって良いクラスを作っていけた経験があれば、二〇代になって落ち着いたら、まともな社会人になってくれるんじゃないかって思っているんです。

藻谷　地域おこしの現場では、そういう子たちがたくさん活躍しています。どこの大学を出たかなんて、誰も聞かないし、気にしてない。仕事が出来るかどうかに学歴なんてまったく関係ないですから。

また私の同級生の話ですが、短大卒で地元の商工会議所に入って、専務理事になった女性がいます。商工会議所の専務理事といえば、会頭に次ぐ役職です。彼女は学歴以上に能力で評価され、まだ全国で二人しかいない女性専務理事になった。

思い当たるところをランダムに挙げれば、倉敷で町屋の再生をしている楢村徹《ならむらとおる》さんというスーパーな建築家がいます。彼はずっと倉敷界隈《かいわい》の狭い地域で仕事をしていて、建築も近場の大学で学んだ。本人は「私は有名な大学で建築を学んだわけでもないし、海外に留学したこともない。所詮《しょせん》、この地域から出たこともない人間ですから」とか、すごく謙虚なんですが、やっている仕事は本当にスーパーで、それこそ世界中から彼が再生した蔵を見に人が集まってくる。しかも育てた弟子たちのレベルもハンパなく、まさに「スーパーA」の建築家。当たり前のことですが、東大の建築学科を出れば良い建築家になれるわけではないのです。

……と、まあ講演会などでこんな話をしていると、みんなふんふん聴いているんですが、後で必ず「そうは言うけど、やっぱり学歴は大事ですよね」とか話しかけてくる人がいる。なんか一生懸命「地球は丸い」という説明をした後に、「でも、やっぱり地球は平らですよね」と言われたような気分になって、ガッカリしてしまいます（笑）。

菊池　ああ、よくわかります。私もよくセミナーで講演しますが、元教え子たちが会場に来ていると、講演会の後で受講者たちが、「ねえ、菊池先生はああ言っていたけど、本当はどうやったん？」って必ず訊いている（笑）。講演では建前や綺麗事《きれいごと》を言っているだけだと思っているんでしょうかねぇ……？

藻谷　ちなみに私には息子が二人いますが、二人とも小・中と地元の公立校に行かせました。まあ公立校と言っても、東京の大人しい住宅地ですから、残念ながら凸凹の少ない環境かもしれませんが。それでも校区内に親と暮らせない児童の養護施設があって、一クラスに一〇人弱その施設から来ている子どもがいる。そのおかげで、それなりに多様性が確保できているんです。

ところが、ちょうど私が小学校のPTA会長をしていた年に、施設の子がちょっと事件を起こしてしまった。すると、やっぱり「そんな子たちがいる学校に入れなきゃ良かった」と考える親御さんもいるわけです。「いや、いろんな子がいるからこそ、こんな〝お上品〟な地区に住んでいても、子どもたちが少しは世間を学べるんじゃないか」と考えて、排除の論理ではなく全児童を包摂する方向で、何とかPTAをまとめました。校長をはじめ先生方も、その一線だけは守ろうと、一緒になって頑張ってくれました。

菊池　まだ公立校には、すべての児童を平等に扱おう、どんな子も排除しないという精神が残っている。その「聖域」を学力ごときのために壊してしまったら、社会の底が抜けてしまいます。

藻谷　子どもを世間から隔離して育てることのマイナスがわかっていない親が多すぎる。大学の同級生にも、世間の人をむやみに見下す人とか、逆にヤクザを異常に怖がる人とかがいます……要は小さいころから世間と隔離されているから、さまざまな階層の人とどのような距離感で接すればいいのかわかっていない。実際、霞が関にもヤクザ汚染がありました。今は昔に比べれば少ないのでしょうが、たとえば人から紹介されて、ヤクザとは知らずに付き合って、そのうち変な写真を撮られて脅されるとか……。

菊池　世間を知らないから、みんないい人だと信じ込んでしまうんですかね？

藻谷　普段はいい人だけど、裏では何をしているかよくわからない。何かがきっかけで態度が豹変《ひょうへん》する——昔から不良って、そういう友達なんだか嫌な奴《やつ》なんだか、よく訳のわからない存在だったじゃないですか。それはやっぱり幼いうちに経験しておかなきゃわかんない。

「最新学習歴」が大事

菊池　だからクドいようですが、やっぱり公教育という、いろんな子がいて、いろんな学びがある〝場〟を、日本社会はもう一度しっかり再評価しなきゃならんと思うんです。凸凹した場を少しずつ均《なら》しながら、一年かけて転がしていく体験が、子どもたちを成長させるんです。

藻谷　まさにそれこそ、地域再生の現場でも必要とされている能力です。崩壊寸前の地域には、教室と同様、タチの悪い裏ボスもいれば、組織の長なのにまったくやる気のない看板だけの人もいる。そういった人とも付かず離れず、何とか普通の六割の人々を引き上げて、上二割のやる気のある人々を糾合し、ゆっくりと地域を動かしていく——それが地域再生ですから。学力テストの点数が良い人よりも、崩壊学級を立て直した経験がある人の方が、絶対に戦力になる。

菊池　よく「教室は宝箱」なんて言いますが、それは教室が実社会の縮図だからこそ「宝箱」なんです。それなのに、最近はそのような多様性のある宝箱を小さくしようとしている。

藻谷　その行き着いた先が、昨今の国会みたいに、まったくコミュニケーションが成り立たない社会。

菊池　コミュニケーション能力というのは、経験しないと伸びない力です。失敗と成功を繰り返す中で伸びていくわけで、学校教育ももっとそれを体験させる授業を大事にしていかないといけない。それは他者との関わりの中でしか学べないし、凸凹した環境の中でしか深まらない。

藻谷　まさにその通りですが、たとえば先ほどの『小学生が作ったコミュニケーション大事典』にしても、「北九州の公立小の元学級崩壊のクラスで作ったんですよ」と言っても、なかなか信じない人が多いでしょうね。「いや、こういう本が作れるのは、学力テストの点数が良い、選び抜かれた子たちが集まってくる有名小学校に違いない」とか言われて。

私は全国の大学で出張講義をする機会が多いんですが、こう言っては何ですが、いつ潰れてもおかしくないような地方の無名大学の学生の中に、本当に話を理解できる人間がいる。逆に旧帝大のようなエリート大学には、人の話をまったく聞かない学生が多い。態度が悪いという以前に、そもそも理解力がない。一番困るのはいわゆる一流大学の大学院生で、社会適応力に欠けるうえ、論理的な話も通じない院生が結構います。

菊池　それは相手の話を、自分の知識の中のある一点に無理に当てはめて「こうだ！」と理解しようとする自己中心的タイプが多いからじゃないですか。

藻谷　なるほど。すべてを自分の勉強した範囲内で解釈しようとするから、奇妙な論理で対抗してくると。たとえば経済理論を勉強したら、すべてを習った範囲の経済理論で説明しないと気が済まないというタイプが、就職できずに大学院などに滞留しているわけですね。

菊池　結局、学びというのは、対話の中から新たな気付きや発見を得ていく作業です。だから、「相手をリスペクトする」などコミュニケーションの基礎がなければ、学びも深まらない。

ところが、学力テストや受験勉強では、コミュニケーション能力が異常に低い、むしろそこをすっ飛ばして最短コースで答えに行ってしまう人が評価されてしまうこともある。

藻谷　学力だけで人を評価すると、重要な国際会議でいきなり「Ｓｈｕｔ ｕｐ！」と叫んでしまう困ったエリートが出てくる。実社会では、官僚組織を筆頭に大企業でも、学歴に拘っている組織ほど次々と凋落《ちょうらく》しているように思うんですが、どうして日本の教育は変わらないんでしょう？

菊池　うーん、教育委員会自体がもっともコミュニケーション能力がない組織ですからね。北九州市には小学校だけで一三〇以上あると思うんですが、そのぐらいの規模になると現場からは顔が見えない。私はずっとコミュニケーションを中心とした授業に転換すべきだと言い続けて来ましたが、誰も聞いてくれない。ダメな理由を聞こうと思っても、「これ、誰がいけんと言っとるんか？」「いや、教育委員会です」「だから、教育委員会の誰が反対しとるか訊いているんよ」「いや、わかりません」って感じで、反対している当人たちは絶対に顔を出さない。私が三〇年以上続けてきた教員生活にピリオドを打ったのも、もうそういうコミュニケーションが出来ない人たちを相手にしても時間の無駄だと思ったからです。残された時間は、外側から教育改革をしていくことに使おうと思って。

藻谷　ぜひ日本の教育をコミュニケーション中心のものに変えて下さい。企業の社長なども、これを読んだら絶対に「そうだ！」って言ってくれると思うのですが、なぜか未だに採用においても学歴信仰が残っているのが不思議です。

菊池　ちょっと前に人から聞いて「なるほど」と思った話なんですが、中途採用の面接などでも、よく「最終学歴を教えて下さい」とか訊くじゃないですか。すると「○○大学卒業です」とか、何年も前、場合によっては十何年も前の古い情報しかわからない。そうではなく、「最新学習歴を教えて下さい」って訊けばいいんじゃないかって。たとえば「昨日は、藻谷浩介さんの講演会に行って、こんなことを勉強してきました」という答えが返って来れば、その人が今どのような学びの人生を歩んでいるかがわかる。

藻谷　一番最近学んだことを聞くのはいいですね。ぜひ「最新学習歴」を重視する社会に転換させていきましょう。

第十二章　「超高齢社会」は怖くない

——水田惠（株式会社ふるさと代表取締役社長）

水田恵（みずた・めぐむ）
1947年、兵庫県生まれ。株式会社ふるさと代表取締役社長。山谷での日雇労働などを経て、1999年、NPO法人ふるさとの会創設。2007年、株式会社を設立し『社会的不動産』事業を始める。

高齢で体が不自由、身寄りはなく、しかも認知症。幾らお金や地位があっても、誰でも最後はそうなる可能性がある。

そうなってしまった人間をどうするか。貯金が残っている間は助けるという考えと、障害者をガス室に送ったナチスは、本質的にどこが違うのか。とはいえ財政資金にも介護労働力にも限界があるとすれば、どこにどう線を引けばいいのだろうか。

ふるさとの会の、高齢・障害・認知症のホームレスへの支援活動を知って一〇年超。世の最底辺を見捨てない究極の人間的な営みの中に、筆者が見るのは万人にとっての希望の灯だ。人間が人間を人間として扱い、トラブルを「風景化」し、幻覚を「共同化」する中で、減っていく問題行動。「看取《みと》り仲間」に看取られて生を全うしていくことは、彼らにも、いや彼らにこそ可能なのだ。

「それほど超高齢社会を悲観することはない」。最底辺の悲惨から目を背けなかった水田氏だけが言えるこのフレーズを、あなたにもいつか実感して欲しい。

——藻谷浩介

「ふるさと」をつくる

藻谷　お久しぶりです。五年ほど前に、「ふるさとの会」の講習会でお話しさせていただいて以来ですね。その頃に比べて、さらに会の運営規模が大きくなったようですが……。

水田　幸か不幸か、講習会で藻谷さんが指摘された通り、生活支援を必要とする高齢者は増える一方なので……。

いま「ふるさとの会」グループ全体で、一二〇〇名の利用者がいます。ほとんどが単身世帯で、生活保護を受給している方が多いです。統合失調症の若者なども含め、一〇代から九〇代までの生活支援を行っています。

藻谷　今では高齢者支援のイメージが強くなりつつありますが、もともとは山谷で日雇い労働者の支援活動をやっていらしたわけですよね。

水田　学生時代に全共闘でバリケードをやって、その流れで山谷の労働運動にのめり込んで……そのまま今に至るまでずっと山谷暮らしです（笑）。一九九〇年代に入ってバブルがはじけた頃から、路上生活者の問題が深刻化してきました。私みたいな山谷で生きてきた人間からすると、若い人の路上生活にはさほど危機感はないんだけど、その頃になるとホームレスも高齢化が進んで……放っておいたら道端で死んでしまうから、これは何とかしなきゃいかんなと。

藻谷　そこで「ふるさとの会」を立ち上げたわけですね。

水田　最初はボランティア団体として炊《た》き出しなどをやっていたのですが、NPO法の施行後に法人格を取得して、一九九九年からNPOとして支援活動を続けています。

藻谷　「ふるさとの会」といっても、高齢者を故郷に帰す運動ではなくて……。

水田　山谷の高齢者は、ふるさとに帰りたくても帰れない。すでに親はなく、兄弟も亡《な》くなっていたり病院や施設に入っていたりして、実家はもう甥《おい》や姪《めい》の世代が継いでいる。必死に生活保護のお金をためて、お菓子を持って帰省したりしても、今さら面倒を看《み》てくれとか、墓に入れてくれとか、よう言えません。だから、ここをふるさとにして、死ぬまでみんなで支え合って、看取りもちゃんとやりましょうということで、「ふるさとの会」と名前をつけたんです。

藻谷　その根本には、やっぱり人間が棒切れみたいに放置されて死んでいくのは良くない、人間は人間らしく死ぬべきだという、尊厳を重んずる思想があるんでしょうか。

水田　そんな格好いいもんじゃなくて、ただ単に、今までずっと顔を合わせて一緒に働いてきて、いきなり見捨てるわけにもいかんわなと（笑）。

藻谷　とはいえ、いろいろな問題を抱えた方の面倒を看るのは、簡単なことではありませんよね。

水田　高齢介護・単身・困窮・障害――私らは「四重苦」って言うんですが、多くの利用者は、高齢の一人暮らしで、生活保護を受けていて、認知症や半身不随など心身に障害を抱えていて、要介護状態にあります。しかも、独特の「生きづらさ」を抱えていて、対人関係を築いたりルールを守ったりするのが苦手な人間ばかり。だから、福祉施設からも受け入れを拒否されてしまう。

藻谷　人々の中にも福祉施設の中にも居場所がない、一番しんどい人たちを支援しているわけですよね。いったいどんな支援をしておられるのか、改めて教えて下さい。

水田　まずは安定した住まいを確保する「居住支援」から始めます。そして、その地域で安定した暮らしを続けるための「生活支援」。地域の中で仲間をつくり役割を得るための「互助づくり」。さらには、人生の最後まで孤立せずに生きることを支える「在宅看取り」。この四つの支援が柱になっています。

空き家の活用

藻谷　では、まず「居住支援」からお話をお聞かせ下さい。

水田　いま台東区、墨田区、荒川区、新宿区、豊島区で、あわせて約一二〇〇人の支援をしています。

そのうち、約八〇〇名は一人暮らしをしながら、うちの生活支援員による訪問サービスを利用しています。単身の高齢者の場合、そもそも部屋を借りるのが難しいので、「ふるさとの会」で家賃債務保証を付けます。つまり家賃滞納や、あるいは万が一、利用者が亡くなってしまった場合の原状回復などの負担を、全部うちで引き受けるということです。また、利用者の生活が孤立しないように、地域に一つ共同リビングを作って、そこで互いに交流してもらうようにしています。

認知症や障害などで一人暮らしが難しい人は、「ふるさとの会」が借り上げているシェアハウスに入ってもらいます。それも難しい場合は、生活支援員が二四時間体制で常駐している「自立援助ホーム」や「宿泊所」もあります。さらに就労が見込める人は「就労支援ホーム」で支援を行います。これらの利用者が、あわせて四〇〇名ほ

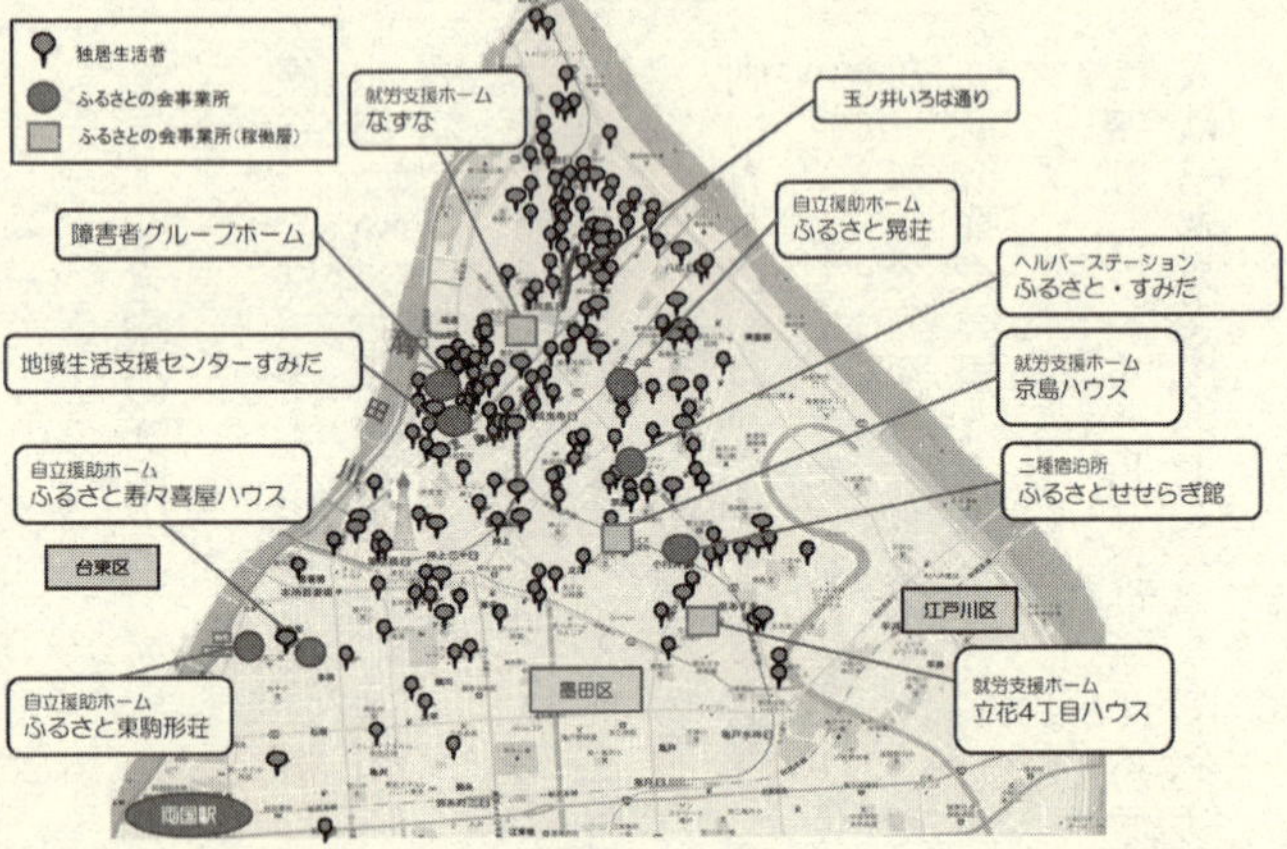

墨田区における「ふるさとの会」の支援状況

どいます。

藻谷　たいへんな規模ですね。二〇一五年三月には、ついに株式会社を作って、不動産事業にも参入したと聞きましたが？

水田　そうなんです。いま「ふるさとの会」のボトルネックになっているのが、居住物件の確保です。利用希望者はそれこそいくらでもいるのに、物件が足りない。やっぱり家主は、独居高齢者に部屋を貸すのを嫌がるんです。いくら我々が保証するからと説得しても、入居希望者が七〇～八〇代になると、どうしても「孤独死したら後の処理が大変だ」という意識が抜けず、及び腰になってしまう。

ならば一歩踏み込んで、我々自身が不動産屋となって、家主からアパート一棟を丸々賃借し、サブリースで高齢者に入居してもらお

う と考えたわけです。

藻谷　それは素晴らしいアイディアですね。東京都でも空き家率はなんと一一％。空き家、空き室ばかりで、家主はみんな困っているはずですから……。

水田　いや、じつはこれ、藻谷さんの話がきっかけなんです。五年前の講習会で首都圏の人口成熟を知り、調べたら墨田区でも賃貸物件の空室率が九％以上もあると。そんなにあるなら「家主支援」も兼ねて不動産屋をやってみようかと（笑）。

藻谷　そうだったんですか。私なんぞの一般論を現場で具体的にお役に立てていただいて、本当に嬉《うれ》しいし、頭が下がります。

「満室経営」というパッケージ

水田　いま不動産事業では「満室経営」という商品を作って、家主に提案しています。これは五年間、ずっと満室を保証する代わりに、家賃収入のうち二割をうちに下さいというパッケージです。もちろん、万が一のトラブル処理はＮＰＯの方で一手に引き受けるという形です。

藻谷　今は一五部屋のアパートで二～三しか部屋が埋まっていないなんてざらにあり

ますから、これは家主としては有り難いでしょう。

水田　満室の八割分の家賃収入が五年間あれば、改修投資の利回りも一〇～一五％になります。そうなると家主も安心して、風呂《ふろ》に手すりを付けたり、耐震耐火の補修をしてくれるようになる。

これまでは補修の必要がわかっていても、改装費に見合う家賃収入があるかどうか不安で補修に踏み切れなかった。すると物件がどんどん老朽化していき、ますます借り手がつかず、地域がどんどん寂れていく。「満室経営」は、その悪循環を断ち切るパッケージなんです。

藻谷　うーん、素晴らしい。これは地域でしっかりお金が回る仕組みになっていますね。家主が儲《もう》かり、改装を請け負う地元の工務店・材木店が儲かり、「ふるさとの会」の不動産事業が成り立ち、利用者の生活費が落ちるので地元の店も潤《うるお》う。すると地域に雇用も生まれていきますね。

水田　「ふるさとの会」だけでも、三〇〇人近い雇用があります。だから、よく生活保護受給者が地域の重荷になっていると言う人がいますが、その認識は間違っています。生活保護の財源の四分の三は国で、市区町村の負担は四分の一ですから、市区町村が使った税金の四倍のお金が、地域で循環することになる。つまり受給者が地域にいるということは、地域経済全体の活性化につながるんです。

藻谷 それは目から鱗《うろこ》のお話です。それなのに、地域で食っていくしかないはずの不動産屋が、生活保護受給者の入居を拒否して、地域の外に追い出してしまう。まさに自分で自分の首を絞めてしまうという、大変もったいない話なのですね。

水田 その典型が、二〇〇九年に一〇名の死亡者を出した群馬県渋川市の高齢者向け住宅「静養ホームたまゆら」の火災事故です。「たまゆら」には墨田区から生活保護を受けている高齢者が一五人も暮らしていました。せっかく墨田区民が支払った税金が、ぜんぶ区外に流出してしまっていたわけです。

藻谷 いま東京都の生活保護はどのくらい出ているんでしたっけ？

水田 生活保護費に関しては世帯や年齢で人それぞれですが、うちはその中から利用料としてひと月あたり一三万九八〇〇円をいただいております。「ふるさとの会」のビジネスモデルでは、このうちの住宅扶助費を家賃として家主に払い、残りの生活扶助費を生活支援事業に回します。さらに不動産事業を始めてからは、家主さんより家賃のうち二割をサブリース料として頂戴《ちょうだい》しています。僕らは「社会的不動産」って呼んでいるんだけど（笑）。

藻谷 たしかに崩壊寸前の地元不動産市場と、行き場のない独居老人を同時に支援す

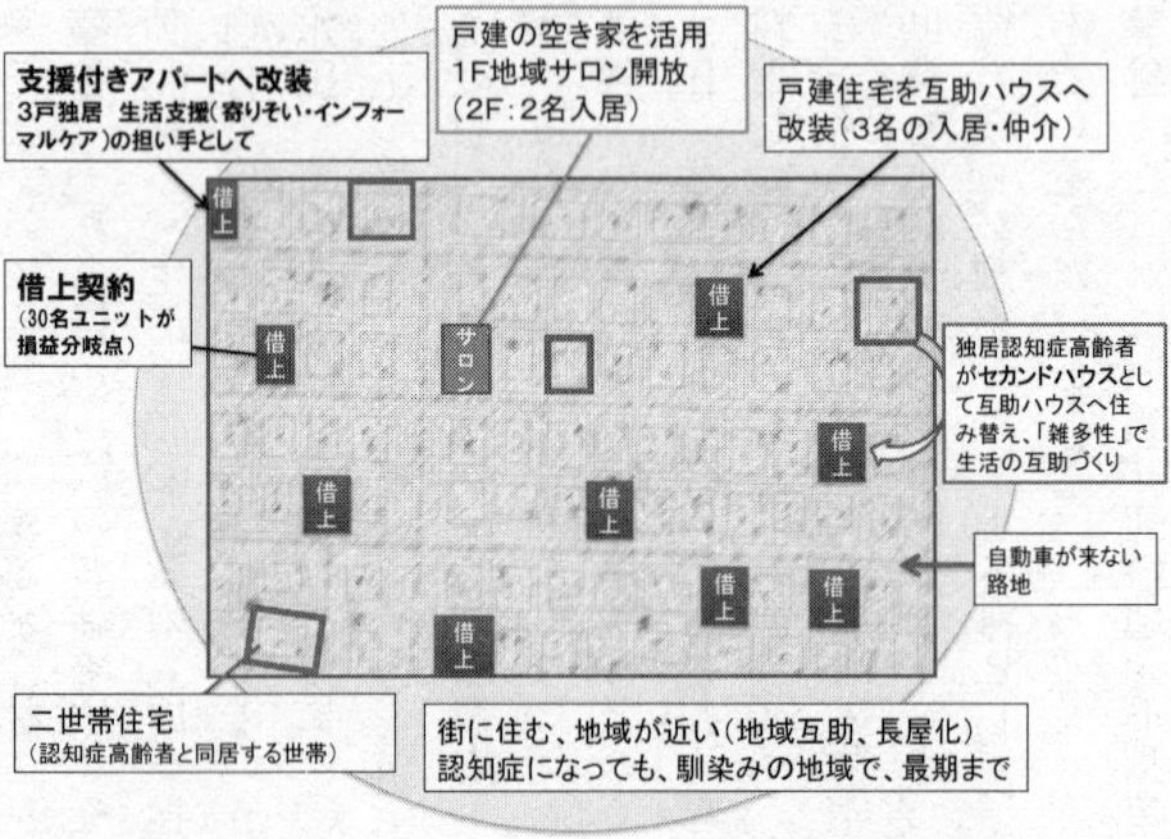

寄りそい地域事業のイメージ図

る「ソーシャル・ビジネス」ですね。でも、ヤクザなどが手掛けているいわゆる「貧困ビジネス」と混同されたりしませんか？

水田　それはあります。はっきり言って、収益構造自体は「貧困ビジネス」とまったく一緒ですから（笑）。

　でもね、うちは違法なハウスはつくらない。建築基準法と消防法を守ることが大前提です。それに、入居者の「生活支援」「互助づくり」から「在宅看取り」まで、しっかり面倒を看ています。その部分は儲かるどころか、むしろ持ち出しだから、ヤクザまがいのところは絶対にやらない。そこをきちんと見て判断して欲しい。

藻谷　「居住支援」とは部屋の手当て。それでは「生活支援」とは何でしょう。

水田　まず原則として、一人で暮らせるうちは、それまで通り地域の中で一人で生活してもらう。うちは訪問支援をしたり、サロンで地域の人との交流会を開いたりと、地域とのネットワーク・関係づくりの支援を行います。

たとえば認知症になった人でも、地域のネットワークの中にいれば、意外と普通に生活できるものなんです。行きつけの商店で買い物もできるし、万が一帰り道がわからなくなっても、顔見知りが「こっちだよ」と声をかけてくれる。認知症になってから、五年間もアパートで一人暮らしをしていた高齢者もいます。

逆に、認知症になったからと言って、慌《あわ》てて病院や施設に入れたりすると、それまでのネットワークから切り離されて、一気に病状が進んでしまう。精神科医の粟田《あわた》主《しゅ》一《いち》先生も、認知症になった人の関係・空間・記憶を変えてはいけないと仰《おっしゃ》っていました。

藻谷　つまり、「たまゆら」みたいな都外施設に連れて行ったりしたら、症状がさらに進んでアウトということですね。

水田　完全にアウトです。一日中ただ口を開けて待っているだけになったら、人間はすぐ死んでしまいます。

藻谷　でも、そのうち一人では暮らせなくなる日が来てしまうわけですよね。

水田　そうなったら、職員が二四時間常駐している自立援助ホームで面倒を看るか、あるいは近所にある一戸建てのシェアハウスで他の利用者と一緒に共同生活を送ってもらうか……。

藻谷　えっ、他の利用者に認知症の方の面倒を看てもらうということですか？

水田　そうです。もちろん、うちの職員が巡回して随時支援しますが、同居している利用者たちでやれることはやってもらいます。うちの基本は「丸が欠けた人間が、丸が欠けた人間を支援する」です。認知症の同居人を、要介護4の利用者が面倒を看たり、またその逆もある。それぞれ出来ることと出来ないことが違うんだから、お互いが支え合って暮らしていけばいいんです。

さらに言ってしまえば、われわれ職員だって、みんなどこか丸が欠けた人間ばかりです。福祉の資格を持っているわけでもない無職の人間を、ハローワークで採用してくるわけですから。支援する側と支援される側に垣根をつくらないで互いに支え合っていこうというのが、うちの「互助づくり」です。

藻谷　でも……それでトラブルが起きませんか？

水田　そりゃ、丸が欠けた人間ばっかりが集まっているんですから、トラブルはしょっちゅう起こります（笑）。

「ふるさとの会」が運営する自立援助ホーム。職員が24時間常駐している

認知症の人が粗相をしたり、アルコールの課題を抱えている人が騒いだり、職員だって経験が浅い者は暴言を吐いたり……でも、そこからが勝負です。他の福祉施設みたいに、「ルールを守れない人は退所して下さい」と排除したりはしません。むしろトラブルをチャンスにして、互いに助け合うルールをつくっていく。

そもそも、たとえば認知症の人の面倒を、最初から看られる人なんていないんです。みんな、認知症の人と一緒に暮らすようになって、初めてできるようになる。さまざまないさかいやトラブルを繰り返して、徐々に認知症の人を受け容《い》れる関係が出来てくるわけです。

藻谷　その前段階で、いじめや虐待《ぎゃくたい》が起きてしまったりしないんですか？

水田　だから、そうなる前に「トラブルミーティング」を徹底的にやる。それが、うちの職員の最も重要な仕事なんです。

たとえば、新入りの認知症の人が夜中にずっとごそごそ家の中を動き回っていたりすると、最初はみんな「うるさくて眠れねえ。なんでこんな奴《やつ》を入れたんだ！」とか言って、すぐかっとなったり、ちょっと暴力をふるってしまったりするんです。そうしたら、すぐに集合をかけてトラブルミーティングを開く。なぜ動き回ってしまったのか、どうして暴力をふるってしまったのか、再発を防ぐためにはどうしたらいいのか……トラブルが起こるたびにみんなで膝《ひざ》を突き合わせてがんがんやる。それを何度も繰り返しているうちに、自然に「かわいそうやないか」「みんなで支え合った方がいいんちゃうか」「俺も死ぬときはみんなと仲ようなって死にたいわ」みたいな話になってくるんです。

うちらは「風景化」って呼んでいるんですが、何か問題行動があったりすると最初はみんな「目障《めざわ》りだ！」とか怒るんだけど、時間が経《た》つにつれてだんだん日常の風景になじんできて、あまり気にならなくなる。人間は居続ければ大概のことは慣れる。

単純な話です。

「互助づくり」の最終目標

藻谷　「風景化」とは深い言葉ですね。でも、たとえば認知症の方が食後に「ご飯を食べていない」と言いだしたら、「これも風景」と言ってはいられないのでは？

水田　それは簡単です。たとえば、「さっき食べたばっかりでしょ！」などと言ってしまうと、認知症の方は「そんなはずはない！」と怒り出したり、「ここにいると飢え死にする。逃げなくては！」とパニックになったりします。だから、「じゃあ、一緒にご飯をつくりましょう」と言えばいいんです。ほとんどの場合、それで落ち着きます。食事のことは、じきに他のことに気が向いて忘れてしまうので大丈夫です。

大事なのは、認知症の人に「ここは私の話を聞いてくれる、わかってくれるところだ」という安心感を持ってもらうこと。昔の大家族なら、たとえばおばあちゃんを大好きな子どもが、「そうだね。一緒につくろう」って付き合ってあげたりしていたわけです。そんな安心できる人間関係があれば、パニックはそう起きません。パニックさえ起こさなければ、日常生活に大きな支障は出ません。「機能障害を生活障害にしない」というのが、うちの支援のポイントです。

藻谷　まさに実践の中から産まれた智恵《ちえ》ですね。ですが、利用者の中にはアルコール依存症の人もいると聞きます。彼らが相手だと、認知症以上に大変なのでは？

水田　基本は同じですよ。たとえばあるアルコール依存の入居者は、すぐにルールを破って飲酒をしてしまう。で、バレると自分のせいじゃないと言い訳するわけです。「今日病院に支援員が付いてきてくれなかったから」とか「イチローがTVでごくごくビールを飲んでいたから」とか（笑）。そこで「そんなの関係ないやろ！」と否定してしまわずに、「じゃあ、今度は俺が一緒に病院に行くよ」「イチローが出てきたら、俺がTVを消してやるよ」などといちいち受け止めていく。相手の甘えを受容するんです。

藻谷　そうしているうちに、まさかお酒を飲まなくなるとか？

水田　いや、飲む（笑）。飲むけど、グダグダになって生活破壊までいくことはなくなった。それどころか、次第に同居している認知症の人を助けるようになった。認知症の人がトイレに行きたがっているなと察すると、すーっと席を立って、トイレまで連れて行くようになったんです。

藻谷　なんだか、人の心の根っこにあるものを考えさせられますよね。他人に頼って助けられているうちに、どんなにダメダメな人でも、時には自分で他の誰かを助けるようになる。トラブルメーカーのはずなのだけれども、別の誰かから頼りにされるようにもなっていく。そうなると本人も嬉しいし、周りの雰囲気も良くなっていくでしょう。

水田 そうです。そういう互助の関係ができると、コミュニティに「安心」と「誇り」が生まれるんです。するとコミュニティ全体がうまく回り出す。それが「互助づくり」の最終的な目標です。

藻谷 認知症、アルコール依存症と来れば、さらにたいへんそうなのが統合失調症ですが。

水田 それも同じ。彼らが幻聴や幻覚を訴えたら、「ああ、おれも聴こえるよ、見えるよ」と言って、話を聞いてあげればいいんです。

以前、ある統合失調症の入居者が、死神に襲われる幻覚に悩んでいたことがありました。トラブルミーティングで、「死神が襲い掛かってくるとあいつが言うなら、みんなで一緒に襲われてやろう」ということになって、彼が幻覚を見るたびにみんなで一緒に襲われる真似《まね》をしたんです。そうしたら、不思議なことに彼のイメージの中の死神がどんどん小さくなっていき、最後は「自分に幸せを運んできてくれる小人」というキャラに変わってしまったんです。
こういうことは結構あるようで、介護民俗学をやっている六車由実《むぐるまゆみ》さんの本にも、同じような事例が書かれていました。幻聴や幻覚を共同化するということが、パニックを防ぐには有効なんです。

藻谷　そういう包容力を失った、刺々《とげとげ》しい社会に住んでいると、お互い人間であって、どこかで言葉を超えてつながるものがあるということがわからなくなってしまいますね。
とはいえ周りも「丸が欠けた」人間同士ですから、時には利用者のパニックを防げないこともありますよね？

水田　そうですね。とくに入居当初は、壁を殴ったり、ガラスを割ったりして大暴れすることもあります。そういう時は「抱き合い喧嘩《けんか》」をやります。

藻谷　抱き合い喧嘩？

水田　これは私が山谷の労働者と長年付き合っているうちに自然に編み出した方法なんですが、パニックになって暴れている相手を、腰を据えてギューッと抱きしめてやるんです。周りから見ると、一見、喧嘩しているように見えるかも知れませんが、そうしていると相手のパニックが徐々に収まってくる。

パニックを起こしている時というのは、要するに相手が一番つらい時なんです。そういう一番つらい時に、相手をぎゅっと抱きしめて「大丈夫」と言ってやる。赤ちゃんだろうが大人だろうが、人間はみんな抱いてほしいんです。これをやると、ぐっと信頼関係が深まります。

認知症八〇〇万人時代に

藻谷　水田さんは、困難を抱えた人と「対等目線」。相手も自分も同じ人間だと深く実感しておられる。ですが読者には、「こんな〝下流老人〟の話、俺には関係ないよ」と考える方もおられましょう。

でも、決して他人事《ひとごと》ではないのです。将来、介護が必要な状態になったとしても、特養（特別養護老人ホーム）などの福祉施設に入れる人は一握り。ほとんどの人は介護難民になる危険性が大です。

今でも療養病床や介護施設の不足は深刻ですが、団塊世代が高齢者となったこの先は、今の比ではありません。とくに首都圏ではこれから高齢者が激増します。団塊世代が七五歳を迎える二〇二五年までの一〇年間に、首都圏一都三県だけで七五歳以上の人口が一七五万人も増えます。どんなに頑張って福祉施設を増やしたところで、とても爆発的に増える需要の全《すべ》てに応じられる体制はできません。

それなのに二〇一五年九月になって安倍首相が突然「介護離職ゼロ」「特養増設」を言い出しました。政府のこれまでの「在宅介護」の大方針と正反対の話で、「何を今さら」と全国の関係者は絶句しました。喩《たと》えて言ってみれば、大震災の避難所にフランス料理のフルコースをもう五人分持って行けみたいな指示ですから。あとの一〇〇人はどうするのって話です。

水田　たしかに全員フルコースは不可能ですね。認知症八〇〇万人時代が来るのだから、病院や特養だけでは限界があることを前提に、高齢者を支える仕組みを考えなければなりません。と言うか、それが「地域包括ケア」と呼ばれるもので、現場はもう何年も前から動き始めているんですがね。

私らも、支援対象をホームレスや困窮老人だけに限定しているつもりはありません。そもそも生活保護受給者と一般の人が、異なる施設で暮らさなきゃいけない理由はないんですから。戸建て住宅を活用した認知症対応シェアハウス（互助ハウス）は基本的にみんな個室ですし、私らとしては、一般の人にも「自分の親族がここで暮らせたらいいな」と思ってもらえるようなレベルの環境を整えているつもりです。

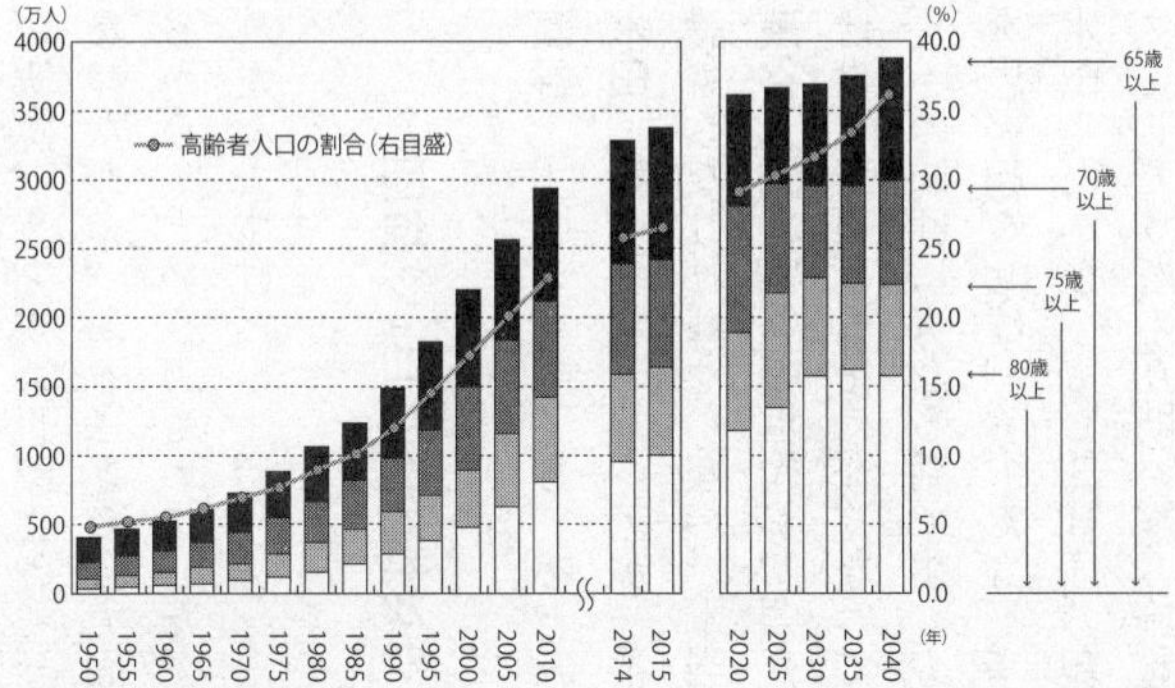

高齢者人口の推移

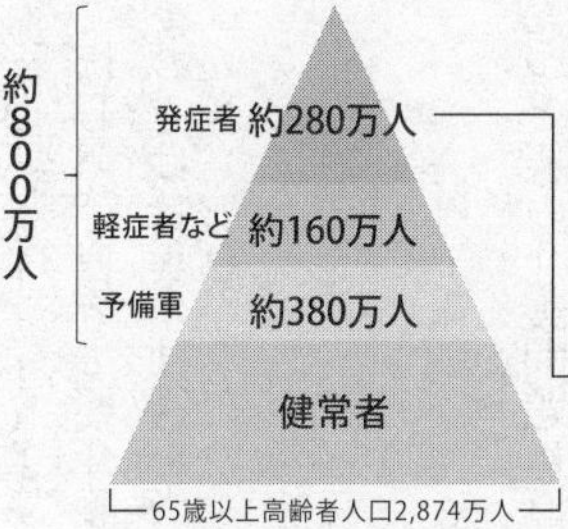

2010年の認知症高齢者の現状

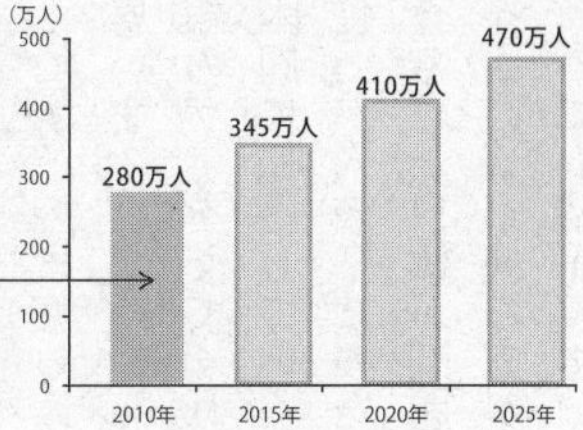

認知症高齢者数将来推計

実際、うちがお世話になっている不動産屋のオーナーさんで、「配偶者が認知症になったから、ふるさとの会で面倒を看てほしい。自分も要介護になったら、一緒に入るから」という方もいました。結局、その方は特養の抽選が当たって、そちらに行かれたんですけど……。

団塊ジュニアが気がかり

藻谷　団塊ジュニアも、あと五〜六年たつと親の介護問題に直面し始めますね。

水田　私は団塊ジュニアが一番気がかりなんです。いま彼らは子育てをしながら、介護もしなければならない。本当に大変だと思います。

藻谷　働き盛りの世代が、要介護になった親のケアをしてくれる場所が見つからず、仕事を辞めざるをえなくなって、一気に貧困層に転落していく――いわゆる「経済成長」の妨げにもなる話です。もっとも「成長」が人の幸せのために必要とされたことを思い起こせば、そもそも不幸な個人が増えること自体が問題ですよね。

水田　だから、もし認知症の親を抱えて困っている家族の方がいたら、セカンドハウスとしてうちの互助ハウス施設を借りて下さっても結構です、と地域の方々に提案しています。月額一三万九八〇〇円かかりますが、遠くの何千万もかかる施設に入れるよりはずっと安いし、何よりいつでも会いに来られる近所の施設の方がお互いにとって絶対いいはずですから。

そうやって団塊ジュニアの介護の負担を軽減しつつ、あと本当は彼らの子育て支援もやりたい。老人介護と学習塾を一緒にやるようなサロンを作って、地域で三世代の生活を支えていくのが、「ふるさとの会」の今後の展望なんです。

藻谷　都内だけで八二万軒も空き家があるという政府の調査を踏まえれば、「特養増設」よりよほど現実的ですね。水田さんたちの活動を見て、「素晴らしい、私もやるぞ」という動きはあるんですか？

水田　研修の申し込みや、講演会などの誘いは結構あるんですが、その先となると……要は最初の資金を突っ込めるかどうかなんですよね。物件を確保しないと始まらない仕事なので。そんなに大金が必要というわけではなく、一〇〇万か二〇〇万円もあれば充分なんですが、なにしろNPOをやろうという人はお金と縁の薄い方が多いですから（笑）。

藻谷　社会福祉法人の人たちが、その延長線上でやろうという話はないんですか？

水田　社会福祉法人の中には、行政から出てくる入札情報の一覧表を見て、ばーっと入札して、当たったものをやるというスタイルの方もいます。行政のつくった制度にどう乗っかっていくかが大事で、今必要なものを自分たちで考えてやっていくという体質ではない方たちもいらっしゃいます。

藻谷　そもそも、「ふるさとの会」のように、入居者同士が支え合って……みたいなやり方は、プロが弱者を世話するというお役所的な発想には、一番馴染《なじ》みそうもないですよね。

水田　まあ、われわれも社会福祉法人になろうと思った時期もあったのですが、ならせていただけなかった（笑）。うちのシェアハウスを福祉のグループホームにしようとしたら、やっぱり縛りがきつくて……基準に合せたら、本来必要とされている多様な支援ができなくなってしまう。

藻谷　でも、社会福祉法人にならないと取れない補助金がたくさんあるのでは？

水田　まあそうですけど（笑）、その分、自由に新しいサービスができますから。私がやりたいのは、福祉のお金を福祉の内側だけで回すのではなく、地元の人々にも還元するような形にして、地域再生・活性化に役立つような仕組みづくりなんです。莫大《ばくだい》な公的資金を投じて、郊外の広い土地と立派な建物を買って老人を送り込む形の福祉ではなく、地元の空き物件の上に福祉をつくり、生活保護などの小さな公的資金を地域で回転させていく。普通の投資・投機物件の上に新しい価値を創造し、収益を生み出す。私はそれを公共経済圏って呼んでいるんですけど。

藻谷　なるほど、生活保護を隣近所への公共投資として活用するのですね。

道路をつくるとか、特養などの箱モノをつくるとか、行政がスタートアップにかかる大きな固定費を負担するというのが、これまでの公共投資の考え方です。ところが水田さんは、公金である生活保護費を家賃や生活費として循環させ、隣近所の経済を活性化する。代わりにリフォームなど箱モノにかかる投資は、家主が貯金でやってくれというわけですね。

これは面白い。「ふるさとの会」の活動を「老後の資金を貯《た》めて来なかった怠け者の世話などする必要はない」と批判する人もいるでしょうが、たとえ「怠け者」であったとしても最低限の生活保護を受ける権利はあるし、同じ受けるならそのお金はできるだけ地域社会に回して多くのまともな生業を助けた方がいい。逆に福祉施設の箱モノに投じられる莫大な税金は地域には回らないし、その中に入れるのはお金を貯め込んで生きてきたよその地域の人ばかり。どっちが人のため、地域のため、日本経済のためになるか、明らかですよね。

水田　公共投資でいくら立派な道路をつくっても、そこに車がいっぱい通るようにならないと、地元への長期的な波及効果はないわけです。それと同じで、せっかく四兆円も生活保護が出ているんだから、そのお金をいかに地元の地域活性化に生かしていくかを考えないともったいない。

藻谷　その通りです。しかも生活保護って、国家予算が一〇〇兆円近くに膨らんでいる中のわずか四兆円なんですよね。国防費よりも少ない。誰にとっても最後の安心の砦《とりで》となる制度だし、取り沙汰《ざた》される不正受給も一％未満。生活費として全額使われるわけで、経済活性化効果は大きい。相当程度が貯金に回る年金への真水投入に一〇兆円も使うのでなく、生活保護予算をもっと優先すべきでしょう。

どうやって死んでいきたいか

藻谷　さて、最後にお伺いしたいのが、「在宅看取り」です。

水田　いまも末期がんの方など五〇名ぐらいを看ております。やっぱり、みんな病院に行くよりも、このまま自分の部屋におりたいと言うんですよ。でも、ちゃんと支援できる体制がないと、病院に行かざるを得ないので、それを整える。いまは末期がん支援の枠組みもいっぱいあるので、その方たちのお力も借りながら、なるべく最期《さいご》まで地元で生活ができるように支援しています。

藻谷　通いのお医者さんの診療を受けながら、亡くなるまで自分の部屋で普通の生活を送り、最期は気心知れた人に看取られて静かに息を引き取りたい。ほとんどの人がそう願っていると思うんですが、なぜか日本ではお金がある人ほど病院や施設に送り込まれてしまう。むしろお金がない人が願い通りの最期を迎えている……すごく不思議な話ですね（笑）。

水田　そうですね（笑）。

藻谷　日本で税金を払いたくないので、シンガポールに移住したというお金持ちに会ったことがあります。でも元気なうちはいいけど、日本語の通じない世界に最期の瞬間まで住めるものでしょうか。

そういう人ほど「重い病気になったら、もうあっさり死ぬしかない」とか何とか、ニヒルなことを口にするんですが、実際問題、人間はそんなにあっさり死ねないわけです。いざ重病となると死にたくなくなるのが人情。認知症になってしまえば自殺なんかできませんし。

水田　自分がどうやって死んでいきたいのかというイメージを持つことは、とても重要ですね。まだ若い人にはピンと来ないと思いますが、やっぱり六〇代、七〇代になってくると、「ああ、ここでこんな風にして俺は人生を終えるんだな」と思える場所があると、とても安心できる。すると同時に、今生きている日々がすごく大事に思えてくるんです。逆に「俺は一体どこの病院で死ぬんだろう？」とか不安に思っていると、目の前の暮らしに集中できない。

藻谷　普通に考えれば、地縁も血縁もないところで認知症になったら、いくらお金があっても、というかお金があるほど、騙《だま》されますよね。運よく騙されなかったとしても、最期は一人、高級老人ホームのベッドに縛り付けられてお終《しま》いとか。

日本でも、どこかの特養の個室の中で、周囲に身内一人いないままひっそり死んでいく大金持ちがいっぱいいるでしょう。むしろ、金さえあれば何とかなると思っていた人の方が、土壇場《どたんば》で寂しい限りの最期を遂げてしまう可能性もある。

水田　言ってみれば、「ふるさとの会」の活動は、私自身が安心して死ねる場所をつくっているようなものです（笑）。

私が「看取り」を真剣に考えるようになったのは、以前、うちの利用者が臨終の際に「死神が来る！」と悪戦苦闘されている姿を見てからです。その時はまだ私もどうしてよいかわからず、充分な看取りができなかったんですが、この「死ぬ恐怖」というものは何とかケアしないといけないないと。

それで、いろいろ試行錯誤したんですけど、やはりこれも互助、お互いに支え合っていくしかない。誰かが死の恐怖に苦しんでいる時は、仲間で集まって「終活ミーティング」をやる。看取ったら「しのぶ会」を開いて、そんな深刻な雰囲気にならずに「自分が死ぬときは、こういう感じで死にたいなぁ」などと話し合う。

そうやって「看取り仲間」ができれば、安心できる。認知症になったら相手が誰かもわからなくなると言うけど、認知症の人も地域の知っている人から親しげに声をかけられると、ニッコリして「ありがとう」って手を合わせますからね。そういうのを見ていると、やっぱり人間は認知症になっても居場所があれば安心できるんだなって思います。

「寅《とら》さん」の茶の間

藻谷　なんだか勇気の出てくる話です。でもここまでを振り返って改めて「日本は独特だな」と思うのは、宗教が出てこないことです。死生観に関わる話というのは、外国ならば宗教の領域じゃないですか。日本では宗教が、そのニーズに応《こた》えられていないということですかね？

水田　仏教であれ、神道《しんとう》であれ、キリスト教であれ、信仰は人それぞれで良いと思うのですが、やっぱりその前提として人間関係が大事だと思います。まず普段の生活の中でどうやって土台となる人間関係を作っていくかを考えなければ……。

藻谷　宗教とは別の問題として、やはり人間関係が重要だと……たとえば死ぬ間際《まぎわ》になっても、一緒に住んでいる仲間たちが、ああだこうだ、ばかやろうなどと話しているうちに、何となく恐怖が抜けていく、みたいなイメージでしょうか？

水田　宗教の力が衰退しつつあるヨーロッパでも、精神医学的見地から「家族的関係」の効果に注目が集まっているそうです。疑似的なものでも構わないので、家族的な人間関係、つまり甘えを受容してもらえる関係を築くこと。これが人間が安らぎを得る上で一番効果的なんだということです。

藻谷　水田さんが現場で培《つちか》ってきたトラブルミーティングの方法論が、精神医学の世界で理論化されつつあるわけですね。

水田　トラブルミーティングというのは、「とらや」の茶の間だって私は言っているんです。『男はつらいよ』の寅さんみたいに、辛《つら》いことがあったら茶の間に来て叫べと。するとみんなが集まって来て、ああだこうだと議論を始める。そうやって突き詰めていくと、大体は寅さんに好きな女の人が出来たとか、問題の在処《ありか》が明らかになる。

よし、それじゃあということで、さくら、おいちゃん、タコ社長らが、それぞれ役割を持って動き出す。
要するに、吠《ほ》えた人間が一番弱いんだから、みんなで話を聞いて助けてやろうというのがトラブルミーティングです。死の恐怖に怯《おび》えている仲間がいたら、みんなで助ける。安心して甘えられる共同体を作らなきゃいけない。

藻谷　水田さんは全共闘世代だから、以前はむしろ、ムラ社会的な共同体を壊そうとしてきたんじゃないですか？

水田　そうなんです(笑)。私自身、兵庫県の農村集落で生まれ、それこそ水当番とかある完全なムラ社会の中で育ってきた。それが嫌で嫌で逃げだしてきたんだけど、今思えば結構いいところもあったなぁと見直しているところです。家で親と喧嘩しても、隣の家に行けば普通に飯を食わしてくれたし(笑)。

藻谷　では、今はある種の共同体原理を取り戻そうとしているわけですか？

水田　もちろん昔のような中世共同体を復活させようとは思いません。貧富の格差や、精神障害者への差別など、酷《ひど》いところもたくさんあったし……。

藻谷　いわゆる「村八分」もありました。

水田　だから、たとえば「規則を破ったから追い出す」という排除の論理ではなく、

「規則を守れなかった奴が一番辛いんだ」という前提をみんなで共有して、なぜその規則を守れなかったのか、規則に改善点はないのかなど、何度でも徹底的に議論する。そんな新しい共同体を作りたい。
全共闘世代はしょうもない人間ばかりですが、もし唯一《ゆいいつ》長所があるとすれば、それはみんなでガチャガチャ話し合って、自分たちの社会や生活を変えていけるんだというポジティブな姿勢を持っていることです。われわれ団塊が年老いて死んでいく中で、何とか高齢者支援を利益が生まれる産業システムに昇華させて、団塊ジュニアたちに遺《のこ》していきたい。

藻谷　最近は洋の東西を問わず、ヤケクソというか、やる前から刹那《せつな》的にあきらめてしまう風潮が強まっているような気がします。「超高齢社会は、もうどうやっても乗り切れないんだ」と勝手にあきらめ、誰かを攻撃することでウサを晴らす。
そういう世の中にも、水田さんのように、一見悲惨な現実に対処しながら、ポジティブな長期的展望を示してくださる方がいる。何とも心強いことです。「ふるさとの会」の仕組みは、グラミン銀行みたいに世界中に広げていくべきなのではないでしょうか。足元一〇年間で高齢者が一・五倍に増えている中国などにも。

水田　いや、まだ充分に安心できる環境をつくれているわけではないので、まだまだこれからです。

でも、日本の皆さんに言っておきたいのは、「それほど超高齢社会を悲観することはない」ということです。おそらく「人口の多い高齢者を、人口の少ない若者で面倒を看る」と狭く考えるから、必要以上に大変に思えてしまうだけです。

若い人は、要《かなめ》の部分だけやってくれれば充分。あとは高齢者同士がお互いに助け合って暮らしていけばいい。高齢者全員が同時に認知症になるわけじゃないんだから。『三匹のおっさん』の北大路欣也だって、あんな元気じゃないですか（笑）。元気な奴が、弱った奴を支えればいい。簡単な話です。

藻谷　いま「老後破産」が話題になっていますが、多くの日本人が、「明日、崖《がけ》から落ちたら、その時は黙って死ぬしかない」と勝手に怯えて暮らしているような気がします。そして、怯えている人ほど、「崖から落ちた奴なんか助けるな！」と吠えてしまう。でも、それは結局、社会全体のストレスの総量を増やして、日本全体のパフォーマンスを落としているだけ。弱った人に罵詈《ばり》雑言を浴びせるのではなく、「ふるさとの会」のトラブルミーティングのように、少し相手の甘えを受容してみてはどうでしょうか。

水田　お互いに助けたり、助けられたり。そういう互助の関係が当たり前の社会になれば、日本人全員がもっと「安心」と「誇り」を持って暮らせるようになると思います。

藻谷　そのときこそ、日本社会の空気も心底から明るくなるでしょう。今日は元気が出る話をありがとうございました。

終　章　「参勤交代」で身体性を取り戻す

——養老孟司（解剖学者）

養老孟司（ようろう・たけし）
1937年、神奈川県生まれ。解剖学者。東京大学医学部卒。東京大学名誉教授。『からだの見方』でサントリー学芸賞。『バカの壁』シリーズは累計600万部超の大ヒット。

専門家には二種類ある。専門分野に分け入って出てこられなくなる人と、一つを極める中から森羅万象の構造を解き明かし始める人と。養老氏は、後者を代表する日本の知性だ。

氏は、一般向けの著作に解剖学の専門用語を使わない。人間という生物個体と、その人間が形成する社会の構造について、日常語で鮮やかに解析する。目だけではなく手と体も動かすことで得た、意識だけではなく無意識の世界にも広がる認識を、脳ではなく身体から発せられた言葉で語る。

金さえあれば身体は不要の都会に住んでいると、経済を貨幣という記号だけで捉《とら》え、人間活動をそうした経済の中だけで総括しがちになる。だがそれは脳の妄想に過ぎない。氏は奨《すす》める。都会を離れて、自然の中に数カ月身を置いて、身体性を取り戻しなさいと。

寡黙《かもく》な氏を相手にした壇上でのセッションの記録であり、筆者の聴き出す力量の限界には赤面するしかない。だが筆者の語りも、半ば以上は氏の思いの代弁になっていると信じる。

——藻谷浩介

新円切替と教科書の墨塗り

藻谷　先生は昭和一二年生まれでいらっしゃいますね。私は三九年生まれなんですが、母が先生と同世代の一三年生まれなんです。

こんなガサツな息子はいらないと言われてしまいそうですが（笑）、今日は胸をお借りするつもりで参りました。

養老　いえいえ、こちらこそ。二〇一〇年に藻谷さんが書かれた『デフレの正体』を拝読した時は驚きました。それまでの高踏的というか、お偉方が抽象的に書く社会科学の本とは真逆で、非常にわかりやすかった。理科的にも親近性《アフィニティ》がある方法で、マクロデータを用いて丁寧に書いておられました。

近代日本が大きく変わったのはまず明治維新、次いで昭和二〇年八月一五日の敗戦です。私は今、第三の節目が訪れているのではないか、という気がしていて、山崎正和さんも同じようなことをおっしゃっている。藻谷さんの登場は、以降の経済、社会の論じ方に影響を与えたと思います。

藻谷　過分のご評価、嬉《うれ》しいです。私は当時から地域活性化の講演をして歩くのが仕事で、地域の経済人や自治体の関係者にはネットワークがあったのですが、でもテレビには出ない、本も書かないで、東京の人には知られていなかった。昔のユニクロみたいな状態（笑）。ようやく本を書いた時に先生に褒めて頂いて、すごく勇気づけられたし、ありがたかったのです。

私は三人兄弟の真ん中なんですが、兄も弟も理系。私だけが文系に進みましたが、頭はやっぱり理系のようで、余りに観念的な話は理解できない（笑）。現場を自分の目で極力見たいと考えているのも、そこからきているのかもしれません。

養老　抽象的といえば、お金が一番そうでしょう。

藻谷　まさに人の観念の産物ですよね。

養老　でも多くの方は、お金は極めて具体的なものだと思っていらっしゃる。

藻谷　養老先生、私、ご著書の『バカの壁』（新潮新書）の中で忘れられない箇所があるんです。お金について書かれた言葉で……。

養老　ああ、金は「一円は一円、百円は百円と、単一の電気信号に翻訳されて互いに交換されていく」「脳の世界」のもので、「現実ではない」という部分かな。

藻谷　そうです。例えばビル・ゲイツが何百億ドルか持っていて、何かの手違いでそれが他人に渡ったとしても、コンピュータの中の符号が入れ替わるだけで、社会に何の影響も及ぼさない。両者以外の人間にとっては損得もなければ、莫大《ばくだい》な金額が動いたというのに経済効果があるわけでもない。金を使う権利だけが「虚の経済」の中で回っていると。

二〇〇三年の時点で、今の政府が絶賛追求中の「経済成長」の本質を、的確に示しておられますよね。

養老　昔からお金に対しては懐疑的なんです。というのも、私が子供の頃に新円切替がありまして、持っていたお札が一夜で無価値になってしまった。

藻谷　タダの紙切れになっちゃった。

養老　はい。それで、タンス預金も、ミカン箱にいっぱいお札を貯《た》めこむのも意味がないんだよ、ということを周りの大人から教わりました。今でも日本円が破綻《はたん》するというなら、同じことをやればいいという考えが、頭の片隅にあるんです。

藻谷　先生の原体験ですね。

養老　自分が経験したことで忘れてはならない、何度も繰り返して世間様に言わなきゃいけないと思うことの一つです。

もう一つは教科書の墨塗りですね。小学校の教室で、昨日まで使っていた国語の教科書の、ほとんどの部分を塗りつぶしました。書かれたものを信用するな、と直接言われたわけではないけれど、間違っていれば墨を塗ればいいじゃないか、というのが、私の根っこに入っている教育。だからたとえ新聞や雑誌、論文に間違ったことが書かれていても腹が立たない。情報は単なる情報、解釈する人間によって意味が変わります。

藻谷　なるほど。真偽の入れ替わりは、情報にはつきもの。正しいとされる情報を鵜《う》呑《の》みにする人間に問題があると。

養老　そう。盲目的に教科書を信じるようになってしまったら、情報の真偽について自分で判断をしなくなります。あるいは「教科書の正しさ」を押し付けられたら北朝鮮のような社会になり兼ねない。

藻谷　情報が正しいかどうかは、天気予報の確率みたいなものだとおっしゃっていましたよね。降水確率が八〇%なら、ほぼ雨が降るだろうけれども、偶《たま》に降らない時もある。そういう感覚を理解しましょうよ、と。とても腑《ふ》に落ちました。

養老　藻谷さんのご本はその点、情報を押し付けることなしに、こちらが判断し、考えることが出来るようになっています。

少子化現象の謎《なぞ》

養老　二〇一四年は中公新書の『地方消滅』が話題になりましたけど、どう読まれました？

藻谷　地方自治体の半分が消滅するという、元岩手県知事の増田寛也氏が唱えた「増田レポート」を元に編まれています。ただ、データを見れば都心の豊島区だって消滅可能性自治体なのに、読者に「地方さえ切り捨てれば都会は大丈夫」と思わせたいのか、出版社が「自治体」という言葉をタイトルから外してしまった。

養老　他人事《ひとごと》ではないのにね。載っているデータで一番重要なのは多くの自治体で「二〇四〇年における出産可能な女性の数は今の半数以下になる」というものですね。子供が生まれない地域の自治体が消えていく。

藻谷　子供を増やすには、男がいくらいてもしょうがない（笑）。でも、女性だけを人工的に増やすのは無理ですよね？

養老　最近は研究が進んでいて、オスの細胞を一切必要としない、完全にメスだけで増えていくマウスも発表されています。そこまでいかずとも、人間も冷凍精子を使っ

2040年に20〜39歳の女性が50%以上減少する市区町村

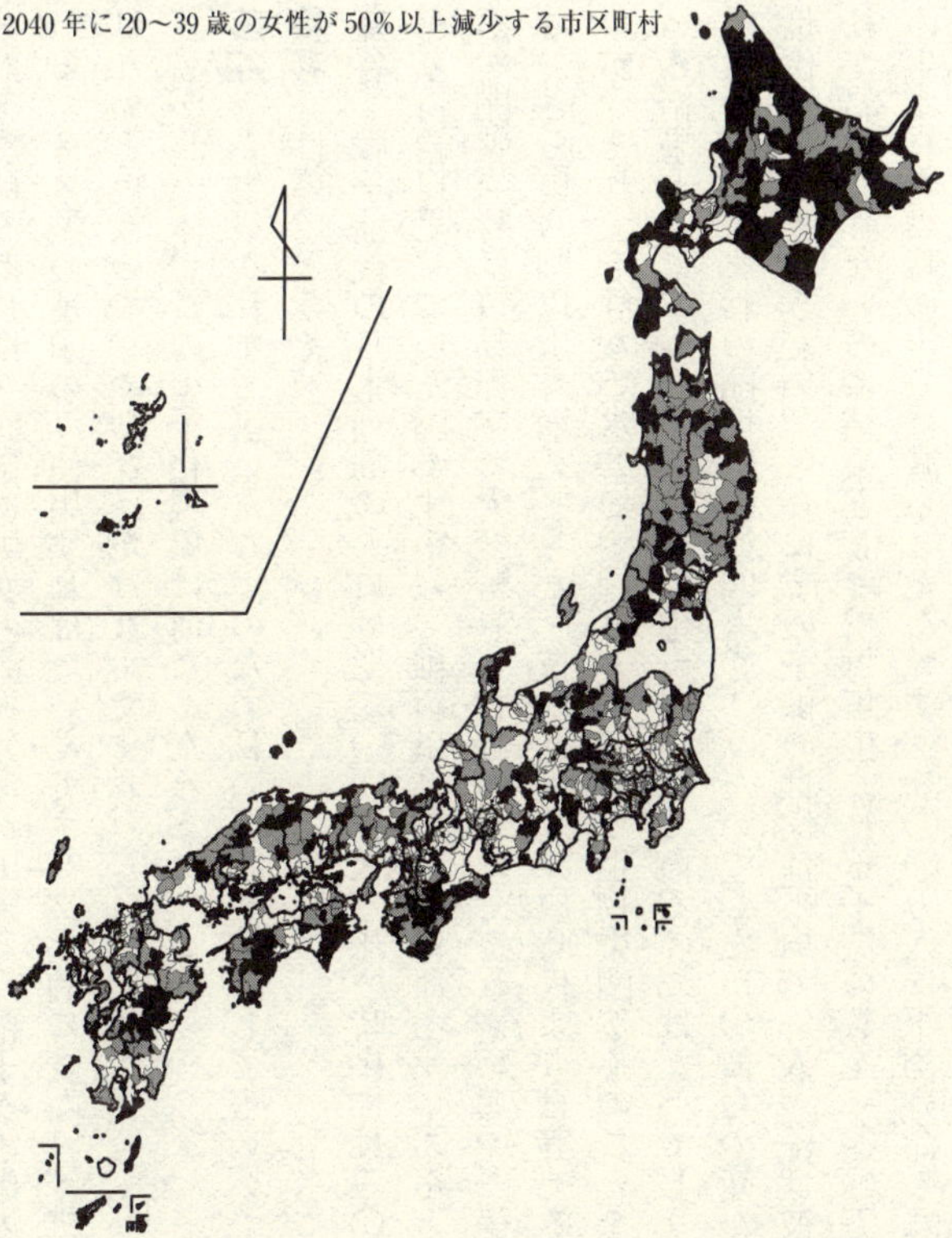

人口移動が収束しない場合において、2040年に若年女性が50%以上減少し、人口が1万人以上の市区町村(373)

人口移動が収束しない場合において、2040年に若年女性が50%以上減少し、人口が1万人未満の市区町村(523)

た人工授精であれば、簡単に男女の産み分けが出来る。精子が子供の性別を決めますから、メス型の精子のみ使用すればいいんです。文化的に変なバイアスがかかるといけないというので、やらないだけなんですね。

しかし一体、この少子化現象は何なんだろう。

藻谷　先生、これまで書いたことのない私の仮説を披露してもいいですか？

養老　はい、どうぞ。

藻谷　戦争前後の日本列島の人口は七二〇〇万人。江戸時代には三〇〇〇万人がぎりぎり自給自足していた国ですから、維新以降の産業革命でずいぶんと増えたわけですが、開戦当時は貿易赤字で大変苦しい状況だった。それがいまや一億三〇〇〇万弱まで、さらに八割以上も増えました。技術進歩で江戸時代よりは養える数は多いでしょうが、それでも危ない水準です。日本人という生物集団がそのことを察知し対応している結果として、いわゆる「草食化」が起きているのではないでしょうか。

戦争直後生まれの団塊世代は四人きょうだいでしたが、彼らの産んだ団塊ジュニア世代は二人きょうだい。さらにその子供の世代は平均で一人っ子。彼らは誰に誘導されたわけでもないのに結果として、毎年生まれる子供の数を一〇〇万人と、自分たちの生まれた当時の半分に減らしたんです。一〇〇万人に平均寿命の八〇歳を掛ければ

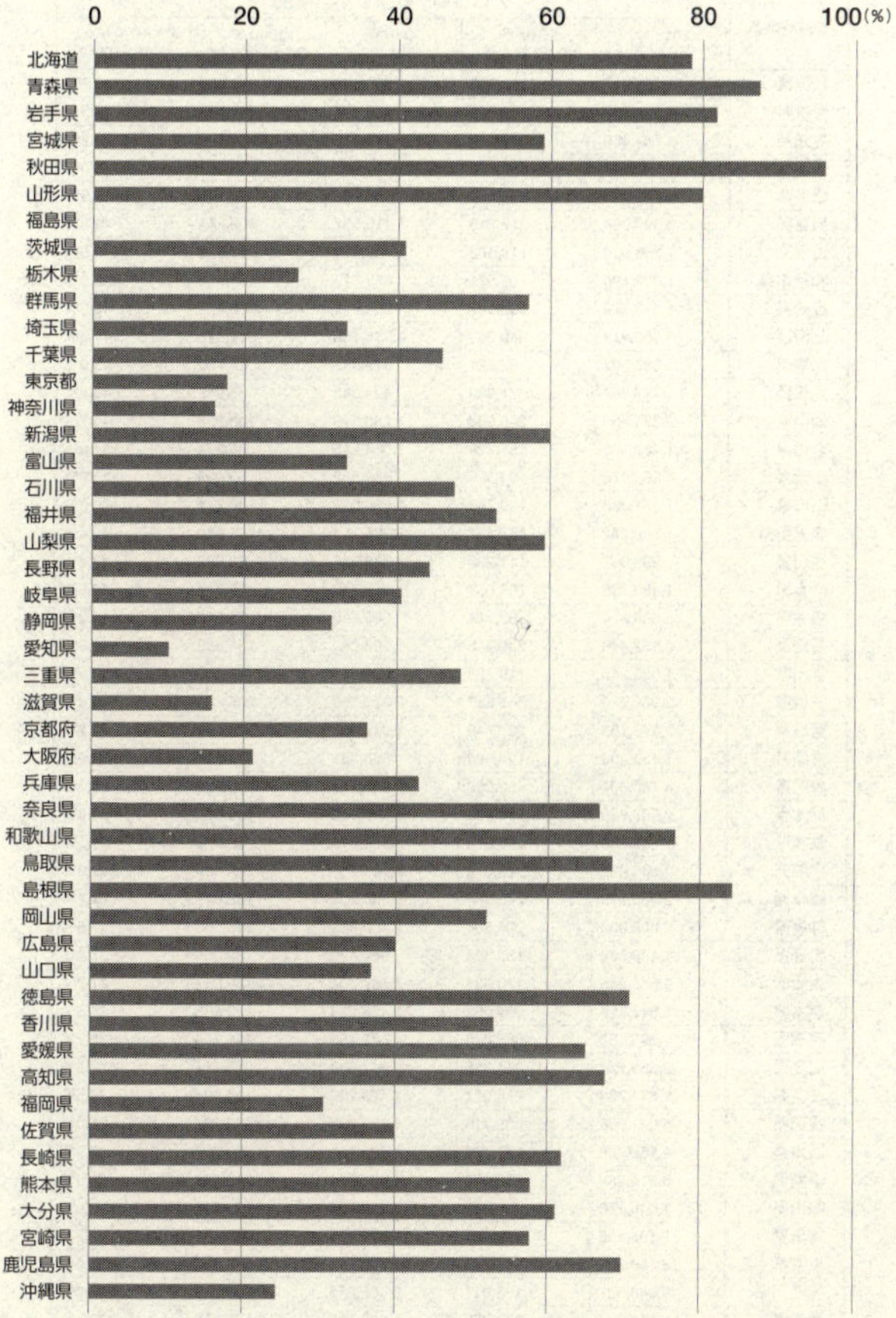

20～39歳女性が半分以下になる自治体比率（2010～2040）
※移動率が収束しない場合

都道府県名	人口移動が収束しない場合				
	2010 年 総人口	2010 年 20-39 歳女性	2040 年 総人口	2040 年 20-39 歳女性	若年女性人口変化率 (2010 → 2040)
秋田県	1,085,997	102,996	656,279	43,068	−58.2%
青森県	1,373,339	143,723	873,277	61,404	−57.3%
高知県	764,456	79,429	512,397	39,198	−50.7%
岩手県	1,330,147	136,980	886,928	68,473	−50.0%
徳島県	785,491	85,962	550,784	43,101	−49.9%
福島県	2,029,064	217,815	1,416,587	109,241	−49.8%
山形県	1,168,924	119,563	788,619	61,519	−48.5%
和歌山県	1,002,198	106,571	689,617	54,846	−48.5%
長崎県	1,426,779	152,397	988,941	78,472	−48.5%
北海道	5,506,419	649,345	4,076,186	340,828	−47.5%
鳥取県	588,667	63,621	419,543	33,789	−46.9%
島根県	717,397	71,099	494,342	38,049	−46.5%
新潟県	2,374,450	256,063	1,730,543	138,958	−45.7%
愛媛県	1,431,493	157,726	1,034,215	86,938	−44.9%
山梨県	863,075	94,519	639,532	53,009	−43.9%
山口県	1,451,338	153,793	1,030,082	86,371	−43.8%
鹿児島県	1,706,242	187,497	1,256,713	106,060	−43.4%
香川県	995,842	111,233	748,946	62,990	−43.4%
奈良県	1,400,728	169,551	1,059,747	96,774	−42.9%
福井県	806,314	89,114	605,640	51,510	−42.2%
長野県	2,152,449	231,265	1,598,040	134,582	−41.8%
富山県	1,093,247	119,783	820,367	70,801	−40.9%
茨城県	2,969,770	346,687	2,373,659	205,386	−40.8%
宮城県	2,348,165	297,749	1,942,672	178,171	−40.2%
宮崎県	1,135,233	124,080	868,381	74,578	−39.9%
静岡県	3,765,007	432,060	2,940,726	260,320	−39.7%
栃木県	2,007,683	236,568	1,609,162	142,855	−39.6%
佐賀県	849,788	96,043	652,816	58,073	−39.5%
京都府	2,636,092	343,019	2,189,188	208,595	−39.2%
岐阜県	2,080,773	243,305	1,606,231	148,011	−39.2%
群馬県	2,008,068	229,808	1,600,634	143,608	−37.5%
大分県	1,196,529	132,393	937,490	82,856	−37.4%
大阪府	8,865,245	1,170,524	7,387,704	735,087	−37.2%
熊本県	1,817,426	204,563	1,426,124	129,385	−36.8%
兵庫県	5,588,133	698,340	4,621,493	441,778	−36.7%
広島県	2,860,750	344,355	2,347,888	218,791	−36.5%
三重県	1,854,724	214,017	1,478,282	135,994	−36.5%
福岡県	5,071,968	659,716	4,333,397	422,134	−36.0%
石川県	1,169,788	137,772	955,761	88,257	−35.9%
千葉県	6,216,289	788,870	5,361,595	512,854	−35.0%
岡山県	1,945,276	233,486	1,590,194	154,307	−33.9%
埼玉県	7,194,556	923,083	6,307,319	626,101	−32.2%
東京都	13,159,388	1,952,797	12,676,723	1,389,302	−28.9%
神奈川県	9,048,331	1,198,011	8,462,274	867,980	−27.5%
滋賀県	1,410,777	179,959	1,305,896	130,588	−27.4%
沖縄県	1,392,818	183,865	1,330,623	135,287	−26.4%
愛知県	7,410,719	971,013	6,876,232	725,195	−25.3%
総　計	128,057,352	15,842,128	106,059,786	10,075,475	−36.4%

都道府県別の将来推計人口

八〇〇〇万人。つまりこれが続けばゆくゆくは、日本の人口は戦争前後の数にまで戻る。今の出生率はそういう水準なんです。

ところがここらで出生を減らすのをやめればいいのに、オーバーシューティング、過剰適応が起きてしまっている。かつて帝国主義に過剰適応して軍国化したり、戦後の工業開発競争に過剰適応して公害を引き起こしたように、日本という社会の体質なんでしょうね。子供を育てやすい社会づくりという方向に問題意識が転換できず、未《い》だ《ま》に「お金を稼ぐのが最優先」という意識が社会の隅々まで支配している。経済成長最優先を掲げる政府が、到底達成不可能な「人口一億人維持」を唱えているのも笑止ですが、今の出生率では、五〇〇〇万、四〇〇〇万と縮小が続く可能性が大です。

子供に寛容な社会

養老　今よりもうちょっと人がいない方がいいんじゃないかって、私なんかは勝手なことを思ってますけどね。鎌倉に住んでいるんですが、東京に行くのが嫌いなんですよ。やたら人が多いから。

藻谷　まさにそれ、人口が過密で出生率が一・一五しかない東京都に、未だに日本中の若い人を集め続けていることが、オーバーシューティングなのです。
　江戸時代の後半一五〇年間、日本の人口が三〇〇〇万人に保たれていたのは、当時世界最大の一〇〇万人都市・江戸があったからです。食い詰めた農家の次男坊以下が、町人として流入し続けた江戸には、未婚の男性がたいへん多かった。彼らの多くは労働力として消費される人生を送り、子供を残すことが出来なかった。この構造は、程度の差こそあれ、今の東京でそのまま再現されているのです。

養老　なるほどね。そもそも都市社会というのは意識的なコントロールで成り立ちますから、子供という「自然」が入ることを避けたがるんでしょう。例えば会社で大事な会議があったとしても、小さいお子さんをお持ちだと急にはしかにかかったりするから、やはり女性は管理職に就きにくいと言われてしまう。自分の力ではどうしようもないんですね。

藻谷　そうですね。「自然」のものでコントロールなどできない子供のために会議をすっぽかすことが、脳内の記号に過ぎないお金を稼ぐための会議に出るよりも重要だと認識されないと、子供は減る一方でしょう。

養老　はい。もう一つ言うと、子供が死ななくなったということもずいぶん大きい。私の父親は一〇人きょうだいでしたが、祖母よりも早く六人亡《な》くなっている。祖母の世代は子供が死ぬということを体験してるんですね。

亡くなった時の年齢が何歳であろうと、こんな可哀想なことはない。そうなると、子供が精一杯生きているなら、大声を出して走り回ったとしても、そうさせておいてやろうと思うんですよ。僕らが育った頃の社会は子供に寛容でした。

藻谷　人口の増え過ぎを意識し始めた石油ショック以降の日本社会は、逆に子供の存在にとても不寛容です。この不寛容を改めることが出生率を二に戻す鍵《かぎ》ではないか、と私は期待しているんですが。

人口減少と国土

養老　まず人が減ることによってどういう問題が起こるかということを考えなくちゃならない。少なくなった分だけ、残っている人が動かなきゃいけないという気がしますね。

藻谷　その通りです。実際に過疎《かそ》地では高齢者が元気ですよね。大都市で爆発的に増えている退職者はどうでしょうか。

実は島根県の山奥なんか行きますとね、人口の多数は高齢者なのだけれども、若い世代も移り住んでくるようになって、毎年生まれる子供の数は減らなくなったという集落が出てきているんです。

しかし東京は違います。若者二人に子供が一人しか生まれず、地方から集まった団塊世代が続々退職している。先生、東京都の空き家率って、ご存知ですか。

養老　細かい数字は知りませんが、麹町《こうじまち》辺りの中心地にあるマンション、明かりがついていない部屋が沢山ありますね。

藻谷　そうなんです。なんと一一%、九軒に一軒が空き家なんです。東京都でももう七〇歳未満の人口は減り始めているので、これだけマンションを建て続ければ空き家だらけになるのは当たり前なんですが。だから株は上がったのに、家賃や地価はほとんど上がっていない。

「金融緩和さえすれば人間は湧《わ》いて出てくる」という妄想に、問題があります。地方から上京する若者は少子化で急減しつつある。幾らお金を刷っても、子供が減り、その結果として成人が減れば、商品の売れる数量も必ず減っていく。車の台数も、食糧もです。逆にそれを減らさないとすると、ものすごく早いサイクルで買い捨てをしないと、回らない。

養老　国力にも関わってきますね。例えば北朝鮮が崩壊して、日本海を渡ってくるボートピープルを受け入れざるを得なくなったらどうするのか。

藻谷　おっしゃる通りです。片や中国沿海部のように人がギュウギュウ詰めになっている地域があり、片や日本の田舎では休耕田がたくさんある。少し手を入れるだけで自分が食べるぐらいの稲は簡単に穫《と》れるし、ブタよりも美味《おい》しい野生のイノシシがいっぱい走っている。普通だったら、このままでは済まない……。

養老　はい。言ってみれば天国みたいな土地を過疎だ住めないと言って空けたままにしている。田舎の山奥で野生のシカが大量発生して困るというけれど、ラオスのミャオ族だったら喜んで移住したいと言いますよ。

というのも、私は毎年ラオスに虫採りで出掛けているんですが、山岳地方で生活をするミャオ族は、コブラだろうが何だろうが捕って食べちゃいます。彼らに一〇〇人単位で来てもらって、どんどん狩猟してもらえばいいんです。

藻谷　耕作放棄地は、むしろ地味が豊かだそうですね。何年かぶりに耕した年は、肥料が全く要らないと聞きます。

養老　農薬を撒《ま》かなくなりますから、土がまともになる。いろんな虫も採れます。

藻谷　なるほど。

養老　日本を指す「豊葦原《とよあしはら》の瑞穂《みずほ》の国」や「秋津島」という言葉が昔からありますが、

あれは帰化人が書いた意見じゃないかと思います。住んでいる我々にとっては当たり前のことですが、大陸よりも湿気の多い恵まれた国土なんです。
例えば「秋津島」は「トンボの島」という意味で、トンボが多い国というのは世界的にも珍しい。大森貝塚を発見したモースが日記に書いていますが、彼は中禅寺湖を初めて訪れたとき、トンボが顔にぶつかったことに驚いている。生まれて初めての体験だと。

藻谷　つまりどこでもヤゴが育つぐらい水気が多い場所ってことですよね。

養老　そういう土地をあんまりほっぽり出さないでよ、と言いたいです。だからもうずいぶん前から、官僚の皆さんは霞が関から田舎に行ってみてくださいという話をしているんですけどね。

「東京」と「脳化」

藻谷　先生は「オーライ！ニッポン会議」（（一財）都市農山漁村交流活性化機構主催）代表を務められていて、都市と農山漁村の共生・対流を提唱しておられます。

養老　地域起こしとグリーンツーリズムですね。私は田舎への「参勤交代」と呼んでいます。地域の一次産業を活《い》かしながら新しい産業に挑戦している団体や、田舎暮らしを上手にされている個人に対して「オーライ！ニッポン大賞」を差し上げています。

藻谷　そこで伺いたかったことが。私は山口県出身で高校までおりましたし、母方の先祖は北陸の山奥の、今は廃村になった村の庄屋です。七〇〇年間、ヒエだけ食ってきた一族の子孫でして、おかげで三食ちゃんといただくと一日一キロくらい太れる体質です（笑）。

そんな私ですので、飽食の都・東京に未練はありません。綺麗《きれい》な流れもないし、南から普通に陽の差す家が少なすぎる。ところが東京育ちの人は、二言目には、やれ人が少ない、虫が多いと、田舎の生活を毛嫌いしますよね。

先生も都会育ちで、東京でしかできない仕事をされてきた方です。それなのに田舎の魅力を心底理解されている。先生と他の都会人の違いは何でしょうか。

養老　私は鎌倉育ちですが、あの頃は今のような都会がなかったんですよ。どこもかしこも田舎。時代が田舎でした。

私の母が明治三三年生まれで、彼女が子供だった頃と生活状況に大きな差はなかったと思います。電気が入ったかどうか程度で、水道も戦後までは山から水を引いていました。ところが、私の息子の代になると、まったく違うんですよ。

藻谷　劇的に変わった。

養老　電気冷蔵庫やテレビ、電話は勿論《もちろん》、車も当たり前に生活の中に登場した。一番大きいのはトイレが水洗に変わったことでしょうね。

藻谷　都会人の生活の中に最後に残された「自然」であるケガレまで、見えなくしてしまった。この段階でついに、虫だの、走り回る子供だのといった、人工の秩序を乱すものがない社会、「東京」が現れた。「脳化」が極まったんですね。

養老　そうですね。日本人の過剰適応の面目躍如でしょう。

藻谷　東京で学生を指導されてきて、この間の変化に何か気づかれましたか。

養老　ええ。緩やかな変化ではあったように思いますが、学生紛争も不思議でしたし、オウムが出てきた時には、さすがに若い人が普通じゃないよな、と感じました。

藻谷　私は、オウムに入信した大学の同級生がテレビニュースに映るのを見た世代です。観念に凝り固まった姿は異様でしたね。

養老　誰に頼まれたわけでもないのに、富士の裾野《すその》に工場までつくって、サリンを製造して。東京に撒いたのは反都市的な、反動だったのかな……。

藻谷　サティアンはむしろ東京のカリカチュアではなかったでしょうか。各自が省庁に所属し、修行に応じて役職が昇格していく。実社会のエリートコースを外れながら、仮想社会で昇進を競った。管理社会・ニッポンのパロディです。

養老　医学部の生徒が地下鉄サリン事件前に私のところへやって来て、こんなことを言うんです。尊師が一時間、水の底にいるという公開実験を富士宮でいたしますので、先生に立会人になっていただきたいと。人間が水の底に一時間いて、生きていると本気で信じているんですよ。実に悩みました。大学教育云々《うんぬん》以前に、小中高等学校含めた社会のあり方が、ああいう人たちをつくり出しているわけです。

身体で現実を見る

藻谷　浅い理解で申し上げるのも何ですが、要するに机に向かうばかりで身体感覚をまったく育てて来なかった人が、脳の妄想に支配されているのでしょうか。

養老　はい。振り返ってみれば、私は解剖学で具体的な「身体」と接していたんですね。それで、オウム以降は「死体」ではなく生きた身体の方にも意識を傾けるようになりました。内田樹《たつる》さんや、甲野《こうの》善紀《よしのり》さんと友達になったのもそこからです。まともに身体のことを考えている人が信用出来る人と思うようになった。内田さんは何かを書くときに、言葉は身体だ、自分は身体で書いてるのだと言っていますね。

藻谷　でもほとんどの人が頭で文章を書いていると。

養老　その典型が官僚の作文です。だからこそお役所でたらい回しにして、どんどん手を入れる。読んでいて面白くないし、全然頭に入ってこない文章です。

藻谷　地方だけが消滅するという話も、東京という巨大な脳みその中で作られた妄想ですよね。東京という頭は、地方という手足を切り落としても生きていられると。そういう非現実的なことを現実だと信じることが、私にはどうしてもできません。

養老　それが身体性なんですよ。理屈ではなく身体で現実を見ている。だから私はお金以上に、法律というものが一番わからない。でも日本国を動かしている官僚はほとんど東大法学部卒です。

藻谷　何とも耳が痛いお話です。

養老　官僚になるには戦前は高等文官試験、今は国家公務員試験を受けますね。なんであの試験に成績がちゃんと付くのか、不思議で仕方ない。それであるとき、東大の法学部の先生に、あの一点二点に意味があるんですかって聞いたんです。

藻谷　私も不思議に思います。

養老　そうしたら意味はありますと、はっきりおっしゃった。私はなるほどなと思いました。どういうことかと言いますと、きちんと答えが出て、しかも採点できるような試験というのは、理科系で言うと、計算問題なんですよ。

藻谷　なるほど。うーん、なるほど！

養老　そう。だから彼らは言葉を使って、計算問題をやっているんだということがわかったんです。

藻谷　先生、そのとおりですよ！　法学の試験って、トートロジーなんです。

養老　その後、通産省に勤めた堺屋太一さんのお話を聞いて膝《ひざ》を打ちました。一年目に経済の起案書を書いて先輩に持って行ったら、「まだ一六通りに解釈できる。一通りに読めるように書き直してこい」って言われたんだそうです。一六通りということは、二進法、頭が完全にコンピュータ化している。そういうロジックで日本を動かしているんですね。

藻谷　私のトラウマが癒《いや》されました（笑）。あの試験が苦手で、普通なら二年間の法学部を私は三年かけて何とか卒業したのですが、問われるのは価値判断を避けた形式論理ばかりで、最後まで意味不明のままでした。言い訳すれば、身体が理解を拒否した感じです。

養老　身体性を持つかどうかというのは、小さいときの環境が大きく関わってくると思います。ですから、子供は田舎で育てる方がいいんじゃないかと考えています。例えば四〇階のマンションで子供を育てたらどうなるのか。

藻谷　「ベランダの外に出たら死んでしまうぜ」という世界。結界が張り巡らされた中で育っているようなものですね。

養老　だからこそ田舎に女性を引き付けるような環境を整えなくてはいけない。理想をいえば、亭主は東京でバリバリ働いてもらって、女性だけでも子育て出来るようなコミュニティが生まれるといいですね。ただ、うちの女房もそうなんですが、田舎に行こうと言うと嫌がるんです。理由は、友達がいないし、文化がないからって。

藻谷　よくわかります。私自身は今東京に家を借りていますが、その理由は、地方や外国を日々行き来するのに、東京ほど便利な拠点はないから。沖縄からでも夜八時発の飛行機で帰って来られます。ですがいつまでもそこまでの元気は続かない。いずれ夏は北海道、冬は沖縄という悠々自適な暮らしに移りたいし、やりたければ今でもできる。ただ、バブル期に東京でOLをしていた妻を説得する必要が……。でも、私が最近地方で出会う都会育ちの二〇代の女性の方には、「自分はもう特に都会へのこだわりはない、田舎でも困らない」というタイプが増えています。先生も地方でそういう女性にお会いになったことがありますか？

養老　以前より虫が好きだという女性は多くなったような気がします。増えたというよりも一種のカミングアウトというかね。昔は虫が好きなんて言ったら、相当の変わり者と思われたでしょうから。

藻谷　カミングアウトというのはあるかもしれない。それに加えて、似非《えせ》科学的な表現ですが、あまりにも東京が「脳化」した世界、鉄腕アトムに出てくるような世界になりすぎたために、その反動でむしろ東京に、身体的な感覚を取り戻さねばと思う人が増え始めているんじゃないかと。

養老　素直な反応だと思いますね。

藻谷　そうですよね。私は昔からモノに興味を持つことができず、とにかく簡素な身なりや空間が好きなのですが、最近は若い世代に同類が出てきた。テレビや映画を見るのも、ＢＧＭも苦手で、川の流れを見ている方が余程楽しいのですが、やはり同類が増殖中のような感じです。

養老　私も似たようなところがあります。地方に講演に行くと「観光されませんか？」と気を使って頂くけれど、人間のつくったものに興味がないんですね。一度滋賀で、井上靖さんの『星と祭』に出てくる十一面観音巡りにおつき合いで行ってみましたが、同行者に「ケヤキだけ見てたじゃないですか」と言われてね。

藻谷　一方で、虫が嫌い、川の流れている音も煩《わずら》わしいと感じるのに、満員電車に押し込まれるのは割と平気です、という人もいる。

養老　それは社会病理というか、完全に身体バランスがおかしくなっている状態ですよね。

「現代の参勤交代」

藻谷　ちなみに先生は「現代の参勤交代」を唱えていらっしゃいますが、定期的に島根県の津和野町に行かれているとか。

養老　はい。虫を採ったり、環境を見たりして過ごしています。

藻谷　欧米のエリート層にも多い暮らし方ですね。ですが多くの東京人は特定の田舎に通う習慣を持たない気がします。

養老　行かないというよりも滞在時間が短いんでしょうね。それこそ「参勤交代」で、出来れば半年。少なくとも年に三カ月くらいは田舎に滞在するのが望ましい。そうして、農業をしたり虫採りや釣りをして過ごすんです。ただ歩き続けるのもいいでしょうね。比叡山《ひえいざん》だったら、千日回峰行《かいほうぎょう》をやれば、大阿闍梨《だいあじゃり》になれますよ。

藻谷　なるほど。東京の人には田舎で何を体感して欲しいと思われますか？

養老　意識しなくとも、戻った時に東京での仕事が捗《はかど》るんじゃないでしょうか。あるいはうつ病やストーカー被害だって減るかもしれない。一次産業従事者が田んぼでうつになったり、ストーカーしたりって見たことありませんからね。自然を追いかけるのに精いっぱいで、人間に構う必要なんてないんですよ。

藻谷　そうですね。田舎に行くといいというのは、そういう情緒的な根拠もありますよね。ジャレド・ダイアモンドが『銃・病原菌・鉄』（草思社）で書いていましたが、未開人を含めた人類の共通点とは何か。言葉を喋《しゃべ》ること、火や道具を使うこと。そしてもう一つが野生動物を家畜化することなんだそうです。他の生物と関わって育てることで、深い満足感を覚えるんだと。

これは『里山資本主義』でも触れたことですが、田舎の道端に綺麗に咲いている花って、大体地元のおばあちゃんが育ててるんですよ。孫も帰ってこない、おじいちゃんも亡くなった、それでも花を育てずにはいられない。農家のお年寄りにも、食べ切れなくて腐らせるのがわかっているのに、つい野菜を植えてしまうという人が沢山いる。植物を育てることで、ああ、自然はちゃんと自分を生かしてくれる、という実感を得られるからではないかと思うんですよ。

養老　いいですね、それ。

藻谷　でも農業をやっている人が全員満ち足りているかというと、そうでもないみたいです。今年は何俵収穫するぞ、他人よりも多く穫るぞといったような、競争に陥ってしまってつらくなっていく。

先生はちなみに、そういう競争に参加するつもりで虫採りをやっていらっしゃるわけでは……。

養老　全くないですね。小さい時から競争が大嫌いですから。解剖学を専門に選んだのもそう。人が手を付けていない分野を調べるのが好きなんです。最近では島根の隠岐島《おきのしま》に興味がありますね。沖縄の山原《やんばる》なんかと違って、新種の虫がいるわけでもない地味な場所ですが、年々微妙な環境の変化がある。そこをじっくり見たいと思っています。

藻谷　隠岐島といえば、都会から沢山の人が移住していることで有名な海士町《あまちょう》がありますが、行かれましたか？

養老　はい。のんびりとした田舎町でしたね。

藻谷　コンビニエンスストアもない、人口二三〇〇人の島です。役場の人件費を日本一低く切り詰めて、農漁業の振興にお金を回し、若者の仕事を増やしている。しかもここで暮らしている高齢者は、お金のかかる医療福祉サービスにどっぷり漬かった東

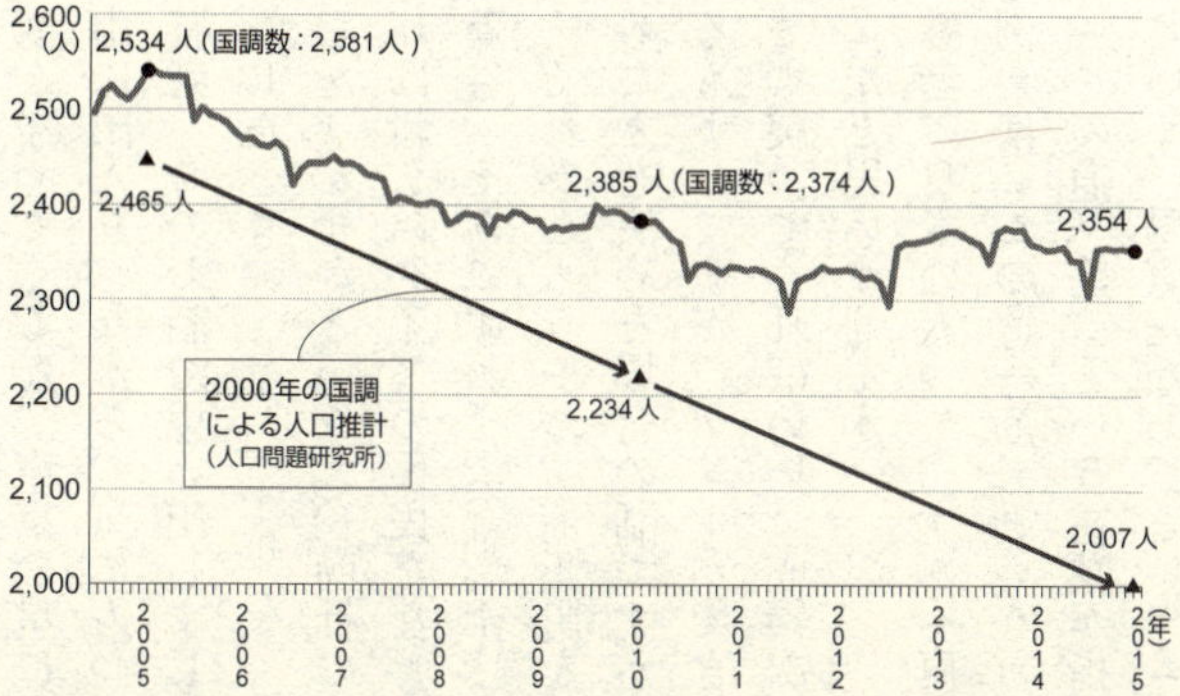

海士町の住民基本台帳の人口推移。国勢調査の推計値を大幅に上回る健闘ぶり

京の高齢者に比べて、よほど公費がかかっていない。そういう島に、今どんどん若い世代の移住が増え、たくさんの子供が生まれています。

都会と正反対の環境ですから、向き不向きはあります。数カ月のお試し移住であきらめる人もいるし、五年、一〇年はがんばったけれど、やっぱり疲れたと都会に戻る人もいる。常に出入りがありながら、でも人口は少しずつ増え始めた。

これを見て私の考えることは二つです。一つは田舎であっても出入りがあるのは当然だ、ということ。「田舎に移住するからには骨を埋める覚悟で」なんて、「手を握ったら結婚しろ」みたいな話では……。

養老　おっしゃるとおりです。

藻谷　田舎から東京に出る若者に向かって「二

度と帰ってくるな、東京の星になれ」というのも変な話。今の時代、都会と田舎を自由に出入りしながら、気に入った場所を探すのが自然です。

養老　今のお話で思い出しました。五〇年近く前にオーストラリアのメルボルンに留学したとき、「この何十年か、メルボルンには常に日本人が七〇〇人いる」と聞きました。なぜかというと、商社の人間が入れ代わり立ち代わり住んでいたんですね。これは新しいタイプの移民だなと感じていました。

藻谷　そうですね。「参勤交代」の醍醐《だいご》味《み》です。無理に固着しないでもいい。

それからもう一つ、海士町を見て考えたことがあります。水が合って田舎に永住することを決めた場合の話ですが、生まれた子供はどうするか。都会に進学して就職するもよしですが、テストができるからといって無理やり追い出す必要はない。一度出ても戻ってくればいい。成績次第で田舎で我慢する、東京で我慢するって、ナンセンスだと思いませんか。

養老　日本の人って、すごく真面目《まじめ》なんですよ。我慢が美徳、という考え方をする。例えば「この道一筋」という言葉が好きでしょう。

「この道一筋」という言葉が指すのは、大抵地味な職人仕事ですね。それを一生続けていく。愚直だなあ、というニュアンスがある。なぜなら人はどんどん変わっていく生き物なのに、飽きもせず同じことを繰り返しているからです。
でもね、実は、その仕事は地味で退屈そうに見えるけれど、自分がどう変わっても、いつでもやっていられるような奥の深い仕事なんだよっていう意味が込められていると思うんです。

藻谷　成績のいい人間がいい仕事を生み出すのではない。いい仕事が先にあって、それが志のある働き手を集めると。

養老　そういうことです。間違えてはいけないのは、人間が変わるということは、本質が変わるということ。個性という欧米型の主体の話ではなく、一生をかけて一人の人間のアイデンティティが変わっていく、ということです。

藻谷　最初におっしゃっていた、真偽の解釈は人間次第で変わるけれども、情報そのものは不変だ、ということに繋《つな》がりますね。これは田畑を耕す、あるいは住みよい地域をつくる、ということにも当てはまりそうです。地味ですが奥の深い仕事ですから、ある人が限界を感じて止《や》めたとしても、別の人が必ず受け継ぐ。

養老　一つの仕事を代わる代わる、次の代に引き継いでいく。職人仕事を親から子に伝えるのと、参勤交代で田畑を耕し続けるのと、システムは同じですね。

東京にこだわらない

藻谷　日本中の里山でこのシステムが回り続けてくれれば……。東京にはそういう仕事があるんでしょうか。

養老　誰にでも出来るけれど奥深い仕事。会社員なんじゃないかと私は思います。用意された仕事を、自分の能力や向き不向きなんかはとりあえず置いておいて、きちんとこなしていく。

藻谷　東大の教授はいかがですか？

養老　講座の椅子《いす》取りゲームですから、最たるものでしょう。ただ、どちらも社会が安定している時は良かったのでしょうが、非正規雇用者が増え、ポストも形骸《けいがい》化している今となっては、代々継ぐべき仕事ではないように思います。

藻谷　受け継ぐべき田畑も地域社会もなく、残すべき何かもない東京のサラリーマン社会に固執する理由って何でしょう。「東京にいる自分」を守ろうとしているから？だけど、東京にいないと守れない自分というのは、どういうものなんですか？

養老　私にはわかりませんね。

藻谷　仕事が先にあるのではなく、「東京にいる自分」というようなものが先にある。田舎にこそ引き継ぐ価値のある仕事や地域社会があって、巡りあうことで自分を変えることができるかもしれないのに。

養老　東京にこだわる必要は全くありませんよ。

藻谷　実に合点がいくお話です。先生、私は最近よく、地方に移住して、耕作放棄地だの古民家だのを見よう見まねで改修している若い人達に出会うんです。彼らは休みの日にはたまに東京に遊びに出掛けて、平日にはまた田舎の田畑や家を直している。これを養老的解釈でいうと、耕作放棄地を実りある農地に戻し、古民家を住める家に戻すという、魅力のある仕事が彼らを吸い寄せていたんですね。

養老　そうですね。だから家業のある人って、幸せだなと思います。

藻谷　引き継ぐべき仕事が、生まれたときから用意されていますものね。先生にとっての解剖学は、その点いかがですか。

養老　家業ではないですが、ある思考法、方法論を身につけることが出来ました。一種の業ですね。

藻谷　思考のOSを鍛えられた。

養老　包丁の使い方さえ知っていれば、乱暴に言えば和洋中問わず料理店に勤められる。それと同じことです。だから皆さんも、職種や働く場所によって自分を騙《だま》さないで欲しいと思います。自分に何が出来るかというのは、自分の持つ方法論によって幾らでも変えられますから。これが真の「手に職」だと思います。

藻谷　自分を新しく発見する場所として、田舎への参勤交代は有効だよ、と。どこでも生きていけるような方法論を身につけるためにも、田舎で自然に触れて、経験を積めばいい。資源も仕事も、地方には宝の山が眠っています。先生にとっては虫がそれにあたるんでしょうか？

養老　うーん、虫がいる環境ですね。それこそ地方は思考のＯＳを使える非常に興味深いフィールドです。

藻谷　田舎に行けば先生のように天職を見つけられるかもしれない。私もあちらこちらに飛び回るだけでなく、偶には腰を据えて滞在しないと。

養老　ぜひお好きなだけ、川のせせらぎをご覧になってください（笑）。

（※この対談は二〇一四年一一月二六日、大正大学「森里海連環学公開講座」として行われました）

〈図版出典一覧〉

第五章

159頁：清水義次提供

167頁：清水義次提供

171頁：清水義次提供（九州工業大学他の調査）

179頁：総務省統計局「平成25年度住宅・土地統計調査」

第七章

234頁：速水林業提供

236頁：速水林業提供（三重県森林簿を参照）

241頁：林野庁「平成24年度森林・林業白書」

262頁：速水林業提供

第八章

272頁：杉本隆成ほか「資源変動の歴史的変遷」（２００５年）

277頁：水産庁「平成26年度水産白書」

286頁：農林水産省「平成24年度食料需給表」

291頁：総務省統計局「平成26年度家計調査年報」

第十一章

388頁：文部科学省「平成27年度全国学力・学習状況調査」

第十二章

414頁：株式会社ふるさと提供

418頁：株式会社ふるさと提供

421頁：株式会社ふるさと提供

429頁上：総務省統計局「統計トピックスNo.90」（平成27年）

429頁下：厚生労働省老健局「厚生労働省の認知症施策等の概要について」（平成25年）等

終章

451頁：一般社団法人北海道総合研究調査会（ＨＩＴ）作成

453頁：日本創成会議資料

454頁：一般社団法人北海道総合研究調査会（ＨＩＴ）提供

471頁：海士町役場総務課提供

※各図版・統計に関する注釈等については、出典元でご確認下さい。

解説

石破茂

藻谷さんとの出会いは、二〇一〇年に刊行された彼のベストセラーである『デフレの正体』でした。本が出てすぐに読み、「なるほど、こんな見方があるのか」と唸《うな》らされるばかりでした。当時は民主党政権で、デフレという怪物にわが国が翻弄《ほんろう》されていた時代でもあります。デフレは民主党政権の産物なのではないか、といった見方を開陳する人もいました。

ところが、『デフレの正体』を読むと、まったく異なる視点で明晰《めいせき》な論理が展開されている。何よりも数理計算に基づく難解なマクロ経済学のようなものではなかったのが新鮮でした。経済の本なのに、数式がまったく出てこない。それでいて実に説得力に満ちており、私にとっては深く納得するところが多かったのです。

その後、自民党は政権に復帰し、私は二〇一二年に幹事長を拝命することとなります。実際に藻谷さんに初めてお目にかかったのはその頃でした。全国を常に飛び回っている藻谷さんは、『デフレの正体』に書いてあることを、さらにリアルに語ってくれました。本の著者に実際に会ってみると、落差があることがあります。面白い本だと思ったのに、会ってみるとあまり盛り上がらなかった、というようなこともないわけではない。ところが藻谷さんの場合はそうはならず、お書きになったものとまったく印象の違いがなかった。なるほどこの人なら、こんな面白い本を書くのも当然だ、とさらに納得したものです。

本書が刊行された二〇一四年、私は初代の地方創生担当大臣を拝命しました。地方創生と密接に関係した内容だけに、本書も発売後すぐに手にとりました。やはり深く首肯するところが多くて、何度も何度も繰り返し読み、そのたびに新たな視点やヒントをもらいました。

本書で初めて知った取り組みも多く、それをきっかけに実際に現地に出向いたり、登場人物にお目にかかったりもしました。たとえば地域経営プランナーの山田桂一郎さんとは藻谷さんを交えてお目にかかっています。また、山万株式会社の嶋田さんが手がけたユーカリが丘にも足を運びました。繊維屋さんが街づくりを手がけると聞くと、面白いと思う反面、「なぜ？」と思う方も多いことでしょう。しかし、異業種ゆえに従来の不動産屋さんや鉄道会社とはまったくちがう発想を生み出し、成功をしている点を見逃してはならないと思います。

こうしたひとつひとつの取り組み、そしてそれがうまくいく理由が、藻谷さんの解説を聞くと得心できます。そして現地に行けばさらによくわかる。

藻谷さんがご自分の足で地方を歩き回って見つけられる取り組みは、どれも実践的で実証的であって、空理空論ではない。成果も上がっているし、持続可能性もある。

本書が刊行されてから四年が経《た》ち、ここで取り上げられている取り組みがうまくいかなくなったという話を聞かないのが何よりの証《あか》しです。

「こうすればうまくいくはずだ」という話をすることは容易《たやす》いでしょうが、彼はそういう語り方はしません。現場を歩き、人と会っているという説得力に裏打ちされているからです。頭でっかちで、理論だけを振り回すような言論とは一線を画しており、それが一貫した彼の姿勢です。だからこそ彼の著作と、実際にお会いした時の印象に違いがないのでしょう。それに、私はたぶん藻谷浩介という人が好きなのだとも思います。

農林水産大臣を務めていた頃から、地方の衰退という課題に正面から取り組むことは最優先事項のひとつだと考えていましたので、藻谷さんとの出会いは運命的なものだったように感じています。地方創生担当大臣としての仕事を進めていくうえでも、彼の著作から受け取ったヒントは本当に大きいものでした。そして、地方創生という政策が、現在の日本が抱える課題の多くに対する解決策になることにも、藻谷さんがいなければ気づかなかったかもしれないとも思います。

日本は広い国です。私は自民党の幹事長時代にも、全国を廻っていると自負していました。しかしその時には、やはり都道府県の単位でしか地域を見ていなかったように思います。全国には一七一八の基礎自治体があり、その市町村ごとに地形も気候も風土も特産物も伝統も民話もすべて違うのです。そして、こういうひとつひとつの地域、自治体にこそ、日本が元気を取り戻すチャンスがあるのです。

本書は政治や行政に携わる人々に大きな示唆《しさ》を与えてくれるのみならず、この日本で暮らすすべての人に、それぞれの地元から日本を変えていくためのヒントと気づきを与えてくれる一冊です。多くの方が本書を手に取っていただければ、日本はもっと元気になるのではないか、と思っています。

（二〇一八年七月、衆議院議員）

本書は、平成二六年三月新潮社より刊行された『しなやかな日本列島のつくりかた』と、平成二八年四月新潮社より刊行された『和の国富論』を合本し、文庫化したものである。

新潮文庫編 文豪ナビ 川端康成

ノーベル賞なのにィこんなにエロティック？――現代の感性で文豪の作品に新たな光を当てた、驚きと発見が一杯のガイド。全7冊。

新潮文庫編 文豪ナビ 谷崎潤一郎

妖しい心を呼びさます、アブナい愛の魔術師――現代の感性で文豪作品に新たな光を当てた、驚きと発見がいっぱいの読書ガイド。

新潮文庫編 文豪ナビ 太宰治

ナイフを持つまえに、ダザイを読め!! 現代の感性で文豪の作品に新たな光を当てた、驚きと発見が一杯の新読書ガイド。全7冊。

新潮文庫編 文豪ナビ 夏目漱石

先生ったら、超弩級のロマンティストだったのね――現代の感性で文豪の作品に新たな光を当てる、驚きと発見に満ちた新シリーズ。

新潮文庫編 文豪ナビ 芥川龍之介

カリスマシェフは、短編料理でショーブする――現代の感性で文豪の作品に新たな光を当てる、驚きと発見に満ちた新シリーズ。

新潮文庫編 文豪ナビ 三島由紀夫

時代が後から追いかけた。そうか！ 早すぎたんだ――現代の感性で文豪の作品に新たな光を当てる、驚きと発見に満ちた新シリーズ。

司馬遼太郎著

梟の城

直木賞受賞

信長、秀吉……権力者たちの陰で、凄絶な死闘を展開する二人の忍者の生きざまを通して、かげろうの如き彼らの実像を活写した長編。

司馬遼太郎著

人斬り以蔵

幕末の混乱の中で、劣等感から命ぜられるままに人を斬る男の激情と苦悩を描く表題作ほか変革期に生きた人間像に焦点をあてた7編。

司馬遼太郎著

国盗り物語

（一〜四）

貧しい油売りから美濃国主になった斎藤道三、天才的な知略で天下統一を計った織田信長。新時代を拓く先鋒となった英雄たちの生涯。

司馬遼太郎著

燃えよ剣

（上・下）

組織作りの異才によって、新選組を最強の集団へ作りあげてゆく〝バラガキのトシ〟――剣に生き剣に死んだ新選組副長土方歳三の生涯。

司馬遼太郎著

新史太閤記

（上・下）

日本史上、最もたくみに人の心を捉えた〝人蕩し〟の天才、豊臣秀吉の生涯を、冷徹な史眼と新鮮な感覚で描く最も現代的な太閤記。

司馬遼太郎著

関ケ原

（上・中・下）

古今最大の戦闘となった天下分け目の決戦の過程を描いて、家康・三成の権謀の渦中で命運を賭した戦国諸雄の人間像を浮彫りにする。

司馬遼太郎著

花　神　（上・中・下）

周防の村医から一転して官軍総司令官となり、維新の渦中で非業の死をとげた、日本近代兵制の創始者大村益次郎の波瀾の生涯を描く。

司馬遼太郎著

城　塞　（上・中・下）

秀頼、淀殿を挑発して開戦を迫る家康。大坂冬ノ陣、夏ノ陣を最後に陥落してゆく巨城の運命に託して豊臣家滅亡の人間悲劇を描く。

司馬遼太郎著

果心居士の幻術

戦国時代の武将たちに利用され、やがて殺されていった忍者たちを描く表題作など、歴史に埋もれた興味深い人物や事件を発掘する。

司馬遼太郎著

馬上少年過ぐ

戦国の争乱期に遅れた伊達政宗の生涯を描く表題作。坂本竜馬ひきいる海援隊員の、英国水兵殺害に材をとる「慶応長崎事件」など7編。

司馬遼太郎著

歴史と視点

歴史小説に新時代を画した司馬文学の発想の源泉と積年のテーマ、〝権力とは〟〝日本人とは〟に迫る、独自な発想と自在な思索の軌跡。

司馬遼太郎著

胡　蝶　の　夢　（一〜四）

巨大な組織・江戸幕府が崩壊してゆく――この激動期に、時代が求める〝蘭学〟という鋭いメスで身分社会を切り裂いていった男たち。

司馬遼太郎著
項羽と劉邦（上・中・下）

秦の始皇帝没後の動乱中国で覇を争う項羽と劉邦。天下を制する〝人望〟とは何かを、史上最高の典型によってきわめつくした歴史大作。

司馬遼太郎著
風神の門（上・下）

猿飛佐助の影となって徳川に立向った忍者霧隠才蔵と真田十勇士たち。屈曲した情熱を秘めた忍者たちの人間味あふれる波瀾の生涯。

司馬遼太郎著
アメリカ素描

初めてこの地を旅した著者が、「文明」と「文化」を見分ける独自の透徹した視点から、人類史上稀有な人工国家の全体像に肉迫する。

司馬遼太郎著
草原の記

一人のモンゴル女性がたどった苛烈な体験をとおし、20世紀の激動と、その中で変わらぬ営みを続ける遊牧の民の歴史を語り尽くす。

司馬遼太郎著
覇王の家（上・下）

徳川三百年の礎を、隷属忍従と徹底した模倣のうちに築きあげていった徳川家康。俗説の裏に隠された〝タヌキおやじ〟の実像を探る。

司馬遼太郎著
峠（上・中・下）

幕末の激動期に、封建制の崩壊を見通しながら、武士道に生きるため、越後長岡藩をひきいて官軍と戦った河井継之助の壮烈な生涯。

城山三郎著

総会屋錦城 直木賞受賞

直木賞受賞の表題作は、総会屋の老練なボス錦城の姿を描いて株主総会のからくりを明かす異色作。他に本格的な社会小説6編を収録。

城山三郎著

役員室午後三時

日本繊維業界の名門華王紡に君臨するワンマン社長が地位を追われた——企業に生きる人間の非情な闘いと経済のメカニズムを描く。

城山三郎著

雄気堂々（上・下）

一農夫の出身でありながら、近代日本最大の経済人となった渋沢栄一のダイナミックな人間形成のドラマを、維新の激動の中に描く。

城山三郎著

毎日が日曜日

日本経済の牽引車か、諸悪の根源か？ 総合商社の巨大な組織とダイナミックな機能・日本的体質を、商社マンの人生を描いて追究。

城山三郎著

官僚たちの夏

国家の経済政策を決定する高級官僚たち——通産省を舞台に、政策や人事をめぐる政府・財界そして官僚内部のドラマを捉えた意欲作。

城山三郎著

黄金の日日

豊かな財力で時の権力者・織田信長、豊臣秀吉と対峙する堺。小僧から身を起こしルソンで財をなした豪商の生き様を描く歴史長編。

乃南アサ著
水曜日の凱歌
芸術選奨文部科学大臣賞受賞
特殊慰安施設で通訳として働く母とともに各地を転々とする14歳の少女。誰も知らなかった戦後秘史。新たな代表作となる長編小説。

M・モラスキー編
闇　市
終戦時の日本人に不可欠だった違法空間・闇市。太宰、安吾、荷風、野坂らが描いたその世界から「戦後」を読み直す異色の小説集。

石井光太著
浮浪児１９４５－
―戦争が生んだ子供たち―
生き抜きたければ、ゴミを漁ってでも食べ物を見つけなければならなかった。戦後史の闇に葬られた元浮浪児たちの過酷な人生を追う。

NHKスペシャル取材班
北　博昭　著
戦場の軍法会議
―日本兵はなぜ処刑されたのか―
太平洋戦争末期のジャングル、兵士は本当に敵前逃亡したのか？　軍紀違反を裁くため設けられた旧日本軍の裁判の驚くべき実態！

NHKスペシャル取材班
松木秀文
夜久恭裕　著
原爆投下
―黙殺された極秘情報―
特殊任務を帯びたB29の情報を得ていながら、なぜ活かされなかったのか――。広島、長崎の悲劇が避けられた可能性に迫る。

NHKスペシャル取材班編著
日本人はなぜ戦争へと向かったのか
―果てしなき戦線拡大編―
戦争方針すら集約できなかった陸海軍、軍と一体化して混乱を招いた経済界。開戦から半年間の知られざる転換点を徹底検証。

完本《かんぽん》 しなやかな日本列島《にほんれっとう》のつくりかた

藻谷浩介対話集

新潮文庫　　も－44－1

平成三十年九月一日　発　行

著　者　藻《も》谷《たに》浩《こう》介《すけ》

発行者　佐藤隆信

発行所　株式会社 新潮社

郵便番号　一六二―八七一一
東京都新宿区矢来町七一
電話　編集部(〇三)三二六六―五四四〇
　　　読者係(〇三)三二六六―五一一一
http://www.shinchosha.co.jp

価格はカバーに表示してあります。

印刷・大日本印刷株式会社　製本・加藤製本株式会社

ISBN978-4-10-121591-4　C0133